中國學術思想 研究輯刊

十八編

林慶彰 主編

第2冊

左氏春秋婚俗考

黃耀能 著

皮錫瑞《孝經鄭注疏》研究

趙婕妤 著

花木蘭文化出版社

國家圖書館出版品預行編目資料

左氏春秋婚俗考 黃耀能 著／皮錫瑞《孝經鄭注疏》研究
趙婕妤 著 — 初版 — 新北市：花木蘭文化出版社，2014〔民
103〕
目 2+76 面 + 目 2+136 面；19×26 公分
（中國學術思想研究輯刊 十八編：第 2 冊）
ISBN：978-986-322-673-4（精裝）
1. 左傳 2. 孝經 3. 研究考訂
030.8 103001970

ISBN-978-986-322-673-4

9 789863 226734

中國學術思想研究輯刊
十八編 第 二 冊 ISBN：978-986-322-673-4

左氏春秋婚俗考
皮錫瑞《孝經鄭注疏》研究

作 者 黃耀能／趙婕妤
主 編 林慶彰
總 編 輯 杜潔祥
副總編輯 楊嘉樂
編 輯 許郁翎
出 版 花木蘭文化出版社
社 長 高小娟
聯絡地址 235 新北市中和區中安街七二號十三樓
電話：02-2923-1455／傳眞：02-2923-1452
網 址 http://www.huamulan.tw 信箱 hml810518@gmail.com
印 刷 普羅文化出版廣告事業
封面設計 劉開工作室
初 版 2014 年 3 月
定 價 十八編 16 冊（精裝）新台幣 28,000 元

左氏春秋婚俗考

黃耀能　著

作者簡介

黃耀能，台灣南投人。1963 年畢業於淡江大學中文系，三年後獲台灣大學中文碩士學位；隨後赴日進入東京大學改攻史學，於 1976 年獲東大文學博士學位。最初任教明志工專，回國後先後任教於淡江、中興、成大等校之歷史系；其間曾於 1999 年至大陸陝西師大歷史系擔任客座教授，退休後曾在立德大學任教。現為成功大學兼任教授。教學與研究範圍：從中國古典文學到中國古代史學、中國社會經濟史、台灣史以至日本歷史的研究。專書有《中國古代農業水利史研究》、《兩晉南北朝隋唐農業水利史研究》。論文有《水經注時代所出現的中國古代渠陂分佈及其所代表意義》等數十篇；並主編《續修高雄市志》與《南投縣志》之地方志書。

提　要

　　《左氏春秋婚俗考》乃作者之碩士論文，指導老師為臺靜農教授。全文是以《左氏春秋》一書做為史料基礎來探討我國春秋時代婚姻習俗之真相。其中除了從《左傳》檢出相關之史料外，再檢出春秋戰國時代各相關史籍史料來做印證，加上近世學者著作加以探究。

　　全文共分六章。有前言：除了敘述全文之架構外，並將結論分列其中。第一章為議婚：其程序在春秋時代禮法仍未固定之際，媒使並未完全出自男方，而擇偶之條件與標準也因時代之巨變，而有不同之現象與標準。第二章為春秋時代之婚禮儀式，春秋時代之婚禮儀式，通常皆認為如儀禮士昏六禮所述；然考之春秋史事，儀禮所述僅限上層階級，而士庶社會有無如士昏六禮，似有問題。第三章為春秋時代再婚之情形：宗法社會之媒聘婚制原為一夫一妻制，但仍有側室，即一妻多妾制。除了妻死、無子外，似不能再娶，而再嫁似無任何限制。第四章為絕婚：春秋時代男權高於一切，離婚之權操在男子。但除了犯淫亂、竊盜等較重大事故外，出妻是有某些限制。第五章為春秋時代之淫亂情形：春秋時代雖已是宗法社會，但以禮教觀念仍未普遍深入，故上層社會淫亂之事時有發生。第六章為當時不合禮法之婚娶：春秋時代雖之奠定為媒聘婚，然以禮法仍未固定，因此，不斷出現一些不合禮法之婚娶行為。如奔、烝報、納獻、掠奪、買妾之現象。總之，春秋時代之婚俗，如儀禮士昏六禮所載，應該僅屬上層社會所遵行之原則，至於其他各種不合禮法之現象，乃是禮教觀念仍未落實所呈現出來的婚娶現象。

目次

前　言

　　宗法社會以家庭爲重心，因而兩姓婚姻之結合，極爲隆重；我國周代爲最早之宗法社會，惟欲考姬周八百年之婚姻禮俗，史料不足，殊多困難。然此爲我文化史上之一重要問題，又不可不知。今以《左氏春秋》一書，記當時典章制度，頗爲詳備，因據其中有婚姻禮俗者，分別檢出，參以先秦經傳及近世著作加以研究。

　　本論文凡有六章。第一章爲議婚。後世議婚例以男家遣媒使爲之。此種風俗，春秋時代便已如此。然春秋時代之禮法仍未固定，婚禮亦未臻完備，故媒使亦出自女家者；更有不經媒使而自求婚者。加以春秋時代，周室日衰，諸侯勢大，社會遽變，異常複雜，故有同姓之國籍盟會，異姓之國籍婚姻以結交好者，是婚姻之結合而含有政治之意義矣。至於議婚擇偶之事，後代婚嫁取婦擇壻，皆有某種標準，而春秋時之嫁娶實已有某種特有之標準在矣。如取婦以美色，以柔順、以門第；擇壻以武勇、以才德、以財富，凡此種種，可知其風尚矣。

　　第二章爲春秋時代之婚禮儀式，亦爲本論文重心所在。後人頗有以儀禮士昏六禮爲春秋時代婚禮者，筆者卻不以爲然。因就士昏禮考諸春秋史事，以求其證明。春秋婚禮，有納采、卜妻、納幣、告廟、親迎、送嫁等儀式，皆屬天子、諸侯、大夫之婚禮。若士人婚禮，則未見記述，其時士昏禮果如禮儀之繁褥與否，似成問題。

　　第三章爲春秋時代再婚之情形。宗法社會媒聘婚制原爲一夫一妻制，但側室亦未嘗廢。然當時天子、諸侯大夫，除由媒聘所娶之妻死，無子、或因其他重大事故，有再娶外，通常並不容有再行娶妻之事實。至於再嫁，當時

社會因受禮教之影響，雖已有夫死不嫁，從一而終之思想，但女子若因夫死、或被出，而再嫁者，社會並無任何限制。

第四章爲絕婚。絕婚即如今所謂之離婚。惟當時男權高於一切，離婚之權爲男子所特有。女子僅屬被動，無離男子之權，故不謂離婚，而稱絕婚。至於女子被出之例，就史實所載，有因觸男子之怒而出者，有犯淫亂、竊盜、或爲他人所迫而出妻者。至於出妻後，男女之關係即告斷絕。而當時以男太大，出妻似相當隨意；於是爲維護家庭制度，社會安寧，對於出妻與再嫁者予某些之限制。

第五章爲春秋時代之淫亂情形。當時社會對淫亂之行爲甚以爲恥，且予淫亂者極重之懲罰。然以禮教觀念仍未普遍深入，故上至王后、諸侯夫人；下迄大夫、大夫妻、士人，時有淫亂之事發生。據此可見，禮法觀念云者，仍未固定也。

第六章爲當時不合禮法之婚娶。春秋時宗法社會既已奠定媒聘婚。然以當時禮法仍未固定，婚禮亦未完備，故除媒聘婚外，社會尚出現若干不合禮法之婚娶方式，有奔、烝報、納獻、掠奪、買妾等婚娶現象。

本論文撰寫期間，承臺靜農師之指導與教正，得以順利完成，於此特爲致謝！

第一章　議　婚

壹、議婚之媒使

《詩·齊風·南山》:「取妻如之何?必告父母……取妻如之何?匪媒不得」。此謂男子欲取妻,必先告之於父母,由父母遣媒使為之紹介,始能得之。是當時民間議婚之媒使始自男家明矣。而《儀禮·士昏禮》亦曰:

> 下達納采用雁,主人筵于戶西,西上右几,使者玄端至,擯者出請
>
> 事,入告,主人如賓服,迎于門外,再拜,賓不答拜,揖入……。

此為士人議婚之禮。其中所指「主人」即為女家之父兄,「擯者」為女家助禮之人。而「使者」與「賓」為男家所遣之媒使。則《儀禮·士昏禮》所載之使者與《詩經》所稱之媒使,皆為男家遣往女家求婚之人。可知春秋時代議婚之禮必由男家遣媒使,始合乎禮法。考諸史實,凡兩姓婚媾,自天子諸侯以至於士庶人皆當男家遣媒使為之議婚。茲將當時議婚媒使之情形,試分別述之:

天子媒使以卿大夫:《詩·小雅》云:「溥天之下,莫非王土;率土之濱,莫非王臣」[註1],是天下無尊於天子者。然於婚姻之事,天子與諸侯大夫並無顯著不同,春秋史實有關天子議婚之史料雖不多,但亦可略知其一二。《左傳·宣公六年》云:

> 夏,定王使子服求后於齊。

子服者,周大夫。此為周定王使之至齊為媒使也。

〔註 1〕見《詩經·小雅·北山》。

　　至於諸侯求婚，則以大夫為媒使。《左傳・成公八年》云：

　　　　宋華元來聘，聘共姬也。

華元，宋大夫也。來聘之「聘」，按《左傳》：「聲伯之母不聘」，杜預注：「不聘，無媒禮」〔註2〕；而《禮記・內則》云：「聘為妻」，鄭玄注：「聘，問也。妻之言齊也，以禮見問」，是聘者為媒使，以禮聘問於女方之謂也。《左傳・昭公四年》云：

　　　　……使椒舉如晉求諸侯……晉侯欲勿許……乃許楚使。使叔向對，

　　　　曰：「寡君有社稷之事，是以不獲春秋時見，諸侯君實有之，何辱命

　　　　焉」，椒舉遂請昏，晉侯許之。

時楚靈王欲與北方強國晉國爭盟主，恐觸晉國之怒，故使其大夫椒舉至晉請命。晉侯不悅，欲拒之，以群臣之規諫始許楚請。楚大夫椒舉為敦兩國友好而為楚王求婚焉。杜預注：「蓋楚子遣舉時，兼使求昏」，左氏傳所述雖與杜注未盡契合。然杜注頗能發明傳意，見諸侯媾姻以大夫為媒使之證也。

　　至若大夫婚媾，則以家臣為媒使。《左傳・襄公二十五年》云：

　　　　齊棠公之妻，東郭偃之姊也。東郭偃臣崔武子，棠公死，偃御武子

　　　　以弔焉，見棠姜而美之，使偃取之。

崔武子即齊大夫崔杼也。以齊棠邑大夫棠公死，往弔棠公妻，見棠姜美，悅之，而以其家臣——棠姜之弟東郭偃為媒使焉。又如《左傳・文公七年》云：

　　　　穆伯娶于莒，曰戴己，生文伯；其娣聲己生惠叔。戴己卒，又聘于

　　　　莒，莒人以聲己辭，則為襄仲聘焉。

穆伯者，魯大夫也，既娶于莒，妻死，欲再室之，又聘于莒。其又聘于莒者，雖未明言媒使何人，然必遣媒使往聘，蓋可斷言。

　　由上所舉，天子、諸侯、卿大夫議婚媒使如《詩經》、《儀禮》所載必經媒使，始合正常之禮俗。然以諸國處境不同，且當時禮法仍未十分固定，其議婚媒使有出自女方之請者；更有不經媒使而自求婚者，斯二者雖皆有悖於禮法，卻並行于春秋之世。試將當時此類情形分述之：

　　（1）出於女方之請者：《左傳・隱公七年》云：

　　　　鄭良佐如陳涖盟，辛巳，及陳侯盟，亦知陳之將亂也，鄭公子忽在

　　　　王所，故陳侯請妻之，鄭伯許之，乃成婚。

────────────

〔註2〕見《左傳・成公十一年》，杜預注引。

良佐者，鄭大夫也，爲盟會入陳，時鄭公子忽甚得王寵，陳侯知國之將亂，欲結鄭公子之寵爲援，於是請妻鄭公子。此一婚事之提出不由男家，而爲女家者也。又《左傳・桓公六年》云：

> 公之未婚於齊也，齊侯欲以文姜妻鄭大子忽，大子忽辭，人問其故，大子曰：「人各有耦，齊大，非吾耦也」……及其敗戎師也，齊侯又請妻之，固辭。

初，齊侯欲以文姜妻鄭大子忽，大子忽以齊大非偶辭之。後以鄭大子忽又敗戎師，齊侯復請妻以他女。此由女方一再請婚者也。又晉太子圉之質秦也，《左傳・僖公十七年》云：

> 夏，晉太子圉爲質於秦，秦歸何東而妻之。惠公之在梁也，梁伯妻之。

太子圉，晉惠公太子也。方秦穆公敗惠公于韓原，太子圉始質于秦，穆公欲安撫之，故歸河東地又妻之以女。至於晉惠公因避驪姬之亂，寄居於梁，而梁伯亦以女妻之。又《左傳・襄公二十一年》云：

> 二十一年春，公如晉，拜師及取鄆田也，邾庶其以漆閭丘來奔，季武子以公姑姊妻之。

季武子，魯大夫也。因邾大夫庶其以漆閭丘來獻，爲賞來歸之功，故以公之姑姊妻之。又《左傳・昭公三年》云：

> 齊侯吏晏嬰請繼室於晉，曰：「寡君使嬰曰：『……』，韓宣子使叔向對，曰：『……』，既成婚，晏子受禮。」

先是，齊少姜嫁晉侯，寵而死。時晉國正強，齊侯欲續兩國友好，故使其臣晏嬰入晉請繼室焉。又齊大夫盧蒲癸之婚也，《左傳・襄公二十八年》云：

> 齊慶封好田而耆酒，與慶舍政，則以其內實遷于盧蒲嫳氏，易內而飲酒……故反盧蒲癸，癸臣子之，有寵，妻之，慶舍之士謂盧蒲癸曰：「男女辯姓，子不辟宗，何也？」，曰：「宗不余辟，余獨馬辟之」。

子之，即慶舍——魯大夫慶封之子也。杜預注：「子之以其女妻癸矣」。蓋春秋以來，大夫之權，日見壯大，有因固己之勢位而結黨者。時慶封既討崔杼弒君之罪，功高專權，不聽政令，使其子慶舍爲政。慶舍欲得爪牙腹心以扞衛之，故臣盧滇嫳氏，且以女妻之。又晉文公之妻趙衰也。《左傳・僖公二十四年》云：

狄人歸季隗于晉，而請其二子。文公妻趙衰，生原同、屏括、樓嬰，
趙姬請逆盾與其母……。

按《左傳・僖公二十三年》云：「狄人伐廧咎如，獲其二女叔隗、季隗，納諸
公子。公子取季隗，生伯儵、叔劉，以叔隗妻趙衰，生盾」。趙衰，晉大夫也。
初從文公重耳奔狄，狄納二女，衰娶叔隗。及返國，文公以其輔佐功大，復
以其女妻之。又齊侯奔魯之娶季康氏女也，《左傳・哀公八年》云：

齊悼公之來也，季康子以其妹妻之。

按齊悼公，名陽生。初為公子時，以晏孺子立，畏誅而亡魯〔註3〕，魯大夫季
康子以其妹妻之。總上陳、齊、秦、魯、晉、梁諸國之例，可知當時議婚有
因個人一時之權宜，而由女氏父兄君長動議者。

（2）不經媒使而自求之者：此種情形，實不合於禮法，不能以正常之婚
姻視之，然往往而有。如魯莊公之求孟任也，《左傳・莊公三十二年》云：

初，公築台臨黨氏，見孟任，從之，閟。而以夫人言，許之，割臂
盟公，生子般焉。

魯莊公身為諸侯，築台臨于大夫黨氏之家。見女子孟任，悅而愛之，未經
媒使經自求之也。以不合當時媒聘之禮，於是，孟任請為夫人，莊公許〔註
4〕，孟任乃割臂為誓。此為不經媒使自求婚之例也。又《左傳・成公十八
年》云：

秋・杞桓公來朝，勞公，且問晉故，公以晉君語之，杞伯於是驟朝
于晉，而請為婚。

杞桓公至魯，朝成公，語及晉事，時晉屬公在位，國力甚強，魯公以晉君改
政告之，杞伯欲結強晉為援，故急往朝晉君請為婚。按諸侯求婚必使大夫，
此為未經媒使而自求之者也。

綜上所述，可知春秋時代之議婚，除天子諸侯有以卿大夫，卿大夫使家
臣媒者等合乎正常禮法之議婚方式外，尚有出自女氏父兄動議，或不經媒使
而自求婚之者。此種方式雖悖於後世禮法，且為後世禮法所譏。然觀諸春秋
當時史實並無任何貶折之語。蓋春秋時雖有禮法制度，卻未普遍行之于世，
故無限制議婚於特定之方式也。

〔註3〕見《史記・齊太公世家第二》，（景公五十八年夏）所引。
〔註4〕見《左傳・莊公三十二年》箋曰：「以夫人言為句，孟任閟戶，而以夫人請，
　　　而公許之」。

貳、政治婚姻

宗法社會婚姻之意義，即如《禮記・昏義》所謂「將合二姓之好，上以事宗廟，而下以繼後世也。」是婚姻之結合，至為隆重。

然周室自幽王驪山蒙難，平王宜臼東遷洛邑之後，即漸形衰微，周天子之威信日衰，諸侯之聲勢日盛。因之，諸侯一有爭戰，周天子不能定亂，則由諸侯中之盟主或大國予以排解之。是時，天下諸侯有同姓異姓之別，各諸侯間關係之維持，有藉盟約以結友好；而異姓之國則往往藉婚姻之結合以圖相安者。茲將當時因政治意義而議婚之情形，分別述之於後：

（1）藉婚姻關係以篤兩國友好者：當時諸國間，雖有盟約，，尚不免互相猜忌，難結友好。因而藉婚姻以敦睦之，如魯桓公會齊侯于嬴，《左傳・桓公三年》云：

> 會于嬴，成婚于齊也……秋，公子翬如齊逆女，脩先君之好，故曰公子。

按《經・桓公》：「三年，春正月，公會齊侯于嬴」。魯齊原為鄰國，又屬同盟，今魯桓公與齊侯會，蓋修舊好而又申之以婚姻也。家氏鉉翁曰：「魯桓懼方伯之有討，而乞昏於齊以為此會……」，又曰：「是時，鄭莊善用兵，齊為強或，故桓以賂結鄭，以昏求齊，所以逭殺君之討……」〔註5〕是則魯桓公因弒隱公懼方伯有討而結好於齊也。又如秦妻晉太子圉，梁伯妻晉惠公，皆由於政治之因素。《左傳・僖公十七年》云：

> 夏，晉太子圉為質於秦，秦歸河東而妻之。惠公之在梁也，梁伯妻之。

按此為秦穆公時事。晉太子圉質於秦，穆公以女妻之。據《史記・晉世家》記秦女云：「子一國公子，辱在此，秦使婢子侍，以固子之心」〔註6〕，是穆公以婚姻安撫晉太子，且歸河東地，冀藉之以改善兩國政治關係。而惠公者，公子圉之父也。先是，惠公為公子，驪姬為亂，奔梁，梁伯妻之，殆亦有安撫結好之意。是其父子之婚皆為政治婚姻也。又晉公子重耳奔狄，狄人納以二女。《左傳・僖公廿三年》云：

> 狄人伐廧咎如，獲其二女叔隗、季隗、納諸公子，公子取季隗，生伯儵、叔劉，以叔隗妻趙衰，生盾。

〔註5〕見《欽定春秋傳說彙纂》，桓三年，頁24。
〔註6〕見《史記・晉世家》第九，惠公十三年所引。

按《晉語‧獻公》：「公令閹楚刺重耳，重耳逃於狄」，時晉國驪姬爲亂，諸公子皆出奔，公子重耳逃狄——狄人以其爭戰所獲二女獻之。是狄以重耳爲大國公子，雖一時困阨，終必可伸也，故納二女以示友好。至若齊悼公奔魯，季康子以妹妻之，殆亦有此意義。《左傳‧哀公八年》云：

> 齊悼公之來也，季康子以其妹妻之，即位而逆之。

初，齊悼公以姜孺子立，畏誅奔魯〔註7〕；時仍爲公子，以其頗得齊諸大夫之愛戴，故魯大夫季康子以妹妻之。斯亦脩婚姻之好，以結邦交者也。又如齊侯使晏子繼室於晉也。《左傳‧昭公三年》云：

> 齊侯使晏嬰請繼室於晉，曰：「寡君使嬰曰：『寡人願事君，朝夕不倦，將奉質幣以無失時，則國家多難，是以不獲，不腆先君之適，以備内宮焜燿寡人之望，則又無祿早世隕命，寡人失望，君若不忘先君之好，惠顧齊國，辱收寡人，徼福於大公丁公，照臨敝邑，鎮撫其社稷，則猶有先君之適，乃遺姑姊妹，若而人……以備嬪嬙……』」既成婚。

按齊少姜嫁晉侯，受寵早死，時晉國勢正強，齊景公欲繼兩國交好，故復遣大夫晏嬰至晉請繼室焉。可見此種婚姻所含政治特殊之意義。又如魯大夫臧文仲娶于陳也，《左傳‧文公六年》云：

> 臧文仲以陳衛之睦也，欲求好於陳；夏，季文子聘於陳，且娶焉。

臧文仲，魯大夫也。以陳衛兩國間邦交甚密，欲與陳國結好，藉婚姻關係行之，故聘于陳，且娶焉。又如晉大夫呂相絕秦一事，更可明瞭當時婚姻在政治上特殊之意義。《左傳‧成公十三年》云：

> 晉侯使呂相絕秦，曰：「昔逮我獻公及穆公相好，戮力同心」，原欲結兩國之好也，爲達此目的，故進而「申之以盟誓，重之以婚姻」，則此婚姻之意義，顯而易見矣。又如魯宣公即位而娶于齊也，《左傳‧宣公元年》云：

> 元年春，王正月，公子遂如齊逆女，尊君命也。

按《左傳會箋》曰：「繼弒不書即位，蓋不忍行即位之禮也。惟篡奪者書即位，桓公，宣公是也。宣公即位，喪期中公子遂如齊逆女，三月以夫人婦姜至自齊。夏，季孫行父如齊，公會齊侯于平州，公子遂如齊，齊人取濟西田，急

〔註7〕見《史記‧齊太公‧世家第二》，景公五十八年夏所引。

急以得齊援爲事，其爲篡奪，不言而自見矣。」則宣公使公子遂逆女，蓋欲結婚姻以敦兩國友好也。又《左傳‧僖公十四年》云：

> 鄭季姬來寧，公怒止之，以鄭子之不朝也。夏，遇于防，而使來朝。

按鄭季姬，魯僖公女也。歸寧父母，魯以兩國通婚本有敦睦邦交之意，而鄭子不朝，故怒而欲絕其婚焉。由於婚姻關係政治之交好，故欲絕婚須先使人告絕，而後始可出之，以免兩國政治關係之惡化，《左傳‧文公十二年》云：

> 杞桓公來朝，始覜公也；且請絕叔姬而無絕婚，公許之。

按杞桓公娶魯女爲姬，後欲絕之，且欲立娣爲夫人〔註8〕，故朝魯請絕叔姬，魯文公許而後始敢爲之。

綜上所述，魯、晉、狄、齊、秦、鄭、杞等諸國之列，可知通婚對於當時兩國邦交所佔政治意義之重大矣。

（2）藉婚姻關係以得他國之支援者：春秋裂土封疆之小國甚多。然而諸國之間往往有強欺弱、眾暴寡、大侵小，與相互併吞攻伐之情事發生，故小國欲圖自保，除以盟約之外，則惟有藉婚姻關係結大國之好以安定國家也。如陳侯請妻鄭太子忽也，《左傳‧隱公七年》云：

> 鄭良佐如陳涖盟，辛巳，及陳侯盟，亦知陳之將亂也，鄭公子忽在王所，故陳侯請妻之，鄭伯許之。

按鄭大夫良佐入陳與盟。時鄭太子忽甚得王寵，陳侯知國之將亂，欲結鄭爲援，故請妻太子忽。又晉公子重耳娶秦女文嬴，其意義與此相同，《國語‧晉語四》，文公云：

> （重耳）謂子餘曰：「何如？」對曰：「禮志有之，曰將有請以人，必先大入焉；欲人之愛己也，必先愛人，欲人之從己也，必先從人；無德於人，而求用於人，罪也。今將婚媾以從秦，受好而愛之，聽從以德之，懼其未可也，又何疑焉！」乃歸女而納幣，且逆之。

按子餘即晉大夫趙衰之字也。由子餘對答之語，可知重耳之納懷嬴等五女者，乃因其仍在奔走復國之中，有賴於秦之支援也，故入國之初，大臣呂省、郤芮不附文公，爲亂。文公避至秦，秦穆公誘呂、郤等殺之。文公復娶夫人文嬴于秦，而秦送三千人爲衛，以備晉亂〔註9〕。又《左傳‧成公十八年》云：

〔註8〕見《左傳‧會箋》所引文公十二年杜預注。
〔註9〕見《史記‧晉世家第九》，文公元年。

> 秋，杞桓公來朝，勞公，且問晉故，公以晉君語之，杞伯於是驟朝
> 于晉，而請爲婚。

按杞桓公至魯公，語及晉事，時晉屬公在位，國力甚強，魯公以晉君之善政
告之，杞伯欲結強晉爲援，故急往朝晉君請爲婚也。又《左傳・昭公元年》
云：

> 春，楚公子圍聘于鄭，且娶於公孫段氏，伍舉爲介。將入館，鄭人
> 惡之，使行人子羽與之言，乃館於外，既聘，將以眾逆，子產患之，
> 使子羽辭……子羽曰：「小國無罪，恃實其罪，將恃大國之安靖己，
> 而無乃包藏禍心以圖之……」

楚公子圍聘于鄭，且娶於公孫段氏。以居心叵測，欲入兵襲鄭，爲鄭行人子
羽所阻。考鄭許與楚婚之動機，如子羽所云，鄭之欲與楚婚者，以鄭爲小國，
屢遭大國侵迫，故與楚通婚，欲恃楚國之強以免強國之求索也。可見當時之
通婚富有政治上之意義，另從魯大夫臧文仲所言更爲確切，《國語・魯語上》
云：

> 魯饑，臧文仲言於莊公，曰：「夫爲四鄰之援，結諸侯之信，重之以
> 婚姻，申之以盟誓，固國之艱急是爲」。

觀臧文仲所云「固國之艱急是爲」與上述陳、鄭、晉、秦、杞、齊、鄭、楚、
齊諸國之事，可知當時諸國藉婚姻之關係以獲得他國之支助者，已成通例矣。

（3）藉婚姻關係以消弭強國之攻伐者：除上述含有政治意義之婚姻外，
尚有藉婚姻關係以消弭強國之侵伐者。《左傳・襄公廿六年》云：

> 衛侯如晉，晉人執而囚之於士弱氏……衛人歸衛姬于晉，乃釋衛侯，
> 君子是以知平公之失政也。

據經襄公「二十有六年，春王二月辛卯，衛寧喜弑其君剽。」按衛大夫寧喜
弑其君，而立衎是爲獻公。諸國盟會討寧喜弑君之罪，晉人執寧喜，後衛侯
公至晉，晉人方執之。迨衛人嫁女于晉平公，晉公悅女，始釋衛侯。此藉婚
姻關係而消弭誅伐之禍者也。又《左傳・昭公七年》云：

> 癸巳，齊侯次于虢，燕人行成，曰：「敝邑知罪，敢不聽命，先君之
> 敝器，請以謝罪」，公孫晳曰：「受服而退，俟釁而動，可也」。二月
> 戊午，盟于濡上，燕人歸燕姬，賂以瑤罋玉櫝斝斗，不克而還。

按齊景公伐燕，燕人不支行成，獻賂且通婚姻之好，嫁女于齊侯焉。《左傳會
箋》曰：「遏齊侯再駕之憂也」。此亦藉婚姻關係以免於戰禍者也。又如越王

勾踐兵敗，使大臣文種行成，且納女于吳王者。《國語‧越語上》有云：

> 寡君勾踐之無所使，使其下臣種，不敢徹聲聞於天王，私於下執事
> 曰：「寡君之師徒，不足以辱君矣，願以金玉子女，賂君之辱，請勾
> 踐女女於王，大夫女女於大夫，士女女於士，越國之寶器畢從，寡
> 君帥越國之眾，以從君之師徒。

按《史記‧吳太伯世家》「十九年夏，吳伐越，越王勾踐迎擊之檇李……傷
吳王闔廬指，軍卻七里，吳王病傷而死，闔廬使立太子夫差，謂曰：『爾而
忘勾踐殺汝父乎？』對曰：『不敢』，三年乃報越」。吳王夫差為報父仇，持
志三年始敗越。且逼勾踐于會稽山中。勾踐恐宗廟有覆亡之虞，故使大臣文
種至吳求和，且嫁女於吳王結婚姻之好。此亦藉婚姻關係以消弭國家覆亡之
禍者也。

　　春秋時代諸侯國間之政治婚媾，具如上述。然以當時國與國間利害之衝
突，雖結盟通婚仍有不足以申其信者，是此種婚姻往往維持極為短暫，終至
無法消除兩國爭端，如秦晉兩國之通婚可為例證，《左傳‧僖公十五年》云：

> 晉饑，秦輸之粟；秦饑，晉閉之糴，故秦伯伐晉……九月晉侯逆秦
> 師……壬戌戰于韓原……秦獲晉侯以歸……穆姬聞晉侯將至，以大子
> 罃弘與女簡璧，登台而履薪焉，使以縗服衰絰逆，且告曰：「上天降
> 災，使我兩君匪以玉帛相見，而以興戎；若晉君朝以入，則婢子夕
> 以死，夕以入，則朝以死，唯君裁之」。

按《史記‧秦本紀繆公》（《左傳》作穆公）：「四年，迎婦於晉，晉太子申生
姊也。（秦穆姬）。……十四年，秦饑，請粟於晉。晉君謀之群臣，虢射曰：『因
其饑伐之，可有大功』，晉君從之。十五年，興兵將攻秦，繆公發兵，使丕豹
將，自往擊之。九月壬戌，與晉惠公夷吾合戰於韓地……。於是繆公虜晉君
以歸……夷吾姊亦為繆公夫人，夫人聞之，乃衰絰跣，曰：『妾兄弟不能相救，
以辱君命』，繆公曰：『我得晉君以為功，今天子為請，夫人是憂』；乃與晉君
盟，許歸之」。按穆姬之婚，原有敦睦晉秦兩國政治關係之意義。故晉有驪姬
之亂，秦納惠公入晉。然惠公不念兩國婚姻交好，且背秦，而戰于韓原，兵
敗被俘，致穆姬哀之。可見穆姬雖嫁秦，兩國仍難免有爭伐之事。又晉太子
圉質秦而逃歸也，《左傳‧僖公廿二年》云：

> 晉太子圉為質於秦，將逃歸，謂嬴氏曰：「與子歸乎？」對曰：「子
> 晉太子，而辱於秦，子之欲歸，不亦宜乎？寡君之使婢子侍執巾櫛，

以固子也。從子而歸棄君命也，不敢從，亦不敢言」，遂逃歸。

晉太子圉質於秦，秦侯妻以懷嬴，藉以安撫之。據懷嬴所云：「寡君之使婢子侍執巾櫛，以固子也。從子而歸棄君命也」，可知婚姻所含政治色彩之濃。子圉仍逃歸，可見政治婚媾之難以持久也。故太子圉逃而懷嬴亦改嫁焉。又《左傳·僖公卅二年》云：

> 冬，晉文公卒，庚辰，將殯于曲沃，出絳，柩有聲如牛，卜偃使大
> 夫拜，曰：「君命大事，將有西師過軼我，擊之必大捷焉」。

按西師即秦師也。秦師過晉襲鄭，時值晉文公卒。晉人不以兩國尚有婚姻交好，伏兵而襲之。可知藉婚姻以固友好，並不盡可恃也。

除上所述秦晉之事外，尚有藉婚姻為手段以滅人國家覆人宗廟者。最顯著之例，如楚公子圍聘于鄭，《左傳·昭公元年》云：

> 元年春，楚公子圍聘于鄭，且娶於公孫段氏，伍舉為介，將入館，
> 鄭人惡之，使行人子羽與之言，乃館於外，既聘，將以眾逆，子產
> 患之……子羽曰：「小國無罪，恃實其罪，將恃大國之安靖己，而無
> 乃包藏禍心以圖之……」伍舉知其有備，請垂櫜而入，許之。

此于前曾載之，楚公子圍聘于鄭，藉取婦之便欲襲鄭，為鄭人所悉，故鄭大夫子羽乃以「無乃包藏禍心以圖之」責之，楚大夫伍舉始棄襲鄭之謀。可見楚之欲娶于鄭者乃欲藉此之便滅人國家也。此外亦不乏例證。如鄭武公欲滅胡，先結婚姻之好，《韓非子》卷四，〈說難〉云：

> ……昔者鄭武公欲伐胡，故先以其女妻胡君，以娛其意，因問於群
> 臣，吾欲用兵，將可伐者，大夫關其思對曰：「胡可伐」。武公怒而
> 戮之，曰：「胡，兄弟之國也。子言伐之，何也？」，胡君聞之，以
> 鄭為親己，遂不備鄭，鄭人襲胡，取之。

鄭武公者，莊公之父也。為遂其征服胡國之目的。不惜藉婚姻為手段，以女嫁胡君，又刑其大夫以閉耳目。可知婚姻關係之成為政治手段也。後至戰國時代此種現象亦甚多，《新序》卷七，節士云：

> 屈原使齊還，聞張儀已去，大為王言張儀之罪，懷王使人追之不及，
> 後秦嫁女于楚，與懷王歡為藍田之會，懷王遂會，果見因拘，客死
> 於秦。

此一故事，甚為膾炙人口。秦欲滅楚，故先嫁女以亂之，再誘楚懷王參與藍田盟會而擒之。可見秦之嫁女，亦為達成政治之手段而已。又如張儀所云趙

王并代之事，〈燕策一〉云：

> 張儀爲秦破從連橫請燕王曰……昔趙王以其姊爲代王妻，欲并代，
> 約與代王遇於句注之塞，乃令工人作爲金斗，令之可以擊人。與代
> 王使而陰告廚人曰：「……」因反斗擊之……代王腦塗地。其聞之，
> 摩笄以自刺也。

所云趙王欲併代地，藉婚姻爲手段，以其姊妻代王，再而殺之，滅其國。凡
此種種皆藉婚姻之手段以攻滅人國家之目的者也。

　　總上所考，可知春秋時代以諸國政治之複雜，故當時之婚姻所含有政治
特殊之意義甚爲濃厚也。

參、擇偶之標準

　　《儀禮·士昏禮》與《禮記·昏義》，於問名、納吉等禮節，述之甚詳，
然于擇偶之標準，則未見記載。顧求之於史實，尚能略知當時之於婚姻擇偶，
實已有某種特定之準繩。茲考春秋時代娶婦之標準，大致可分如下三項：（1）
以容貌之美爲主者。（2）以性情之柔順爲主者。（3）以高門第爲主者。其中
又以第一項之情形爲多，試分別述之：

　　（1）以容貌之美爲主者：愛美之心，人皆有之，後世婚娶擇婦多重美色。
春秋時之觀念，亦不例外。如晉大夫之娶妻也，《左傳·昭公二十八年》云：

> 初，叔向欲娶於申公巫臣氏，其母欲娶其黨……其母曰：「子靈之妻
> 殺三夫……吾聞之，甚美必有甚惡者……」叔向懼，不敢取，平公
> 強使取之。

叔向，晉大夫也。而巫臣氏即鄭女夏姬之女也。以夏姬爲巫臣子靈所娶〔註
10〕，故其女稱巫臣氏。時俗行媒聘婚制，叔向不欲娶其母之黨，而欲娶巫
臣氏者何也？即以巫臣氏之美故，由其母之言知之。又《左傳·昭公元年》
云：

> 鄭徐吾犯之妹美，公孫楚聘之矣；公孫黑又使強委禽焉。

徐吾犯，鄭大夫也。其妹美爲鄭公孫楚所聘，既聘而公孫楚之叔謂公孫黑者，
復使委禽。是因徐女有美色，故欲強娶之。又《左傳·襄公二十五年》云：

> 東郭偃臣崔武子，棠公死，偃御武子以弔焉。見棠姜而美之，使偃

〔註10〕見《史記·晉世家第九》，景公十一年所引。

取之，偃曰：「男女辨姓，今君出自丁，臣出自桓，不可。武子筮之……
　陳文子曰「……不可娶也……」，崔子曰：「嫠也何害……」，遂娶之。

齊大夫崔杼以棠公死，往弔棠姜，見棠姜美，而不避同姓爲婚之嫌。雖筮之不吉，仍娶之者，蓋悅其有美色也。此種擇婦取美色之觀念，戰國亦然。《列女傳》卷七。趙悼倡后云：

　倡后者，趙悼襄王之后也。前日而亂一宗之族，既寡，悼襄王以其
　美而取之。李牧諫曰：「不可。女之不正……」，王曰：「亂與不亂，
　在寡人爲政」，遂娶之。

悼襄王不嫌此女曾「亂一宗之族」而娶之者，悅其美色。當時娶妻尚美不尚德。觀上述諸例，可以知矣。又按《戰國策‧燕策》云：「周地賤媒，爲其兩譽也，之男家曰女美；之女家曰男富」。更足以知其風尚矣。

　此外有因美色，不顧禮法，而以掠奪得之者。如《左傳‧桓公元年》云：

　冬，鄭伯拜盟，宋華父督見孔父之妻于路，目逆而送之，曰：「美而
　艷」。

　二年春，宋督攻孔父，殺孔父而取其妻。

按《左傳‧桓公二年》云：「孔父嘉爲司馬，督爲大宰」，則二人皆宋殤公臣。宋督見孔父姜美而艷，攻孔父而殺之，因奪其妻，若此所爲，固不爲當。然可知女子美色，于男子心目中佔有何等重要之地位。又如楚文王之滅息也。《左傳‧莊公十四年》云：

　蔡哀侯爲莘役故，繩息嬀以語楚子，楚子如息，以食入享，遂滅息。
　以息嬀歸，生堵敖及成王焉。

按《左傳‧莊公十一年》云：「蔡哀侯娶于陳，息侯亦娶焉。息嬀將歸，過蔡，蔡侯曰吾姨，止而見之，弗賓，息侯聞之怒，使謂楚文王曰伐我，吾求救于蔡而伐之，楚子從之。秋九月，楚敗蔡師于莘」。蔡侯以莘役怨息侯，故于楚子前讚息嬀之美色，楚子爲之心動，遂興兵滅息國。此非政治之爭，而爲得一美色之婦人也。又如楚二大夫互爭一鄭女事，《左傳‧襄公二十六年》云：

　子反與子靈爭夏姬。

夏姬者鄭女也，係爲殺三夫之嫠婦〔註11〕。楚子反與子靈二大夫竟競相爭之，以其有美色故也。可知女子美色之足以傾國傾城。

────────────

〔註11〕按《左傳‧昭公廿八年》云：「子靈之妻殺三夫」，杜預注：「子靈巫臣，妻夏姬也，三夫陳御叔，楚襄老及巫臣也」。時巫臣已死，故曰子靈之妻殺三夫。

　　（2）以性格之柔順為主者：宗法制度男子為社會中心。因之，禮教下之女性，須具有三從四德之品行。故視善妒之於女性為惡德，不為男子所喜。《左傳・昭公二十八年》云：

　　　　初，叔向欲娶於申公巫臣氏；其母欲娶其黨，叔向曰：「吾母多而庶
　　　　鮮，吾懲舅氏矣」。

此事《列女傳》亦載之〔註12〕。叔向曰：「吾母多而庶鮮」，《左傳會箋》云：「庶鮮言其母之嫉也」。是叔向不娶母黨者，或有鑑於母氏之善嫉也。又《晏子・春秋內篇》諫下云：

　　　　嬰聞之，臣專其君，謂之不忠；子專其父，謂之孝；妻專其夫，謂
　　　　之嫉……為妻之道，使其眾妾皆得歡忻於其夫，謂之不嫉。

此所云「為妻之道」，正足代表當時之觀念。蓋周代以，宗法制度確立，男子地位崇高，可隨其心意納妾，而妻妾地位本不同，欲和睦家內妻妾，故須娶柔順不嫉之妻，始能相處。因之，為抑制婦女善嫉而有出妻律。《孔子家語・本命篇》云：

　　　　……婦有七出，三不去。七出者，不順母者。無子者、淫僻者、嫉
　　　　妒者、惡疾者、多口舌者、竊盜者。

《家語》一書，雖不盡可信，然此說必有所據〔註13〕，正足以代表當時社會娶婦之觀念焉。

　　（3）以高門第為主者：後世婚俗有重門第論嫁財之俗者。推究其源，早在宗法制度下之春秋已有。《左傳・定公九年》云：

　　　　秋，齊侯伐晉夷儀，敝無存之父將室之，辭以與其弟，曰：「此役也
　　　　不死，反必娶於高國」。

按杜預注：「無存，齊人也……高氏、國氏、齊貴族也。」時齊侯伐晉，敝無存之父欲為無存取婦，無存則欲獲得戰功後，返而娶高、國兩氏貴族之女，故辭而讓其弟先娶。又如晉大夫董叔之娶於范氏也，《國語・晉語九》，昭公云：

　　　　董叔將娶於范氏，叔向曰：「范氏富，盍已乎！」曰：「欲為繫援焉」。

晉大夫董叔，欲娶范宣子之女，直言不諱，以為繫援，是亦攀附高門之意也。擇婦之標準，具如上述。

〔註12〕見《列女傳》卷三，晉叔姬云。
〔註13〕又見《儀禮・喪服》（出妻之子為母疏引），與《大戴禮記・本命篇》。

　　至若擇壻之標準，考之史事，亦可尋出其準繩。其較著明者有如是三項：（1）以男子之武勇爲主者。（2）以男子之才德爲主者。（3）以男子之勢盛家富爲主者。試分別述之：

　　（1）以男子之武勇爲主者：上古之世，民智未開，或與獸鬪，或與人爭。必恃武力以全其性命，故大抵尚武。而女子素稱弱者不能自立，須有武勇之男子以護衛之。春秋時雖已有高度之文化，而擇壻重武勇，猶爲一般之風尚。如前所述齊侯一再請妻鄭太子忽之事也〔註14〕，《左傳會箋》云：「忽不欲援齊，而齊反欲援忽者，以其勇也」。鄭太子忽處弱鄭，而齊僖公爲嘉其武勇，故必欲妻之以女也。又如鄭大夫徐吾犯妹擇子南，《左傳・昭公元年》云：

> 鄭徐吾犯之妹美，公孫楚聘之矣。公孫黑又使強委禽焉。犯懼，告子產。子產曰：「是國無政，非子之愚也，唯所欲與」。犯請於二子，請使女擇焉，皆許之。子晳（公孫黑）盛飾入，布幣而出。子南戎服入，左右射，超乘而出，女自房觀之，曰：「子晳，信美矣；抑子南夫也，夫夫婦婦，所謂順也，適子南氏」。

按徐吾犯妹美許配子南，而子南叔子晳強委禽欲奪之，徐吾犯難決，故子產乃請由徐女自擇。徐女擇子南。《左傳會箋》云：「固以其先聘矣，然其所以爲辭，則悅其有丈夫之氣象也」。

　　（2）以男子之才德爲主者：春秋宗法社會，階級分明。然世人於具有才德者，莫不重視之，擇壻亦然。《左傳・昭公二十八年》云：

> 昔賈大夫惡，娶妻而美。三年不言不笑，御以如皋，射雉獲之，其妻始笑而言。賈大夫言：「才之不可以已，我不能射，女遂不言不笑夫！」

按杜預注：「賈大夫，賈國之大夫」。貌醜，娶妻美，妻以其貌醜，三年不笑又不語。後以射雉中，妻始有笑有言。可知其妻笑而言者，實因見其有才藝故也。又《論語・公冶長篇》云：

> 子謂：「公冶長，可妻也！雖在縲絏之中，非其罪也」，以其子妻之。
> 子謂：「南容，邦有道不廢，邦無道免於刑戮」，以其兄之子妻之。

此乃孔子嫁女擇壻之評語。評公冶長曰：「雖在縲絏之中，非其罪也」。而評南容則曰：「邦有道不廢，邦無道，免於刑戮」。孔子之所以重二子者，蓋以

德行之美也。

（3）以男子之勢盛家富爲主者：富與貴，是人之所欲也。女子于歸，終生以夫家爲家，嫁女擇壻之重視男家之財勢，亦人之常情也。《列女傳》卷三，許穆夫人云：

> 許穆夫人者，衛懿公之女，許穆公之夫人也。初，許求之，齊亦求之，懿公將與許，女因其傳母而曰：「古者諸侯之有女子也，所以苞苴玩弄，繫援於大國也，言今者許小而遠，齊大而迎，若今之世，強者爲雄」。

許女之言，蓋欲攀附強國，乃當時一般之觀念也。故司馬光謂：「嫁女嫁勝己者，取婦取不如己者，此眞老於世故之言，結昏者不可不知，然連姻強族以自固亦有可用者」〔註15〕。另如前所引《國策·燕策》一云：「蘇代對曰：『周地賤媒，爲其兩譽也。之男家曰女美，之女家曰男富』。」男家富有實爲嫁女擇壻所求者也。

綜上所述，略知當時擇偶之標準，亦無殊於後世，風俗所尙，實本諸人情也。

〔註15〕見《左傳·會箋桓公六年》（人各有耦，齊大非吾耦也注引）。

第二章　婚禮之儀式

　　《儀禮・士昏禮》當爲我國婚禮最早之記錄，是春秋時代已有固定之儀式矣。然則〈士昏禮〉所載之六禮是否即爲當時所通行之婚儀，則有商榷之餘地。故於士昏六禮在春秋時代通行之情形，以及當時所行不盡與《儀禮・士昏禮》相合之婚禮儀式，加以探討之。今爲方便計，據《儀禮・士昏禮》所載六禮之程序，考春秋時代所行之婚禮儀式。就程序而言，大致可分爲如下幾種：壹、納采。貳、卜妻。參、納幣。肆、告廟。伍、親迎。陸、送嫁。試分別考之於下：

壹、納采

　　婚禮之始爲納采。呂思勉于其《中國通史》中云，納采之意即如後世所謂之求婚〔註1〕。《儀禮・士昏禮》云：

> 下達納采，用雁。主人筵于戶西，西上右几，使者玄端至，擯者出請事，入告；主人如賓服迎于門外，再拜，賓不答拜，揖入；……
> 授于楹間，南面。賓降出，主人降，授老雁。

按鄭玄注：「達，通達也。將欲與彼合昏姻，必先使媒氏下通其言，女氏許之，乃後使人納其采擇之禮。」而賈公彥疏云：「納采，言納者以其始相采擇，恐女家不許，故言納。」此即所謂之納采禮。又按〈士昏禮〉所載行納采之禮必執雁，鄭玄注：「納采而用雁爲摯者，取其順陰陽往來。」摯雁之意義，是否果如鄭玄所云，而當時〈士昏禮〉是否行摯雁之禮，姑且不論，然當時婚禮中有摯雁之儀式，則無問題。《左傳・昭公元年》云：

〔註 1〕見呂思勉：《中國通史》上冊〈婚姻篇〉，頁 17。

鄭徐吾犯之妹美，公孫楚聘之矣；公孫黑又使強委禽焉。

杜預注：「禽，雁也。納采用雁也。」公孫黑以徐吾犯之妹美故，又使強委禽者，意爲行此納采禮後，而婚姻關係定矣。然公孫楚已聘之矣：按聘者，《禮記》云：「聘則爲妻，奔者爲妾」〔註2〕，鄭玄注：「聘，問也。妻之言齊也，以禮見問，則得與夫敵體」；又「聲伯之母不聘」〔註3〕，杜預注：「不聘，無媒禮。」是聘者當爲行媒禮之謂。據此知納采用雁之禮，春秋時確已行之，《儀禮》所記信而可徵也。

此爲鄭國行納采之情形，至於其他諸國是否如此，無史料可徵，未敢臆測。然從當時天子諸侯大夫所存婚禮儀式，可考知當時確已有與納采相近之禮，如周王使卿大夫求后於諸侯，《左傳·宣公六年》云：

夏，定王使子服求后於齊。

子服係周定王使至齊求后之使者。按納采禮有求婚之意，則子服即天子使納采之人也。又如諸侯亦有此禮，《左傳·成公八年》云：

宋華元來聘，聘共姬也。夏，宋公孫壽來納幣，禮也。

華元即宋大夫。宋華元來聘共姬，雖未確指婚禮儀式，且未有摯雁之文。然以先有華元來聘，後有公孫壽納幣之事推知，其所謂聘之者，就婚禮程序言之，則當爲納采求婚也。又如楚國，《左傳·昭公四年》云：

使椒舉如晉求諸侯⋯⋯（晉）使叔向對，曰：「寡君有社稷之事，是以不獲春秋時見，諸侯君實有之，何辱命焉」，椒舉送請昏。

按楚大夫椒舉係因政治任務入晉，後欲篤兩國友好，而爲其君請婚于晉。可知當時諸侯實有與納采相近之求婚禮也。至於大夫，如魯大夫穆伯，《左傳·文公七年》云：

穆伯娶于莒，曰戴己，生文伯；其娣聲己生惠叔。戴己卒，又聘于莒，莒人以聲己辭，則爲襄仲聘焉。

魯穆伯妻戴己死，又聘于莒，聘者雖爲行媒之謂，然記事含糊，未明裏中所指，如前所載賈公彥疏云：「納采，言納者以其始相采擇，恐女家不許，故言納。」則又聘于莒，當爲納采求婚之意，故莒人以其娣聲己尚在，不許其請，後使者爲襄仲請，而許之。

由上可知春秋時代之婚禮確已有納采用雁之禮，然從天子諸侯大夫求婚

〔註2〕見《禮記》鄭注，〈內則篇〉，頁102。
〔註3〕見《左傳·成公十一年》。

不見摯雁之事觀之，春秋時代求婚雖已有納采用雁之禮，但求婚用雁之事，卻仍未爲各階層所通行也。

至於士昏禮，納采之後有問名之禮，然不知納采、問名禮爲同日行事混而爲一，抑或春秋時代尙未有問名之禮，故鮮有問名之史料，考之春秋史事，涉及問名之事者，如《左傳·襄公十二年》云：

> 靈王求后于齊，齊侯問對於晏桓子，桓子對曰：「先王之禮，辭有之，天子求后於諸侯，諸侯對曰：『夫婦所生若而人，妾婦之子若而人』，無女而有姊妹及姑姊妹則曰：『先守某公之遺女若而人』」，齊族許婚。

此爲周靈王遣人求后于齊之事。從桓子所對之語，如「夫婦所牛若而人⋯⋯」之句，似爲問名禮所答之辭，然問名之禮，除見于《儀禮·士昏禮》及《禮記》所載之外，未見于春秋史實之記載，若非略而未書，即尙無問名之禮也。

貳、卜妻

〈士昏禮〉于納采、問名等禮之後，有納吉之禮，如云：

> 納吉用雁，如納采禮。

鄭玄注：「歸卜於廟，得吉兆，復使使者往告，婚姻之事於是定。」按《儀禮》所載婚禮儀式，由男家遣媒使至女家納采求婚，而後問名歸卜于廟，以斷吉凶，定婚姻。則當時婚禮儀式甚爲完備。然考當時史事僅有卜妻之事，無納吉之文，而程序亦不同于《儀禮·士昏禮》所載，《國語·魯語下》云：

> 公父文伯之母，欲室文伯，饗其宗老，而爲賦綠衣之三章，老請守龜卜室之族，師亥聞之，曰：「善矣」。

文伯者魯大夫也。初，其母欲爲之授室，使宗老卜所娶女氏之族，以文伯之母鄭重其事，故史載其事以美之。又從仲尼讚曰：「季氏之婦，可謂知禮。」〔註4〕可知當時婚禮確有卜筮之事。但其先後程序卻未盡同於〈士昏禮〉所載。又如《左傳·襄公二十五年》云：

> 東郭偃臣崔武子，棠公死，偃御武子以弔焉。見棠姜而美之，使偃取之，偃曰：「男女辨姓，今君出自丁，臣出自桓，不可。」武子筮之，遇困之大過，史皆曰吉，示陳文子，文子曰：「夫從風，風隕妻，不可娶也」。

〔註 4〕見《國語·魯語》下。

崔武子者齊大夫崔杼也。以棠公死往弔，見棠姜美，使家臣東郭偃取之，偃以棠姜與崔子同姓以為不可，故武子疑而卜筮之。此雖亦為婚禮中卜筮之事，然其意義與《儀禮・士昏禮》不同。可知春秋時代婚娶卜筮之禮，仍未若《儀禮・士昏禮》所載之具體也。當時卜筮不僅可施之於男家卜妻，亦可用之於女家卜嫁，《左傳・莊公二十二年》云：

> 初，懿氏卜妻敬仲，其妻占之曰：「吉，是謂鳳凰于飛，和鳴鏘鏘，
> 有嬀之後，將育于姜，五世其昌，並于正卿，八世之後，莫之與京」。

此事亦見《史記》〔註5〕，蓋齊懿仲欲以其女妻陳敬仲，故卜筮以斷吉凶，由此可知當時卜筮之事甚為普遍，然所卜之吉凶，卻未必為人所堅信，《左傳・僖公十五年》云：

> 初，晉獻公筮嫁伯姬於秦也，遇歸妹之睽，史蘇占之，曰：「不吉」，
> 其繇曰：「吉刲羊，亦無衁也。女承筐，亦無貺也」。

毛奇齡云：「史蘇，晉筮官。」〔註6〕此一筮嫁之事，係因晉有驪姬之亂，惠公奔秦，秦納之。惠公入晉而背秦約，且不恤秦饑，致秦晉交惡，戰于韓原，惠公兵敗被俘。毛奇齡曰：「此又追記晉嫁姬筮詞以并驗其事。」〔註7〕按卜妻、卜嫁，原為婚禮之一種，而其他涉及婚嫁之事者，亦時有用卜筮者，如諸侯立夫人用卜筮之事。《左傳・僖公四年》云：

> 初，晉獻公欲以驪姬為夫人，卜之，不吉；筮之，吉。公曰：「從筮。」
> 卜人曰：「筮短龜長，不如從長。」

晉獻公寵嬖妾驪姬，欲立為夫人，以其為妾故，疑而卜筮之，以決吉凶，卜之不吉而巫之吉；獻公悅驪姬，從筮而立焉，可知獻公卜立夫人純為釋疑而已。又如《左傳・昭公元年》云：

> 僑又聞之，內官不及同姓，其生不殖，美先盡矣，則相生疾，君子
> 是以惡之。故志曰：「買妾不知其姓則卜之」。

僑即鄭大夫子產，所述卜妾事，亦非婚禮正常儀式，此乃如《禮記・坊記》所載：「取妻不取同姓，以厚別也，故買妾不知其姓則卜之。」是買妾卜之者，係避同姓為婚之嫌，故須卜筮以釋疑。

〔註5〕見《史記・陳杞世家》。
〔註6〕見毛奇齡：《春秋占筮書》，《續皇清經解》，頁 165A。（按 A 為頁上、B 為頁上，以下同。）
〔註7〕同註6。

　　由上所述，春秋時代婚禮儀式雖有卜妻之禮，但其程序卻異於《儀禮‧士昏禮》，且當時卜筮之事用於婚姻者，並非爲男家卜妻所專有，即如女家嫁女亦曾用之。而買妾立夫人者有用卜筮者，可見春秋時化卜筮之風甚盛；然就當時婚禮言之，似仍未有一固定之卜妻儀式也。

參、納幣

　　婚禮經卜筮得吉凶，則婚姻之事已成，故男家欲定此婚事，則須納物于女氏之家以爲憑。《儀禮‧士昏禮》云：

　　　　納徵，玄纁、束帛、儷皮、如納吉禮。

鄭玄注：「徵，成也。使使者納幣以成昏禮。」杜預云：「士昏六禮，其一納采。納徵始有玄纁、束帛，而諸侯則謂之納幣，其禮與士禮不同」〔註8〕，而《左傳會箋》亦云：「士謂之納徵，諸侯謂之納幣。」據此知納徵即今所謂之完聘也。〈士昏禮〉所載納徵，須備玄纁、束帛、儷皮等物納至女家，可見當時納帶之隆重。然考春秋史事，涉及納幣之事，獨詳於諸侯而略於卿大夫。至於納徵、納幣之物，《周禮》亦曾載之〔註9〕然自春秋史事中卻無由可考。由春秋史事中僅可考知當時納幣者之身份而已。如諸侯婚禮納幣禮當由大夫爲之，《左傳‧文公二年》云：

　　　　襄仲如齊納幣，禮也。凡君即位，好舅甥，脩婚姻，娶元妃以奉粢
　　　　盛，孝也。

襄仲者魯大夫也。從君命至齊納幣，《左傳》稱之爲禮，可見諸侯納幣以大夫爲媒使也。又《左傳‧成公八年》云：

　　　　夏，宋公孫壽來納幣，禮也。

梁履繩云：「宋公無主昏者自命之，故稱使也，納幣應使卿」〔註10〕。又晉平公之聘少姜，《左傳‧昭公二年》云：

　　　　宣子曰：「起不堪也，無以及召公」，宣公遂如齊納幣。

宣子者魯大夫也。杜預云：「爲平公聘少姜也」。又如《晉語四》，文公云：

〔註8〕見《左傳‧文公二年》注引。
〔註9〕見《周禮‧媒氏》：「凡嫁子娶妻入幣純帛無過五兩」，鄭注：「純實緇字也，古緇以才爲聲，納幣用緇……士大夫乃以玄纁、束帛、天子加以穀圭，諸侯加以大璋。」
〔註10〕見《左傳補釋》，《續皇清經解》，頁 3369B。

> 今將婚媾以從秦，受好以愛之，聽從以德之，懼其未可也，又何疑
> 焉，乃歸女，而納幣，且逆之。

晉文公重耳當其爲公子時，避驪姬之亂，逃秦欲藉秦穆公之援以返國，而娶秦女，納幣且親迎之，雖不言納幣者爲誰？但其使大夫爲之，必無可疑也。至於納幣者以當時媒聘婚制旨在別男女養廉恥，故不得躬親爲之。若親自納幣者，則視爲非禮，是故史家特書以譏之，如《春秋經・莊公二十二年》云：

> 冬，公如齊納幣。

按公爲魯莊公。《穀梁傳》云：「冬，公如齊納幣，納幣大夫之事也，禮有納采、有問名、有納徵、有告期，四者備而後娶，禮也。公之親納幣非禮也，故譏之。」〔註11〕又萬斯大亦云：「若夫讎女之不當婚，居喪之不當納幣，納幣之，蓋婚姻不稱主人，以養廉恥，故莊公躬親納幣，非禮也。」〔註12〕可見納幣不可躬親爲之。

如上述，春秋時代婚禮甚重納幣之禮。然史書所載中，但有諸侯之納幣，而無士人之納徵，蓋以春秋史載偏重於諸侯間之往來，略於士人之事故也。

肆、告廟

宗法社會，家長爲最尊，子女皆其所有物，故子女婚姻決定權操在父母手中；而父權又出自祖先所授予，是故當時婚禮凡所行事，必告之於祖廟。《儀禮・士昏禮》云：

> （昏禮）下達納采，用雁，主人筵于戶西，西上右几……主人如賓
> 服迎于門外，再拜，賓不答拜，揖入，至于廟門，揖入，三揖；至
> 於階，三讓，主人以賓升西面，賓升西階當阿，東面致命，主人阼
> 階上北面再拜……主人迎賓于廟門外。

「戶西」，「門外」與「廟門」，皆指女氏之祖廟。蓋婚禮進行時，男家媒使與女氏父兄相議于祖廟之上也。其中「右几」即爲祖先神位，女氏婚事須由祖先神明主之者也。故《儀禮・昏義》云：

> 昏禮者，將合二姓之好，上以事宗廟，而下以繼後世也，故君子重
> 之。是以昏禮，納采、問名、納吉、納徵、請期，皆主人筵几於廟，
> 而拜迎於門外，入揖讓而升，聽命於廟，所以敬愼重正昏禮也。

〔註11〕見《穀梁傳・莊公廿二年》。
〔註12〕見《學春秋隨筆》，《皇清經解》，頁 778A。

據此知昏禮必成于女氏祖廟者，即以婚姻人道之始，將合二姓之好，上以事宗廟，而下以繼後世，所以慎重其事也。再者，非僅昏禮媒使須成禮于女氏祖廟，壻之親迎禮更須告祖廟而往。《左傳・昭公元年》云：

> 春，楚公子圍聘于鄭，且娶於公孫段氏，伍舉為介。將入館，鄭人
> 惡之……既聘，將以眾逆，子產患之，使子羽辭，曰：「以敝邑偏小，
> 不足以容從者，請墠聽命。」令尹命大宰伯州犁，對曰：「君辱貺寡
> 大夫圍，謂圍將使豐氏撫有而室，圍布几筵，告於莊共之廟而來，
> 若野賜之，是委君兄於草莽也……又使圍蒙其先君。」

楚公子圍有藉親迎而襲鄭之企圖，故鄭人拒之。然從「圍布几筵告於莊共之廟而來」一語，可知親迎非僅須成禮于女氏宗廟，且須先告祖廟而往。除此之外，迎婦歸來亦須告之於祖先，然後成婚為夫婦，方合乎禮法。《左傳・隱公八年》云：

> 四月甲辰，鄭公子忽如陳逆婦媯，辛亥以媯氏歸。甲寅入于鄭，陳
> 鍼子送女，先配，而後祖，鍼子曰：「是不為夫婦，誣其祖矣，非禮
> 也，何以能育。」

杜預注：「鍼子，陳大夫也。」禮逆婦必先告廟而後行，故楚公子圍迎婦前先告莊、恭王之廟。然迎婦至，禮亦當告廟，故鄭大子忽迎婦先婚配而後告廟，鍼子譏之。按毛奇齡云：「昏禮親迎必告迎，告至禮也。」〔註13〕若不然，則以為非禮也。

　　如上可知，春秋時代婚禮儀式，嫁娶雙方一有任何行禮，必于祖廟為之。祖廟于當時宗法社會婚禮中所佔之地位，昭然可見矣。又如女子自許嫁以迄于歸之際，重大行事亦須在祖廟舉行，故《禮記・昏義》云：

> ……是以古者，婦人先嫁三月，祖廟未毀，教于公宮；祖廟既毀，
> 教于宗室，教以婦德、婦言、婦容、婦功。教成祭之，牲用魚、芼
> 之以蘋藻，所以成婦順也。

祭物以蘋藻為之，此既出嫁前告祭祖廟己成婦德之禮。其所祭之物與《詩經・采蘋》所載之意同：

> 于以采蘋，南澗之濱。于以采藻，于彼行潦。于以盛之。維筐及筥。
> 于以湘之，維錡及釜。于以奠之，宗室牖下。誰其尸之？有齊季女。

屈師翼鵬《詩經釋義》注云：「此咏祭祀之詩。」按其詩當為齊季女未嫁時祭

─────────────────────

〔註13〕見《毛檢討春秋傳》，《皇清經解》，頁 1401A。

祀宗廟之詩，故江永云：「《昏義》言古者婦人始嫁三月祖廟未毀，教于公宮；祖廟既毀，教于宗室，教成祭之，牲用魚、芼之以蘋藻，其事與《采蘋》之詩正合，然則《采蘋》者大夫妻將嫁，教成而祭于宗子之廟，以魚爲羹，而芼之蘋藻爲鉶羹，奠于奧之牖下，此祭宗子不主，而季女主之，故曰誰其尸之，有齊季女，非大夫妻奉祭祀也。季女者未嫁之稱，言尸之則非助祭也。」〔註14〕而鄭玄注：「謂與天子諸侯同姓者也。嫁女者必就尊者教成之；其教之者，女師也；祖廟，女所出之祖也。」〔註15〕可知女子出嫁前教成婦德須告祖廟。至於以上所指告祭之身份當爲天子諸侯之女，始能如此，至若士庶人家則不能辦之。

　　總之，春秋時代宗法社會下之婚禮儀式，告廟實爲一不容忽視之禮節。

伍、親迎

　　婚禮過程，親迎係爲最主要之一環，故六禮中雖屬最後之禮節，然以其在婚禮所佔地位之重要，故行此禮不以媒使，而由壻親迎之，《儀禮·士昏禮》云：

> 主人爵弁，纁裳緇袘，從者畢玄端，乘墨車，從車二乘，執燭前馬，婦車亦如之，有裧。至于門外，主人筵于戶西，西上右几……主人玄端迎于門外，西面再拜，賓東面答拜。主人揖入，賓執雁從，至于廟門，揖入，三揖；至于階，三讓。主人升西面，賓升北面奠雁，再拜稽首。降出，婦從降自西階，主人不降送。

按行爵弁之「主人」者，除指新壻外，餘皆指女家父兄。此爲述新壻駕車馬往女家親迎之經過。又按士昏六禮，除親迎之禮外，其餘皆由媒使爲之，何以親迎特異，必由壻親迎而不由媒使？《禮記·昏義》云：

> 父親醮子而命之迎，男先於女也。子承命以迎，主人筵几於廟，而拜迎于門外，壻執雁入，揖讓升堂，再拜，奠雁，蓋親受之於父母也。降出，御婦車，而壻授綏；御輪三周，先俟于門外。婦至，壻揖婦以入，共牢而食，合巹而酳，所以合禮，同尊卑，以親之。

婚姻人道之始，而夫婦爲家道之本。且婚姻係上以事宗廟，下以繼後世，故壻須親迎。《禮記·郊特牲》又云：

〔註14〕見江歲貢：《群經補義》，《皇清經解》，頁2682A。
〔註15〕見《禮記》鄭注，〈昏義〉。

男子親迎，男先於女，剛柔之義也……壻親御授綏，親之也；親之
也者，親之也。

又坊記亦云：

子云：昏禮，壻親迎，見於舅姑；舅姑承子以授壻，恐事之違也。

可知壻必親迎婦者，即順陰陽剛柔，表夫婦平等，且以示親愛之意也。而壻
親受之於女氏父母，以慎重其事者也。

　　昏禮六禮，親迎之禮最為隆重。然以當時宗法社會各階層地位身份不同，
施行亦互有差異。如天子以天下莫尊於此，婚事可由同姓諸侯主之，而使公
卿迎之〔註16〕。諸侯則以身主社稷宗廟大事，可不親迎而以卿大夫迎之〔註
17〕。除此之外，壻必親迎。雖身為諸侯之子，親迎之禮亦不能廢也。《左傳‧
隱公八年》云：

四月甲辰，鄭公子忽如陳逆婦媯。辛亥以媯氏歸，甲寅入于鄭。

按鄭公子忽之婚，係由陳侯請于鄭伯者，鄭伯許婚故使公子忽親迎。時公子
忽仍未立為諸侯，可知世子當親迎。又如上述楚公子圍之娶於公孫段氏，公
子入鄭而親迎之，是與鄭公子忽同。至於大夫亦必親迎，《春秋經‧莊公廿七
年》云：

冬……莒慶來逆叔姬。

杜預注：「慶，莒大夫也。叔姬，（魯）莊公女，卿目為逆則稱字。」是大夫
親迎之證，又如《左傳‧宣公五年》云：

秋九月，齊高固來逆女，自為也。故書曰：「逆叔姬，卿自逆也」。

高固，齊大夫也。魯宣公于五年春入齊，高固使齊侯止之，請婚，宣公，許
以叔姬，故于秋九月，高固至魯親迎之。又《左傳‧僖公五年》云：

夏，公孫茲如牟娶焉。

公孫茲，魯大夫。牟為附庸。《左傳會箋》曰：「娶即親迎也；……所謂卿非

〔註16〕見陳壽祺：《五經異義疏證》，《皇清經解》，頁13585。：「異義禮戴說天子親
　　　　迎，春秋公羊說自天子至於庶人皆親迎，左氏說天子主尊無敵，故無親迎之
　　　　禮」。
〔註17〕見《欽定春秋傳說彙纂》卷一集說，張氏洽曰：「……男女之配，萬事之先，
　　　　天子諸侯，無出疆親迎之禮，必使上卿往迎於其國，至於所館，然後親迎之
　　　　禮」。程子曰：「……先儒皆謂諸侯當親迎，親迎者迎於其所館，有親御授綏
　　　　之禮，豈有委宗廟社稷，而遠適他國以逆婦者乎？非惟諸侯，即卿大夫而下，
　　　　莫不然也。詩稱文王親迎于渭，未嘗出疆也。又曰：「周國自在渭傍，況文王
　　　　親迎之時乃為公子，未為君也。」，頁29。

君命不越竟者，無外交之謂也。如婚姻當別論焉。」則公孫茲至牟爲迎新婦也。又《左傳・成公八年》云：

> 聲伯如莒，逆也。

杜預注：「自爲逆婦。」按聲伯，魯大夫，越境親迎新婦也。又《左傳・昭公五年》云：

> 鄭罕虎如齊，娶於子尾氏。

按罕虎，鄭大夫。子尾氏者齊貴族。罕虎至齊亦迎新婦也。故杜預注：「自爲逆也。」又《左傳・昭公九年》云：

> 晉荀盈如齊逆女。

此爲荀盈入齊迎娶也。

　　如上述，鄭、楚、莒、齊、魯、晉等諸國世子大夫親迎之例，可得知娶妻，壻須親迎。至於世子大夫娶妻若不親迎，而以其他人代迎者，皆不合禮法，故史特書之以譏焉。如《左傳・昭公十九年》云：

> 楚子之在蔡也，鄖陽封人之女奔之，生大子建。及即位，使伍奢爲之師，費無極爲少師，無寵焉；欲譖諸王，曰：「建可室矣。」王爲之聘於秦，無極與逆。

楚平王欲爲太子建聘於秦，時建爲太子，不使親迎，而使少師費無極迎之，是亦不合於禮矣。因而，有父奪子媳、廢太子之事，故《左傳》特書之，以見非禮也。至於大夫亦有不親迎而由兄長代迎之者，《左傳・文公七年》云：

> 穆伯如莒涖盟，且爲仲逆。

仲即魯大夫襄仲，穆伯從父昆弟也。先是，穆伯以其妻戴己死，又聘于莒，莒以其娣聲己尙在，不許其請，乃爲襄仲聘，而許之。後穆伯因事入莒涖盟，代迎之，可見亦不合大夫當親迎之禮。致有穆伯奪莒女且往奔女處之事〔註18〕，故史載之，以見其非也。又宋國有壻不親迎而以姑迎婦者，《春秋經・僖公廿五年》云：

> 夏四月癸酉……宋蕩伯姬來逆婦。

杜預注：「伯姬魯女，爲宋大夫蕩氏妻也。」此以姑迎婦，亦不合禮法。劉敞曰：「婦人不踰行，姑無爲婦逆者，宋蕩伯姬來逆婦，非禮也。」〔註19〕又《穀

〔註18〕見《左傳・文公八年》云：「穆伯如周弔喪，不至。以幣奔莒，從己氏焉。」
〔註19〕見《欽定春秋傳說彙纂》，卷十五，頁3集說。

梁傳》云：「婦人既嫁不踰竟，是婦人越竟非禮也，以非禮故書之。」〔註20〕
從上所引，可見世子大夫婚娶必須親迎也。

　　至於諸侯，如前所云以身主社稷宗廟之事，可不親迎而以大夫迎之，《左
傳·隱公二年》云：

　　　　九月紀裂繻來逆女，卿爲君逆也。

裂繻，紀大夫〔註21〕。紀侯使至魯迎夫人也。諸侯不親迎而使卿大夫爲之，
故《左傳會箋》云：「公穀史遷皆以爲諸侯當親迎。程子辨之曰：『親者迎於
其所館，豈有委宗廟社稷而遠適他國以逆婦者。』，程說是也」。又《左傳·
桓公三年》云：

　　　　秋，公子翬如齊逆女，脩先君之好，故曰公子。

公子翬，魯大夫。爲桓公所使，至齊迎文姜者。又《左傳·宣公元年》云：

　　　　元年日，王正月，公子遂如齊逆女，尊君命也。三月，遂以夫人婦
　　　　姜至自齊，尊夫人也。

公子遂，魯大夫，宣公不以其尚在喪絰之中，而使公子遂至齊迎夫人。又《左
傳·成公十四年》云：

　　　　秋，宣伯如齊逆女，稱族尊君命也……。九月，僑如以夫人婦姜氏
　　　　至自齊，舍族尊夫人也。

宣伯即魯大夫叔孫僑如。萬斯大曰：「譏不得其人」也。〔註22〕然大夫爲其君
迎夫人，實當時所行之禮也。又《左傳·桓公十一年》云：

　　　　夏，鄭莊公卒。初，祭封人仲足有寵於莊公，莊公使爲卿，爲公娶
　　　　鄧曼，生昭公，故祭仲立之。

祭封人仲足，鄭大夫。鄭莊公使之至鄧以迎其夫人鄧曼也。又《左傳·昭公
二年》云：

　　　　夏四月，韓須如齊逆如。

杜預注：「須，韓起之子也，逆少姜也。」按韓須，晉大夫，爲平公迎其夫人
少姜也。又《左傳·哀公八年》云：

　　　　九月臧賓如如齊涖盟，齊閭丘明來涖盟，且逆季姬以歸。

閭丘明者齊大夫，入齊涖盟，且爲齊悼公迎魯女季姬以歸。由以上諸事，可

〔註20〕見《穀梁傳·僖公廿五年》。
〔註21〕見《毛檢討春秋傳》，《皇清經解》，頁 1345B。
〔註22〕見《學春秋隨筆》，《皇清經解》，頁 797B。

知當時諸侯皆不親迎而使卿大夫迎之也。然亦有諸侯親迎之者,《左傳・莊公十一年》云:

> 冬,齊侯來逆恭姬。

齊侯,杜預注:「齊桓公也」。此乃齊桓公躬親至魯親迎恭姬者也。又如《春秋經・莊公二十四年》云:

> 廿有四年,春,王正月,刻桓宮桷,葬會莊公。夏,公如齊逆女。
> 秋,公至自齊,八月丁丑,夫人姜氏入。

按公即魯莊公,夫人姜氏即哀姜是也。啖助曰:「凡昏姻合禮者皆不書,書者皆譏也。」又陸淳曰:「公羊云親迎禮也。案合禮則常事不書,故知穀梁譏逆女於齊是也。」〔註23〕又如《左傳・僖公廿四年》云:

> 晉侯逆夫人嬴氏以歸。

晉侯即文公重耳也,嬴氏即文嬴。按晉文公以避難至秦始親迎之〔註24〕然以其所行異乎常禮,故特書之。可見諸侯不當親迎。又《春秋經・文公四年》云:

> 夏,逆婦姜于齊。

按《左傳》云:「夏…逆婦姜于齊,卿不行,非禮也。」故毛奇齡云:「此(魯)文公娶夫人也,禮娶大國以上卿往迎,此以所迎非上卿,故不書,然非禮矣。」〔註25〕可知諸侯使迎夫人之身份亦有所限制,故不以卿大夫迎之者譏之。又《春秋經・莊公廿五年》云:

> 伯姬歸于杞。

按《左傳會箋》云:「伯姬(魯)莊公女,蓋爲杞惠公夫人也。」又胡傳云:「其不言逆,何也?逆者非卿,其名姓不登於史策,則書歸以志其失矣。」〔註26〕

　　至於天子之婚禮,從史載中所見,除求后須有媒使之外;餘如卜妻、納幣之禮均不得其詳。是天子不用此禮,抑或史未之載,皆不得知。然天子娶后則不必躬親迎之,而由同姓諸侯主之,公卿迎之也。《左傳・桓公八年》云:

> 祭公來,遂逆王后于紀,禮也。

〔註23〕見《欽定春秋傳說彙纂》,卷十,頁2集說。
〔註24〕見《左傳・僖公廿四年》云:「呂郤畏偪,將焚公宮而弑晉侯(重耳),寺人披請見……公見之,以難告。三月,晉侯潛會秦伯于王城,己丑晦,公宮火,瑕甥郤芮不獲公,乃如河上,秦伯誘而殺之,晉侯送夫人嬴氏以歸。」
〔註25〕見《毛檢討春秋傳》,《皇清經解》,頁1452A。
〔註26〕見《欽定春秋傳說彙纂》,卷十,頁12胡傳引。

祭公，周之三公也。受命至魯。杜預注：「天子娶於諸侯，使同姓諸侯爲之主，祭公來受命於魯，故曰禮也。」天子以其地位無敵，故婚娶不必親迎。又如《左傳・莊公十八年》云：

> 虢公、晉侯、鄭伯使原莊公逆王后于陳，陳嬀歸于京師。

《左傳會箋》云：「虢、晉、鄭皆同姓也，故主昏。」天子婚娶不親迎，而使同姓諸侯主之，公卿迎之。又《左傳・宣公六年》云：

> 冬，召桓公逆王后于齊。

杜預注：「召桓公，王卿士也，事不關魯，故不書。」此迎王后者亦爲天子之公卿也。若不由公卿迎之者，非禮也。《左傳・襄公十五年》云：

> 官師從單靖公，逆王后于齊，卿不行，非禮也。

據《春秋經》云：「十月五年春……劉夏逆王后于齊。」故杜預注：「官師劉夏也。天子官師，非卿也。劉夏獨過魯告婚，故不書單靖公，天子不親迎，使上卿逆而公監之，故曰卿不行非禮也。」而毛奇齡云：「……釋例天子公卿書爵，大夫書字，士書名，今劉夏稱名則非公卿大夫而士矣。故傳曰官師逆后而卿不行，非禮也。官師者士也，此亦直書之，而義自見者。」〔註27〕又孫氏覺云：「……宣六年召桓公逆王后于齊，經書，惟劉夏以非卿者其非禮也。然劉夏誠非卿斷非士，公羊以爲天子之大夫是也，以劉夏爲士是杜之誤。」〔註28〕據以上所載，或指劉夏之身份爲士，或以爲大夫，皆以其身份非公卿迎王后，非禮也。可見逆王后之身份僅可使公卿爲之，至若使士或大夫迎之，均非禮也。

天子諸侯大夫親迎之禮，具如上所考。至於春秋時代親迎之情形，就《儀禮・士昏禮》所載，考之春秋史事，亦可得其證，《左傳・宣公五年》云：

> 秋九月，齊高固來逆女，自爲也，故書曰：「逆叔姬，卿自逆也」，
> 冬來，反馬也。

高固即齊大夫。入魯自爲迎娶也。按杜預注：「禮送女，留其送馬，謙不敢自安也。」又按毛奇齡云：「按禮大夫以上，嫁女有車馬送之，詩王姬之車，謂王姬家。」〔註29〕可知送嫁者有車馬，則迎娶者亦必用車馬也。又如《詩・召南・鵲巢》：

〔註27〕見《毛檢討春秋傳》，皇清經解，頁 1518B。
〔註28〕見陳熙晉：《春秋述義拾遺》，卷五，頁 9 後。
〔註29〕見《毛檢討春秋傳》，皇清經解，頁 1471B。

維鵲有巢，維鳩居之。之子于歸，百兩御之。維鵲有巢，維鳩方之。

之子于歸，百兩將之。維鵲有巢，維鳩盈之。之子于歸，百兩成之。

屈師翼鵬之《詩經釋義》云：「此祝嫁女之詩，百兩之語，固不免浮誇，然可證知其非平民。」按百兩之語，當爲迎娶之車馬隊也，可知親迎須以車馬，至於士庶人，當亦如之。即使無車馬，亦當借貸之。從衛人之親迎可見。《戰國策・宋衛》云：

衛人迎新婦，婦上車，問驂馬，誰馬也？御曰：「借之」，新婦謂僕曰：「拊驂無笞服」，車至門扶。

按〈士昏禮〉親迎以車馬，至戰國猶沿其風也。至於當時親迎應對之辭，《儀禮・士昏禮》云：

父醮子，命之辭曰：「往迎爾相，承我宗事，勖帥以敬先妣之嗣，若則有常」，子曰：「諾，唯恐弗堪，不敢忘命。」賓至，擯者請對曰：「吾子命某以茲初昏，使某將請承命。」對曰：「某固敬具以須。」

按〈士昏禮〉所載僅爲父命子親迎及親迎有關告命之辭而已。至於親迎，《禮記・祭統》載有諸侯親迎之辭：

故國君取夫人之辭曰：「請君之玉女，與寡人共有敝邑，事宗廟社稷。」此求助之本也。

以上所舉，僅爲諸侯親迎之辭而已。至於漢人劉向《說苑》，其中春秋時代史實，卻有諸侯大夫庶人親迎之禮，〈修文篇〉云：

夏，公如齊逆女，何以書，親迎禮也。其禮奈何？曰：諸侯以屨二兩加琛，大夫庶人以屨二兩加束修二，曰：某國寡小君，使寡人奉不珍之琛，不珍之屨，禮夫人貞女。夫人曰：有幽室數辱之產，未論於傅母之教，得承執衣裳之事，敢不敬拜。祝祝答拜，夫人受琛取一兩，屨以屨女，正笄衣裳而命之曰：往矣，善事爾舅姑，以順爲宮室，無二爾心，無敢回也。女拜，乃親引其手授天乎戶，夫引手出戶，夫行女從，拜辭父于堂，拜諸母於大門，夫先升輿執轡，女乃升輿，轂三轉，然後夫下先行。大夫士庶人稱其父曰：某之父、某之師友，使某執不珍之屨，不珍之束修，敢不敬禮某氏貞女。母曰：有草茅之產，未習於織紝紡績之事，得奉執箕箒之事，敢不敬拜。

按《說苑》所載「夏，公如齊逆女」之禮，與《春秋經傳》相似。所指「公」當指魯公而言，則此爲魯國親迎之禮明矣。其中除記有諸侯大夫庶人親迎對

答之辭外，至於親迎時所須納屢玉之物，皆較《儀禮》、《禮記》所載爲詳盡。可見春秋時代之親迎儀式已甚爲完備矣。

陸、送嫁

《儀禮·士昏禮》，親迎爲最末了之儀式。以宗法社會特重婚嫁之事，且親迎又爲婚禮之關鍵所在，壻須親迎。而女家亦有送嫁之禮，此即《儀禮·士昏禮》所謂從者是也。從者皆姪娣任之，又有所謂媵者，則爲送嫁之使者，以見春秋時代嫁女之禮之隆重矣。考當時史事之可知者，《左傳·哀公十一年》云：

> 夏，陳轅頗出奔鄭。初，轅頗爲司徒，賦封田，以嫁女公，有餘，
> 以爲己大器，國人逐之。

魯大夫陳轅頗以封田之賦嫁公女，此即後世所謂妝奩也。戰國亦如此，《國策·燕策二》云：

> 太后嫁女諸侯，奉以千金，齎地百里，以爲人之終也。

又《韓非子·六反篇》云：

> 且父母之於子也，產男則相賀，產女則殺之……產女殺之者，慮其
> 後便計之長利也。

產男則相賀，生女者殺之，蓋以嫁女禮重，不利于己也。可見當時嫁女之禮重，茲將送嫁之人，試分述於下：

（1）女從者姪娣之身份

《儀禮·十昏禮》所載嫁女須有女從者。鄭玄注：「女從者，謂姪娣。」而《公羊傳》曰：「姪者何？兄之子也；娣者弟也。」〔註30〕即兄之女曰姪，女之妹曰娣。但考當時史事所謂姪娣云者未必爲兄女、女弟，而係爲同族中從嫁女子之專稱。然則何以有姪娣之弟，疑當時所稱姪娣者，當以其與新婦間之親疏，輩份高低而定者也。又按從嫁者之身分，殆爲妃妾，而多妻之制度，亦由此而生。〔註31〕《左傳·隱公三年》云：

> （衛莊公）又娶于陳曰，厲媯，生孝伯，早死；其娣戴媯，生桓公，
> 莊姜以爲己子。

〔註30〕見《公羊傳·莊公十九年》。
〔註31〕見李宗侗：《中國古代社會史》，頁151。

按衛莊公娶于齊曰莊姜，無子。又娶于陳厲媯，生子早死。其娣戴媯生桓公，莊姜視如己出，可見娣之地位如妻。不然，娣所生之子豈可立為公侯。又《左傳‧莊公二十八年》云：

> 晉伐驪戎，驪戎男女以驪姬，歸生奚齊，其娣生卓子。

晉伐驪戎，驪戎歸驪姬于獻公，後立為夫人。驪姬生奚齊，從嫁之娣生卓子。奚齊立，被殺，晉大夫荀息立卓子，是雖娣子猶能繼承，以見娣之地位僅次於夫人也。又《左傳‧閔公二年》云：

> 閔公，哀姜之娣叔姜之子也。

魯閔公係哀姜從嫁之娣叔姜之子。可知娣之子，亦如諸公子，可嗣立為公侯也。又如魯昭公，《左傳‧襄公卅一年》云：

> 立敬歸之娣，齊歸之子，公子裯。

公子裯即魯昭公，係敬歸之娣齊歸所出者也。如上述，春秋時諸侯婚禮從嫁之俗甚為普遍。不僅諸侯有之，大夫亦有娣，《左傳‧文公七年》云：

> 穆伯娶于莒，曰戴己，生文伯；其娣聲己生惠叔。戴己卒，又聘于
> 莒，莒人以聲己辭，則為襄仲聘焉。

足見春秋時代嫁女有從嫁之俗，為多妻社會之一種制度。魯大夫穆伯妻戴己死，欲再聘于莒，莒人以其娣聲己在而辭之，以見娣亦可為妻也。又《左傳‧哀公十一年》云：

> 初，疾娶于宋子朝，其娣嬖。

疾即衛大叔齊也。娶於宋大夫子朝之家，從「其娣嬖」可知，大夫娶妻亦有女從嫁之者。然嫁女有女從嫁之俗，就《儀禮》及《春秋》史事考之，其于婚嫁之禮可有可無，並非一成不變者。至於女從嫁尚有姪，其身份地位與娣同。然于當時史事所載並不多，蓋此種情形當較娣者為少故也。《左傳‧襄公十九年》云：

> 齊侯娶於魯曰頻懿姬，無子，其姪鬷聲姬生光，以為太子。

鬷聲姬係為顏懿姬從嫁之姪。因顏懿姬之無子，乃以姪之子從而立為太子。可知姪為從嫁，其地位與妻並無多大不同。又《左傳‧襄公廿三年》云：

> 臧宣叔娶於鑄，生貫及為而死，繼室以其姪。

臧宣叔，魯大夫也。妻死，不更娶而繼之以姪。可知當時婚禮以姪從嫁為習俗也。從《儀禮》所載姪娣為從嫁之性質，證以春秋史事，其地位僅略於妻，是亦多妻之來源也。

（2）媵者

《儀禮・士昏禮》所載嫁女除有女從嫁者，尚有所謂媵者，考春秋史事，大凡媵者皆爲嫁女之家所遣派助禮之人。若諸侯嫁女，尚可求之於同姓之國使來任媵，如魯女恭姬出嫁，即衛國之女爲之媵者，《左傳・成公八年》云：

> 衛人來媵共姬，禮也。凡諸侯嫁女，同姓媵之，異姓即否。

據此，媵者必以家族之關係始能爲之。因之，魯女出嫁，衛人送媵，魯衛同姓也。又晉亦來媵，《左傳・成公九年》云：

> 晉人來媵，禮也。

此爲魯伯姬嫁，晉人來媵，魯晉亦同姓也。至於來媵者或實出於邀請，故萬斯大云：「宋媵白請之也。」〔註32〕。

至於女家自備之媵者，其身份不僅爲女子，亦有以男子任之者。〔註33〕媵者之性質，如《儀禮・士昏禮》所載，係爲助嫁送女之謂，猶之今民間婚俗送嫁者不限於男女也。而《左傳會箋》云：「其所謂媵則婦人之知禮者，父母家使之相禮，亦事畢遣還。」〔註34〕謂知禮者爲之則可，謂必以婦人爲之，則非事實也。《左傳・僖公五年》云：

> 冬十二月丙子朔，晉滅虢，虢公醜奔京師，師還，館于虞，遂襲虞
> 滅之，執虞公及大夫井伯，以媵秦穆姬。

晉國滅虞，執虞公及其大夫井伯，爲秦穆姬之媵臣，杜預注：「秦穆姬，晉獻公女也；送女曰媵，以屈辱之。」晉使虞公爲媵臣，而有屈辱之意，是媵者有臣僕之身份也。又如《墨子・尚賢中》云：

> 伊摯有莘氏之私臣，親爲庖人。湯得之，舉以爲己相，與接天下之
> 政，治天下之民。

孔疏引鄭康成書注云伊尹名摯。又《呂覽・本味篇》亦云：

> 湯聞伊尹使人請之有侁氏，有侁氏不可，伊尹亦欲歸湯。湯於是請
> 取婦爲婚，有侁氏喜以伊尹爲媵送女。

如上所云，媵者，于助嫁之事畢既遣還，則湯何得舉伊尹爲相乎？且有侁氏欲以伊尹爲媵送女者，當以伊尹見賞于湯，欲其爲婦之臣僕，藉以重婦也，晉獻公以虞公及其大夫井伯爲媵，亦斯之類也。

〔註32〕見《學春秋隨筆》，《皇清經解》，頁796B。
〔註33〕見梁履繩：《左通補釋》，《續皇清經解》，頁3255B。
〔註34〕見《左傳・成公八年》箋注。

至於媵女之身份，當爲婢妾之類。蓋《左氏春秋》所載嫁女備有媵者，皆爲諸侯之公子、公女。公子、公女之身份，固不同於一般士庶人之女。方其爲公子、公女時已有妾可指使。如晉文公重耳奔齊：「及齊，齊桓公妻之，有馬二十乘，公子安之。從者以爲不可，將行，謀於桑下，蠶妾在其上，以告姜氏。」〔註35〕此蠶妾者即爲姜氏之婢也。未出嫁既已有婢，則出嫁時以之爲媵女，又有何不可？《儀禮・士昏禮》所載之媵者，事畢即遣還之。然就春秋史實所載，臣妾之去留雖任由公子、公女之意而定。然媵女若爲夫壻所喜，亦可近幸。尤在春秋宗法多妻社會下，更可隨意，故呂思勉云：「再娶之女，無以名之，故以媵爲名。」〔註36〕可見媵女至春秋中後期已成爲多妻之代名詞。至於春秋前期，媵女亦有近幸而爲妻妾者，如《韓非子・外儲說》左上云：

> 楚王謂由鴆曰：「……昔秦伯嫁其女於晉公子，令晉爲之飾裝，從文衣之媵七十人至晉，晉人愛其妾而賤公女，此可謂善嫁妾，而未可謂善嫁女也。」

按秦伯納女于晉公子重耳者唯五人耳。此所謂七十人者當爲媵女。晉人愛其妾，即指媵女。如春秋史事所載，則媵男當爲女嫁者之臣，媵女爲女嫁者之妾，皆任由使喚之僕人也。

（3）送嫁使者

春秋時代嫁女之禮除有女從者及媵者之外，另有送嫁之使者以成婚嫁之事。如天子諸侯婚嫁，男家親迎。女家當使人送嫁，《左傳・隱公八年》云：

> 四月甲辰，鄭公子忽如陳逆婦嬀，辛亥以嬀氏歸；甲寅入于鄭，陳鍼子送女。

鄭太子忽入陳迎婦嬀，陳使其大夫鍼子送嫁。可知春秋時代嫁女實有送嫁之禮。至於送嫁使者之身份，諸侯之嫁公子、公女，禮當由卿大夫送嫁，違者非禮也。故有嫁女不以卿大夫送嫁，使者爲男家所執之事，《左傳・昭公二年》云：

> 夏四月，韓須如齊逆女，齊陳無宇送女致少姜，少姜有寵於晉侯，晉侯謂之少齊，謂陳無宇非卿也，執諸中都，少姜爲之請，曰：「送

〔註35〕見《左傳・僖公廿三年》。

〔註36〕見呂思勉：《中國通史》上冊，〈婚姻篇〉，頁24。

從逆班」。

齊嫁少姜于晉侯，使陳無宇送嫁。以其非卿，身份不合，晉人執之。可見送嫁身份有一定之限制。故送嫁使者除必以大夫之外，若以諸侯躬親送之者亦非禮也。《左傳・桓公三年》云：

> 秋，公子翬如齊逆女，脩先君之好，故曰公子。齊侯送姜氏于讙，
> 非禮也。凡公女嫁于敵國，姊妹則上卿送之，以禮於先君；公子則
> 下卿送之，於大國雖公子亦上卿送之；於天子則諸卿皆行，公不自
> 送；於小國則上大夫送之。

如上，明確指出天子諸侯嫁女送嫁使者之身份，當以上卿、下卿或上大夫等為之，始合禮。此外以諸侯送之者，非禮也。故《左傳》云：「齊侯送姜氏于讙，非禮也。」又毛奇齡亦云：「禮送女大國必命上卿，未聞有公親送者，此齊僖愛女故，然失禮矣。」〔註37〕皆謂齊侯嫁女親送，非禮也。又如《左傳・昭公五年》云：

> 以屈生為莫敖，使與令尹子蕩如晉逆女……晉侯送女于邢丘；……
> 晉韓宣子如楚送女。

屈生即楚大夫；莫敖，楚官名。《左傳會箋》曰：「晉侯自送至邢丘，此亦敬楚重其禮也。」此所載晉侯自送女于邢丘，亦記其非禮，雖曰踰禮，卻以楚重禮親迎，故晉侯亦以重禮報之。由上可見，諸侯嫁女當以卿大夫送之，始為禮。至於天子嫁女則以公卿送之，《春秋經・莊公元年》云：

> 夏，單伯送王姬。秋，築王姬之館于外。

杜預注：「……天子嫁女於諸侯，使同姓諸侯主之，不亦親昏，尊卑不敵也。」毛奇齡曰：「王姬是桓王之女，齊襄公娶為后者，單伯者天子卿也。天子上卿，例書爵與公侯同，王姬下嫁必以同姓諸侯主之，時命魯主婚，故送姬至魯而聽齊就魯迎之。」〔註38〕從上得知，當時送嫁之使者，實有特定之人也。

至若士庶人婚禮，就《儀禮・士昏禮》所載亦當有送嫁之使者，然考之史事，當時士庶人似無送嫁之禮，《左傳・襄公二十二年》云：

> 十二月鄭游販將如晉，未出竟；遭逆妻者，奪之，以館于邑。丁己，
> 其夫攻子明殺之，以其妻行。

〔註37〕見《毛檢討春秋傳》，《皇清經解》，頁 1366A。
〔註38〕同註37，頁 1385A。

按送妻者當爲士庶人，故未書其姓名，然既有奪妻之事而未見送嫁者之抗拒，似士庶人婚禮無送嫁之使者，于此，可見〈士昏禮〉所載送嫁之事與史實頗有不同。

綜上所考，係爲春秋時代之婚禮儀式。其內容顯然與《儀禮・士昏》六禮有所差異。如春秋所通行之婚禮，納采、納幣、親迎、送嫁爲主要禮儀，然考其內容亦仍未十分固定完備；又如六禮中，問名、納吉、請期之禮，似又非春秋當時所行。故以所考之春秋婚禮儀式，比諸《儀禮・士昏》六禮，可發現春秋所行之婚禮儀式實較六禮爲簡陋，混雜不固定。就以禮儀形成過程觀之，前者乃屬於形成期間，而後者則爲完成時期。換言之，士昏六禮已頗有系統，其完成時期當在春秋婚儀之後，蓋《儀禮・士昏禮》所載六禮當爲儒家所制定之婚禮儀式，而非盡行于春秋時代者也。至多亦僅爲春秋時代某一國所行之婚禮〔註 39〕，或其中一部行于當時而已，非盡爲春秋當時各階層所通行之婚禮儀式也。

〔註39〕見李宗侗：《中國古代社會史》，頁 263。

第三章　再　婚

壹、再娶

　　再婚包括男子之再娶與女子之再嫁。茲先研討男子之再娶。

　　春秋時代宗法社會係以男性為中心。其婚配以妻為正，而妾為側室，是雖近乎一夫一妻制，而事實上則一夫多妻制。最顯著者，如下列所舉，可知一斑，《左傳・僖公十七年》云：

> 九月……齊侯之夫人三：王姬、徐嬴、蔡姬皆無子，齊侯好內，多
> 內寵，內嬖如夫人者六人。

齊侯夫人三，按《左傳・隱公元年》云：「宋武公生仲子，仲子生而有文在其手，曰為魯夫人」。《左傳會箋》云：「諸侯之妃曰夫人。夫，扶也，扶助其君也。故仲子歸于我（魯），緊承為魯夫人，是仲子以夫禮嫁於魯也」。至於內嬖如夫人六人：《左傳會箋》云：「如夫人者禮秩與夫人同也」。此當不以夫人禮娶者也。夫人三與如夫人六，凡九人，可見齊侯之多娶。又《左傳・襄公十九年》云：

> 齊侯娶于魯，曰顏懿姬、無子；其姪鬷聲姬生光，以為大子，諸子
> 仲子、戎子……。

按齊靈公除娶有顏懿姬與從嫁之姪鬷聲姬外，另娶有宋女仲子、戎子，亦可見其多娶。又《左傳・僖公二十三年》云：

> 狄人伐廧咎如，獲其二女叔隗、季隗、納諸公子；公子取季隗，生
> 伯儵叔劉……及齊，齊桓公妻之，有馬二十乘……乃送諸秦，秦伯
> 納女五人，懷嬴與焉……二十四年三月……晉侯送夫人嬴氏以歸。

按晉文公重耳，方其避驪姬之亂也。奔狄，取季隗；至齊，娶齊姜；入秦，秦伯納以女子五人，足見晉侯雖流亡在外，猶行多妻。至於大夫，《左傳・僖公二十三年》云：

> 狄人伐廧咎如，獲其二女叔隗、季隗、納諸公子，公子取季隗……
> 以叔隗妻趙衰，生盾。

晉公子重耳奔狄，趙衰佐之。居狄，趙衰娶叔隗為妻，及反國，晉文公以其輔佐功高，又妻之以女趙姬。《左傳》云：「文公妻趙衰，生原同、屏括、樓嬰，趙姬請逆盾與其母，以叔隗為內子，而己下之」〔註1〕。按內子，《左傳會箋》云：「卿之嫡妻為內子也」。以見當時嫡庶之分如此。

當時社會盛行多妻制，然妻妾之多寡，自無任何限制，可有可無，可多可少。至於再娶，乃男子以妻死，或其他因素促使再娶者。此種婚姻行為，自有其特殊之意義與目的，故再娶與多娶兩者之性質頗有差異。就所考史實，春秋時代再娶，其情形大致有二：一則以娶妻無子而再娶者，一則以妻死而再娶者。試分述如下：

（1）娶妻無子而再娶者：孟子有謂：「不孝有三，無後為大」。宗法社會尤重子嗣，故無子可再娶。《左傳・隱公三年》云：

> 衛莊公娶于齊，東宮得臣妹曰莊姜，美而無子，衛人所為賦碩人也；
> 又娶于陳曰厲媯，生孝伯早死，其娣戴媯生桓子，莊姜以為己子。

按《史記》亦載云：「莊公五年，娶齊女為夫人，好而無子。又娶陳女，為夫人，生子早死；陳女女弟亦幸於莊公，而生子完，（衛）莊公令夫人齊女子之，立為太子」〔註2〕。此齊女即莊姜也。又《左傳・宣公三年》云：

> 文公鄭子之妃曰陳媯，生子華、子臧。子臧得罪而出，誘子華而殺
> 之南里……又娶于江，生公子士，朝于楚，楚人酖之，及葉而死。
> 又娶于蘇，生子瑕、子俞彌，俞彌早卒。

按《左傳會箋》云：「鄭子，文公叔父子儀也。漢律姪季父之妻曰報」。鄭文公以其二子得罪見誅；又娶于江，生子早死；再娶于蘇，蓋皆欲得子嗣故也。《史記》云：「（鄭）文公四十一年，初，鄭文公有三夫人，寵子五人，怕以罪蚤死，公怒，溉逐群公子」〔註3〕。按鄭文公三夫人，當指鄭子之妃，又娶

〔註1〕見《左傳・僖公廿四年》。
〔註2〕見《史記・衛康叔世家》。
〔註3〕按《史記・鄭世家記文公》：「四十一年……初，鄭文公有三夫人，寵子五人，

于江，又娶于蘇而言。然夫人云者如前述，以夫人禮嫁之謂。如此，鄭子之妃，豈可謂爲夫人，此若非《左傳》有缺文，即《史遷》誤用。鄭文公五子早死，怒而盡逐諸妾所生之子，可見子嗣之重要，故因無子而再娶。此種習俗雖至戰國時代亦不少衰。《國策・楚策》云：

> 楚考烈王無子，春申君患之，求婦人宜子者，進之甚眾，卒無子。

按春申君，楚大夫也。以楚考烈王無子，患其無後，故進善育之婦女于王，欲以得子，此在諸侯，尤爲重要，以無子嗣以繼承王位也。故于當時婚俗更有因無子而遭出妻之命運者，《大戴禮記・本命篇》云：

> 婦有七去……不順父母，爲其逆德也；無子，爲其絕世也；……。

從所載婦七去中，即有因無子被出者，可知子嗣于婚姻之重要若此。

（2）妻死而再娶者：《禮記》云：「昏禮者將合二姓之好，上以事宗廟，而下以繼後世也」〔註4〕。故妻死無以上事宗廟，下繼後世，則須再娶。此自天子以至庶人皆然。《左傳・桓公八年》云：

> 祭公來，遂逆王后于紀，禮也。

按祭公逆王后在魯桓公八年，即周桓公林在位之十六年事也。豈有天子即位十六年仍未娶后妃者乎？而史無所載，疑王后已死而未書，此所引逆王后者當爲再娶也。至於諸侯亦然，《說苑》卷四〈立節篇〉云：

> 宋襄公茲父爲桓公太子，桓公有後妻子，曰公子目，公愛之也，欲立之，請於公曰：「請使目夷立，臣爲之相，以佐之」。

按宋桓公有後妻子，蓋因前妻已死或被出而再娶者也。由此可證《公羊傳》所謂：「諸侯壹聘九女，諸侯不再娶」之論〔註5〕亦不可信。倘若諸侯不可再娶，則桓公不應有後妻也。又《左傳・昭公三年》云：

> 齊侯使晏嬰請繼室於晉，曰：「寡君使嬰曰：『寡人願事君，朝夕不倦……不腆先君之適，以備內官，焜燿寡人之望，則又無祿早世隕命，寡人失望……君若不棄敝邑，而辱使董振擇之，以備嬪嬙，寡人之望也』。」

皆以罪蚤死。公怒，溉逐群公子。子蘭奔晉，從晉文公圍鄭……鄭大夫石癸曰：『吾聞姞姓乃后稷之元妃，其後當有興者。子蘭母，其後也。且夫人子盡已死，餘庶子無如蘭賢……』」。則所指群公子，當爲鄭文公諸妾所生之庶子也，故文公逐群公子，而子蘭奔晉。
〔註4〕見《禮記・昏義》。
〔註5〕見《春秋・公羊傳・莊公十九年》。

按齊人以少姜妻晉平公，少姜得寵，早死；齊侯欲續兩國交好，以諸侯夫人死可繼室，故使晏嬰請之。此亦諸侯再娶之證。至於卿大夫，妻死亦再娶，《左傳·襄公二十七年》云：

> 齊崔杼生成及彊而寡，娶東郭姜生明，東郭姜以孤入，曰棠无咎，與東郭偃相崔氏。

《左傳會箋》曰：「言生二子而喪妻也」。故再娶東郭姜。此卿大夫妻死再娶之事實也。戰國時代亦然，《列女傳》卷一，魏芒慈母云：

> 魏芒慈母者，魏孟陽氏之女，芒卯之後妻也。有三子，前妻之子有五人。

按魏相芒卯有前後妻，蓋因前妻死再娶後妻者也。然而當時諸侯亦有妻死不再娶而繼之以從嫁姪娣者，《左傳·隱公元年》云：

> 惠公元妃孟子，孟子卒，繼室以聲子，生隱公。

按《史記》載魯惠公云：「四十六年，惠公卒，長庶子息，攝當國行君事，是為隱公。初，惠公適夫人無子，公賤妾聲子生子息」〔註6〕。蓋惠公元妃孟子卒，不再娶而以賤妾聲子繼室。按杜預云：「（聲子）蓋孟子之姪娣也」。至於大夫亦然，《左傳·文公七年》云：

> 穆伯娶于莒，曰戴己，生文伯；其娣聲己生惠叔。戴己卒，又聘于莒，莒人以聲己辭。

魯大夫穆伯娶于莒，妻死而欲再娶之，莒人以其從嫁女娣聲己在而辭之，蓋妻死可繼之以姪娣也。又《左傳·襄公二十三年》云：

> 初，臧宣叔娶于鑄，生賈及為而死，繼室以其姪，穆姜之姨子也。

按臧宣叔亦魯之大夫。娶于鑄，妻死不再娶而以姪繼室。可知當時妻死可不再娶而以姪娣繼之。至於戰國更有諸侯夫人死不再娶而立妾為夫人者，《國策·齊策三》云：

> 齊王夫人死，有七孺子皆近，薛公欲知王所欲立，乃獻七珥，美其一，明日視美珥所在，勸王立為夫人。

按高誘注云：「齊王者齊威王子宣王也；孺子，幼艾美女也」，則孺子當為妾。薛公者靖郭君田嬰也。此夫人死不再娶而立嬖妾為夫者也。

總上所述，天子諸侯卿大夫，若非妻死，或其他重大事故，皆不得任意再娶也。

〔註6〕見《史記·魯周公世家》。

貳、再嫁

　　春秋宗法社會之禮法已經形成，對於婚嫁之觀念亦注重家道之恆久與婦
女之貞節，如《易經·家人卦》云：「家人利女貞」，而恒卦云：「婦人貞吉，
從一而終也」，是婦人從一而終之觀念，由來已久。按《禮記》於此更有具體
之說明，如「夫昏禮，萬世之始也，取於異性，所以附厚別也。幣必誠，辭
無不腆，告之以直信；信，事人也。信，婦德也。壹與之齊，終身不改，故
夫死不嫁……婦人從人者也。幼從父兄，嫁從夫，夫死從子」〔註7〕。據此，
夫死不嫁，婦人從一而終之觀念尤爲儒家一貫之主張。

　　此種思想從春秋史事亦可得證，《左傳·莊公十四年》云：

　　　　楚子如息，以食入享，遂滅息。以息媯歸，生堵敖及成王焉。未言，
　　　　楚子問之，對曰：「吾一婦人而事二夫，縱弗能死，其又奚言？」

按《列女傳·息夫人》云：「夫人者，息君之夫人也。楚伐息破之，虜其君，
使守門，將妻其夫人而納之於宮，楚王出遊，夫人遂出見息君，謂之曰：『人
生要一死而已，何至自苦，妾無須臾而忘君也，終不以身更貳醮，生離於地
上，豈如死歸於地下哉……遂自殺』」〔註8〕。《列女傳》所載息夫人史事與《左
傳》頗有出入，然《左傳》之「吾一婦人而事二夫」與《列女傳》之「終不
以身更醮」，皆可看出當時實有婦人守貞節，從一而終之事實。又《說苑》卷
三〈建本篇〉云：

　　　　子路問於孔子曰：「請稽古之學而行由之意，可乎？」，孔子曰：「不
　　　　可，昔者東夷慕諸夏之義，有女其夫死，爲之內私婿，終身不嫁，
　　　　不嫁則不嫁矣，然非貞節之義也」。

就孔子之設喻，亦可得知春秋時代華夏之俗，實有夫死不嫁，守節從一而終
之事。又《列女傳》卷四，楚曰貞姬云：

　　　　貞姬者，楚白公勝之妻也。白公死，其妻紡織不嫁，吳王聞其美且
　　　　有行，使大夫……迎之，將以爲夫人…白妻辭之曰：「……妾聞之，
　　　　忠臣不借人以力，貞女不假以色，豈能事生若此哉？於死者亦然，
　　　　妾既不仁，不能從死，今又去而嫁，不亦太甚乎！」

按白公勝係楚平王太子建之子也。勝死，吳王聞其妻美而有德行，欲聘娶之。
勝妻守節不嫁，可謂貞矣。可見儒家所倡夫死不嫁，從一而終之思想，春秋

〔註7〕見《禮記·郊特牲》。
〔註8〕見《列女傳》卷四〈貞順傳息夫人〉。

時代便已如此。此種思想雖至戰國時代依然可見，《列女傳》卷五，代趙夫人云：

> 代趙夫人者，趙簡子之女，襄子之姊，代王之夫人也。簡子既葬，襄子未除服，地登夏屋，誘代王，使廚人持斗以食代王……陰令宰人各以一斗擊殺代王及從者，因與兵平代地而迎其姊趙夫人，夫人曰：「……且吾聞之，婦人執義無二夫，吾豈有二夫哉！」遂泣而呼天自殺於靡笄之地。

按趙襄子欲併代地，以其姊妻代王，誘而殺之。且以兵迎趙夫人。趙夫人不歸，悲不自勝，以身殉之。由「婦人執義無二夫」之語，可知當時守節之觀念矣。凡此思想蓋為春秋宗法社會之產物，經儒家之提倡而更為固定。

春秋時代雖有夫死不嫁，從一而終之觀念。但社會並不限制婦女再嫁之自由。亦無任何鄙視之現象。故當時再嫁史事，時有所見。考諸當時再嫁原因，大致有二：（1）以夫死再嫁。（2）為夫所出而再嫁。試分別考述于后。《左傳·襄公二十五年》云：

> 齊棠公之妻，東郭偃之姊也。東郭偃臣崔武子，棠公死，偃御武子以弔焉，見棠姜而美之，使偃取之，偃曰：「……不可……」，崔子曰：「嫠也何害，先夫當之矣」，遂取之。

按《列女傳》云：「齊東郭姜者，棠公之妻，齊崔杼御東郭偃之姊也，美而有色，棠公死，崔子弔而說姜，遂與偃謀娶之」〔註9〕。可見夫死可再嫁，已是常事，而社會亦無鄙視再嫁之觀念焉。又《左傳·宣公十五年》云：

> 初，魏武子有嬖妾，無子。武子疾，命顆曰：「必嫁是」，疾病則曰：「必以為殉」。及卒，顆嫁之，曰：「疾病則亂，吾從其治也」。

按晉大夫魏武子有嬖妾，以妾無子，臨終囑其改嫁之。時俗夫死無子改嫁，殆是習見，故武子命其妾改嫁。又《左傳·成公二年》云：

> 楚之討陳夏氏也，莊王欲納夏姬，甲公巫臣曰：「不可，君召諸侯以討罪也。今納夏姬，貪其色也……」王乃，子反欲取之，巫臣曰：「是不祥人也，是天子蠻、殺御叔、殺靈侯…天下多美婦人，何必是」，子反乃止。

按《左傳·昭公廿八年》云：「子靈之妻殺三矣」，杜預云：「子靈巫臣，妻夏姬也，三夫陳御叔、楚襄老及巫臣也」。時巫臣已死，夏姬曾嫁三夫，夫死再

〔註9〕 見《列女傳》卷七〈孽嬖傳〉，齊東郭姜。

嫁，相續竟有三夫之多。此種習俗至戰國時代仍存，〈秦策一〉云：

> 楚人有兩妻者，人誂其長者，長者罵之，誂其少者，少者許之。居
> 無幾何，有兩妻者死，客謂誂者曰：「汝取長者乎？少者乎？」，取
> 長者。

此為楚大夫陳軫答秦王之設喻，從其所述，可知戰國夫死有再嫁之俗也。又
如《列女傳》卷七，趙悼倡后云：

> 倡后者趙悼襄王之后也。前日而亂一宗之族，既寡，悼襄王以其美
> 而取之，李牧諫曰：「不可，女之不正，國家所以覆而不安也。此女
> 亂一宗，大王不畏乎！」王曰：「亂與不亂，在寡人為政」，遂娶之。

按李牧，趙悼襄王之臣也。其所以諫，蓋因是女之不正，而非諫其為寡婦也。
可知時俗雖有婦女守節之觀念，然對於再嫁者，並不視為卑賤，而予以任何
之限制也。

除上述有夫死再嫁之外，另有為夫所出而再嫁者，《左傳・僖公三年》云：

> 齊侯與蔡姬乘舟于囿，蕩公，公懼變色，禁之，不可。公怒，歸之，
> 未之絕也，蔡人嫁之。

按《韓非子》亦載云：「蔡女為（齊）桓公妻，桓公與之乘舟，夫人蕩舟，桓
公大懼，禁之，不止，怒而出之。乃且復召之，因復更嫁之」〔註 10〕，蔡女
既齊桓公三夫人中之蔡姬也。被出之女可改嫁，故蔡姬被出，蔡人即改嫁焉。
又《左傳・成公十一年》云：

> 聲伯之母不聘，穆姜曰：「吾不以妾為姒」，生聲伯而出之。嫁於齊
> 管于奚，生二子而寡。

按聲伯之父為叔肸，魯宣公為其同母昆弟也。聲伯之母不經媒聘禮，為室公
夫人穆姜所出，故再嫁於齊人管于奚。可知其嫁係因被出之故也。迨至戰國
時代仍有為夫所出而再嫁者，《國策・秦策一》云：

> 陳軫曰：「……賣僕妾售乎閭巷者，良僕妾也。出婦嫁鄉曲者良婦
> 也」。

按此為張儀讒陳軫于秦王，陳軫答辯之辭。由「出婦嫁鄉曲者良婦也」，可知
當時被出之婦女，並非盡為惡婦，惟當男權伸張，出婦極為普遍。而被出之
婦亦可即時再嫁也。

綜上所述，可知春秋宗法社會婦人從一而終，夫死不嫁之思想雖日見普

〔註10〕見《韓非子》卷十一，〈外儲說右上〉。

遍。然再嫁之事，仍爲世人所通行，而社會非但無鄙視現象，且更爲聖人所力主之事，《管子入國》第五十四云：

> 凡國都皆有掌媒……取鰥寡而和合之……此之謂合獨。

陳顧遠云：「和合鰥寡，便是再娶再嫁之明證。要是女子不得再嫁，這獨又怎樣來合呢？」〔註11〕。可見當時再嫁極爲尋常，不若後世有鄙視情事。就所考再嫁之現象，以爲夫所出而有嫁者爲多，而夫死再嫁者雖亦不少，然夫死再嫁，大抵又因其無子。至於夫死而有子，再嫁者雖亦有之，然通常以不再嫁爲多，如王后諸侯夫人，不因夫死而再嫁，即可爲證。

　　春秋宗法社會，女子被出或夫死，雖皆有再嫁之自由。然古先聖王爲勉婦女之貞順與社會婚姻之安定，予再嫁者以某種之限制，《管子·小匡篇》云：「女三嫁，入於舂穀」，即三嫁之女，使入舂穀，爲舂米工妾，服勞役以示爲罰也〔註12〕。

〔註11〕 見陳顧遠：《中國古代婚姻史》，頁64。
〔註12〕 參見本文第四章絕婚。

第四章　絕　婚

　　由《詩・邶風・谷風》〔註1〕，《衛風・氓》〔註2〕與《王風・中谷》有
蓷〔註3〕所述之棄婦哀吟，可令人意識到當時民間絕婚出妻之情事。惜從詩中
所述卻無由得悉當時絕婚出妻之具體概況。故欲知當時絕婚情況則惟有考諸
春秋戰國之史籍記載。

　　今謂已婚男女雙方解除婚姻關係爲離婚，其條件須經雙方之同意始告成
立。然本文所欲考之春秋時代離婚並不若此。春秋時代係爲一宗法之禮法社
會，亦爲男權至上之時代。當時不稱離婚而謂絕婚。絕婚之意係指單方面，
即對女子而言；男子可絕女子之婚，而女子則無絕婚之權。離婚僅屬男子之
特權。至於女子以夫家爲家，本身自無任何地位。于歸後即隨丈夫，即使遇
人不淑亦不輕易離婚，雖史籍載有當時齊太公曾爲婦之逐夫〔註4〕，而魯亦有
以郎子不朝欲絕郎婚之念〔註5〕等，爲女方所左右之婚姻，然此等現象于當時
極爲罕有。故《左傳・隱公二年》云：

　　　　莒子娶于向，向姜不安莒而歸。夏，莒人入向，以姜氏還。

向姜嫁于莒，不安于莒而歸向，以未得莒子所許，致莒子使人奪還。可知女
子無絕婚自去之權也。又如齊人之大歸魯女子叔姬亦然，《左傳・文公十四年》
云：

〔註1〕見《朱子集傳》云：「婦人爲夫所棄，故作此詩，以敘其悲怨之情」。
〔註2〕見屈師翼鵬：《詩經釋義》云：「此棄婦自傷之詩」。
〔註3〕見屈師翼鵬：《詩經釋義》云：「此咏婦人被夫遺棄之詩」。
〔註4〕見《國策・秦策五》，引姚賈所言。又見《說苑》卷八，〈尊賢篇〉（郎子說梁
　　　王）所引。
〔註5〕見《左傳・隱公二年》。

子叔姬妃齊昭公，生舍。叔姬無寵，舍無威，公子商人驟施於國，
而多聚士……秋七月乙卯夜，齊商人弒舍而讓元……襄仲使告于
王，請以王寵，求昭姬于齊，曰：「殺其子，焉用其母，請受而罪之」。
冬，單伯如齊，請子叔姬，齊人執之，又執子叔姬。

魯女子叔姬嫁齊，以其子舍被殺，魯告周天子，請齊歸叔姬，齊人不悅，拘
王使，執子叔姬，後至文公十五年齊人爲尊王命始歸叔姬。魯女大歸之權係
操在齊之手中，故魯須請之，可見男權之大。至於出妻之權初在男子本身；
迨至禮法勢力伸張，逐漸爲父母所取代。故《禮記・內則》云：

子婦未孝未敬，勿庸疾怨，姑教之，若不可教，而后怒之，不可怒，
子放婦出而不表禮焉……子甚宜其妻，父母不說出，子不宜其妻，
父母曰：「是善事我，子行夫婦之禮焉，沒身不衰」。

此爲《禮記》所載。首敘子婦不孝不敬，由姑教之之事；後述出妻之權爲父
母所左右，而非決於男子本身。此種情形當爲禮教發展後之一種現象。然而
絕婚之權，雖屬諸男子，而女子卻可請去。如《晏子・春秋內篇》雜上云：

晏子爲齊相出，其御之妻從門閒而闚，其夫爲相御，擁大蓋，策駟
馬，意氣揚揚甚自得也。既而歸，其妻請去，夫問其故，妻曰：「……
今子長八尺，迺爲人僕御，然子之意，自以爲足，妾是以求去也」。

此爲女子請去之例。此事並見於《列女傳》〔註6〕與《史記》中〔註7〕。雖至
戰國亦然，《列女傳》卷一，〈鄒孟軻母〉云：

孟子既娶，將入私室，其婦袒而在內，孟子不悅，遂去不入。婦辭
孟母而求去，曰：「妾聞夫婦之道，私室不與焉，今者妾竊墮在室，
而夫子見妾，勃然不悅，是客妾也，婦人之義，蓋不客宿，請歸父
母」。

孟子既娶，入室，見其妻袒，以爲非禮，故去而不入，其妻以觸孟子之怒而
求去。可知戰國亦有婦求去之事。

由於絕婚出妻之權操在男子手中，所以當時出妻之事甚多，如《左傳・
宣公十六年》云：

秋，郯伯姬來歸，出也。

〔註6〕見《列女傳》卷二，〈齊相御妻〉。
〔註7〕見《史記・管晏列傳》。

郯伯姬，魯女，嫁于郯者也。其來歸者何？即爲郯所出者也。又如《左傳‧成公四年》云：

> 春，王正月，杞叔姬來歸。

按《左傳‧成公四年》云：「杞伯來朝歸叔姬故也」。魯女叔姬，嫁于杞，爲杞所出者也。然而出妻原因者何？並未見敘述。就所考春秋時代，以男權甚大，故出妻之情形多見不合理。其出妻原因大致可分如下幾項：

（1）有因觸男子之怒而見出之者：宗法社會以男子爲中心，所爲之事皆得社會所許。故于家中爲一家之主，妻女爲其附屬物。妻子稍不順其意則動輒出之。《左傳‧喜公四年》云：

> 齊侯與蔡姬乘舟于囿，蕩公，公懼變色，禁之，不可；公怒歸之，
>
> 未之絕也，蔡人嫁之。

按齊侯即齊桓公也，與夫人蔡姬乘舟遊樂，蔡姬蕩舟，公禁不止，觸其怒而大歸之，未告絕而蔡先嫁矣。此事並見《韓非子》〔註8〕與《史記》〔註9〕中。另如《管子》亦曾載有類似之例，亦爲齊桓公與夫人蕩舟，怒而出妻之事〔註10〕，唯其中所載之事情原委略異於上所述。春秋有以觸男子之怒而山妻者，戰國時代亦然，如吳起之出妻可得明證，《韓非子‧外儲說》右上云：

> 吳起衛左氏中人也。使其妻織組而幅狹於度，吳子使更之，其妻曰
>
> 諾，及成，復度之，果不中度，吳子大怒，其妻對曰：「吾始經之，
>
> 而不可更也」。吳子出之。

吳起以其妻不從其言，怒而出之。由此可知女子地位之低微與男子之橫行無道也。

（2）有因外力所迫而去其妻者：春秋時代出妻之決定權初操在男子本身，後逐漸爲父母所取代。然出妻亦有非父母及其本意，而爲他人所迫而出之者，《左傳‧哀公十一年》云：

> 初，疾娶于宋子朝，其娣嬖。子朝出，孔文子使疾出其妻而妻之，
>
> 疾使侍人誘其初妻之娣寘於犁，而爲之一宮。

按疾，衛大叔也。初，娶于宋大夫子朝家，以宋子朝因事出奔，衛大夫孔文子使疾出其妻，而以女妻之。後，疾睠戀初妻之娣，故復誘入，是其出妻非本意之證也。又如《左傳‧成公十一年》云：

〔註8〕見《韓非子》卷十一，〈外儲說左上〉。
〔註9〕見《史記‧管蔡世家》。
〔註10〕見《管子‧大匡篇》。

聲伯之母不聘，穆姜曰：「吾不以妾爲姒」，生聲伯而出之。

杜預注：「聲伯之母叔肸之妻」。又云：「昆弟之妻，相謂爲姒。穆姜，（魯）宣公夫人；宣公，叔肸同母昆弟」。聲伯之母雖不聘，然其父叔肸，並無出妻之意，卻爲宣公夫人穆姜，以私人之愛憎而去之，此亦爲被迫而去妻者也。

（3）有因婦私藏或淫亂而出之者：如《韓非子‧說林上》所載之衛人云：

衛人嫁其子而教之曰：「必私積聚，爲人婦而出，常也。其成居，幸也。」其子因私積聚，其姑以爲多私而出之，其子所以反者，倍其所以嫁。

衛女爲其姑所出之者，以其多私藏也。此事並見《呂氏春秋》〔註11〕。據「爲人婦而出，常也」，可知春秋戰國出妻之風尚甚爲普遍。故聖如孔子，其家亦曾有三世去妻之事〔註12〕。又有因淫亂而出之者，《新序》卷一〈雜事〉云：

公慎氏有妻而淫，慎潰氏奢侈驕佚，魯市之鬻牛馬者善豫賈。孔子將爲魯司寇，沈猶氏不敢朝飲其羊，公慎氏出其妻。

春秋宗法社會，禮教觀念逐漸奠定。因之，對於婦女私藏之事，頗爲不齒。尤以對淫亂之事更爲鄙視，故于古人七出例中曾有此二事見出者，《大戴記‧本命篇》云：

婦有七去……不順父母，爲其逆德也……淫爲其亂族也……盜竊爲其反義也。

其中，盜竊云者即《韓非子》所載之私藏也。

如上所載當時出妻之情形。就以春秋時代而言，出妻之事，大致以觸男子之怒而見出者爲多，如上所引《詩經》中棄婦之事近是。至於第二項，第三項情形較少。又如《大戴記‧本命篇》所載之七出，蓋當爲春秋以後禮教勢力壯大，儒家所訂之法則也，而非盡行於春秋時期。不然，春秋時代有若干諸侯夫人淫亂而未見出者，亦有若干夫人性妒而未見出者。可知七出之法則，僅是儒家禮教勢力奠定時所訂定者也。當時社會未必盡行之，宗法社會男權至上，無甚標準，可任意出之。

如上所述之絕婚，皆由於男方之主動。此外有因其他因素，如夫死或夫死子廢而歸母家，因之而消滅婚姻之關係者，情形有下列數事：

〔註11〕見《呂氏春秋‧孝行覽，遇合篇》。
〔註12〕見《禮記‧檀弓上》。

（1）夫死而歸母家者：女子既嫁，雖夫死亦應居於夫家，以撫養子女，或守宗祀，然當時有因夫死歸寧而消滅婚姻關係者，《左傳・宣公四年》云：

> 初，若敖娶於䢵，生鬬伯比。若敖卒，從其母畜於䢵。

按若敖，楚大夫也。䢵，嬴姓之國也。若敖既娶于䢵而死，䢵女歸養於母家，《左氏傳》特著明之，蓋非禮法所許者也。以夫死無子而姑歸婦于母家者，如《列女傳》卷一，〈衛姑定姜〉云：

> 衛姑定姜者，衛定公之夫人，公子之母也。公子既娶而死，其婦無子，畢三年之喪，定姜歸其婦，自送之於野。

衛姑定姜，以其子死，婦無子而大歸之，蓋不欲誤其青春也。

（2）因子被廢被殺而歸母家者：《左傳・昭公二十三年》云：

> 楚太子建之母在郹

按《左傳・昭公十九年》云：「楚子之在蔡也，郹陽封人之女奔之，生大子建」。杜預注：「郹，郹陽也。平王娶秦女，廢大子建，故母歸其家也」。此因平王娶秦女，廢太子建，郹女以子被廢而歸處母家。又有以子被殺而大歸者，《左傳・文公十八年》云：

> 夫人姜氏歸于齊，大歸。將行，哭而過市，曰：「天乎！仲爲不道，殺嫡立庶」，市人皆哭，魯人謂之哀姜。

按魯夫人哀姜，以其子惡及視，爲大夫襄仲所殺，其子公侯之位爲人所奪，故大歸于齊，此事並見於《史記》〔註13〕。

　　如上所載之歸于母家者，皆非由男家強迫而大歸者也。至於當時男子雖可任意絕婚去妻，但必先使人至女家告絕，始能出之，《左傳・文公十二年》云：

> 杞桓公來朝，始朝公也；且請絕叔姬而無絕婚，公許之。

又《左傳・文公四年》云：

> 杞伯來朝，歸叔姬故也。

杞桓公娶魯女叔姬，今欲請絕叔姬而不絕婚者，杜預注：「不絕婚，立其娣以爲夫人也」，杜所云者蓋當時出妻姪娣一體，故欲留娣而去妻，當告之於女家。故《禮記・雜記下》云：

> 諸侯出夫人，夫人比至于其國，以夫人之禮行。至於夫人入，使者將命曰：「寡君不敏，不能從而事社稷宗廟，使吏臣某敢告於執事。」

〔註13〕見《史記・魯周公世家》。

主人對曰：「寡君固前辭不教矣，寡君敢不敬須以俟命」，有司官陳
器皿，主人有司亦官受之。妻出，夫使人致之曰：「某不敏，不能從
而共粢盛，使某也敢告於侍者」，主人對曰：「某之子不肖，不敢辟
誅，敢不敬須以俟命」，使者退，主人拜送之。

《禮記》所載，蓋春秋時代出妻有告絕之禮也。

　　絕婚出妻之事，具如上述。皆由男子所左右，雖後世禮法有七出三不去
之法則。然春秋時代之出妻實無特定標準。男子出妻，固有因婦之失德而出
之者，然亦有因乘一時之怒而出之者，其婦未嘗失德也。故《國策》云：「賣
僕妾售乎閭巷者，良僕妾也。出婦嫁鄉曲者，良婦也」〔註14〕。

　　至於當時絕婚出妻後，男女雙方關係自告終止，故《禮記・檀弓下》，有
不喪出母之記載：

子上之母死而不喪，門人問諸子思曰：「昔者子之先君子喪出母乎？
曰：『然』。子之不使白也喪之何也？」子思曰：「……爲伋也妻者，
是爲白也母，不爲伋也妻者，是不爲白也母」，故孔氏之不喪出母，
自子思始之。

又〈檀弓下〉亦載：

子思之母死於衛，赴於子思，子思哭於廟，門人至曰：「庶氏之母死，
何爲哭於孔氏之廟乎？」子思曰：「吾過矣，吾過矣。」遂哭於他室。

按鄭注：「禮爲出母期。父卒，爲父後者不服耳。」是禮有子喪出母之禮，而
與子思始之說異矣。

　　由於當時絕婚出妻無特定標準，而喜新厭舊乃男子之弱點，以致任意出
妻。故先賢以社會之安寧，婚姻之維繫，頗不主任意出妻。如《管子・大匡
篇》云：

桓公乃告諸侯必足三年之食……公又問管仲曰：「何行？」管仲對
曰：「諸侯毋專立妾以爲妻，毋專殺大臣，無國勞，毋專予祿，士庶
人毋專棄妻」。

此所謂專者，即任意而行也。又如《呂氏春秋・士容論・上農篇》云：

農不上聞，不敢私籍於庸爲害於時也。然後制野禁，苟非同姓，農
不出御，女不外嫁以安農也。

按高誘注：「御，妻也」，農不出妻，而無家庭之困擾，斯亦爲政者所當注意

也。又商子云：「故至治夫妻交友，不能相爲棄惡」〔註15〕，以見法家重視夫婦和諧，反對離異如此。又《管子・小匡篇》云：

> 罷女無家，士三出妻，逐於境外；女三嫁，入於舂穀。是故民皆勉爲善。

「士三出妻」，按尹知章注：「三出妻所謂士也罔極二三其德，爲政者之所忌，故逐於境外也」。「女三嫁」，尹知章注：「三見出而嫁，是不貞順者也，故入於舂穀」。又按入於舂穀，即沒入公家爲奴妾，而服任舂穀之勞役〔註16〕，是則進一步對於出妻再嫁繩以法，蓋夫婦和處，家庭相安，社會始能安寧也。

〔註15〕見《商子・蔡使》第二十四。
〔註16〕見楊希枚：《從出七談到三歸》，大陸雜誌，三十卷二期。

第五章　淫亂之情形

　　春秋宗法社會，男女之貞操觀念似尚不重視，然從《易經・家人卦》云：
「家人利女貞」之「貞」，可知當時之家道已主守正矣。守正之意即不爲亂事。
亂事者何？蓋指淫事邪行者也。考之史載，不僅可明當時注重守正之道，且
可瞭然當時社會恥淫禁邪之觀念，如《國語・越語下》云：

　　　　淫佚之事，上帝之禁也。

此處所謂淫佚之事，雖非確指男女淫亂之意，然禁淫之思想則於此可見。又
如楚莊王欲納夏姬也，《左傳・成公二年》云：

　　　　莊王欲納夏姬，申公巫臣曰：「不可，君召諸侯，以討罪也。今納夏

　　　　姬，貪其色也；貪色爲淫，淫爲大罰」。

從申公規諫楚莊王語中，可進而得知當時以貪色爲淫之觀念。而淫爲大罰，
更可知當時社會對淫事之禁止，故《管子・權修篇》云：

　　　　凡牧民者，使士無邪行，女無淫事。士無邪行，教也；女無淫事，

　　　　訓也。教訓成俗，而刑罰省數也。

又〈五輔篇〉云：

　　　　毋聽淫辭，毋作淫巧，若民有淫行邪性，樹爲淫辭，作爲淫巧，以

　　　　上諂君上，而下惑百姓，移國動眾，以害民務者，其刑死流。

以上二例皆出自管子。其中申說牧民在使士無邪行，女無淫事；不然，觸犯
之則刑當死流。又《晏子春秋・外篇》亦云：

　　　　古之爲政者，士農工商異居，男女有別而不通，故士無邪行，女無

　　　　淫事。

可見男女有別，無淫事邪行，乃先王治民之目的。故欲達此目的則先注重昏
姻之事，《管子・八觀篇》云：

故昏禮不謹，則民不修廉。

可知當時宗法社會之重視昏禮即在修廉防邪淫者也。故當時之婚禮須備各種繁文縟節，故《詩經‧齊風‧南山》云：

> 取妻如之何？必告父母……取妻如之何？匪媒不得。

由上可知，當時昏禮已為父母媒使所主之媒聘婚禮也。何以由父母媒使為之，即昏姻大事，不由男女主之，蓋養廉恥防淫亂也。故當時婚娶方式不同而地位亦隨之而異，《列女傳》卷三，〈魏曲沃負〉云：

> 聘則為妻，奔則為妾，所以開善過淫也。

當時媒聘婚制係在於防止男女淫亂之事，故由媒聘而娶者為妻，而不經媒聘之禮，則僅可為妾。何以須如此區分？即如所云「開善渴望」也。可見宗法社會對禮法之注重與對淫亂之禁止。當時須由媒使為介，男女始可往來，《禮記‧坊記》云：

> 男女無媒不交，無幣不相見。

除依禮法，男女始可往來外，其他概不許有任何交往，即使家人兄弟姊妹，男女之別，亦甚分明，故《禮記‧曲禮上》云：

> 男女不雜坐，不同椸枷、不同巾櫛、不親授、嫂叔不通問、諸母不漱裳……女子許嫁，纓，非有大故，不入其門；姑、姊、妹、女子子，已嫁而反，兄弟弗與同席而坐，弗與同器而食。

以上《禮記》所載各事，舉事瑣瑣，男女之別，限制甚多。然其目的何在？無非在於防止淫亂邪行，禁非禮于未然也。由上所載，吾人可明春秋宗法社會觀念已普遍有恥淫之觀念。因之，昏禮行媒聘婚制以正男女之別。尤以儒家勢力興起之後，社會有更多之禮法以防淫亂之事。當時除有恥淫之觀念，而社會以禮法限制之外，對於淫亂者亦施以不同之懲罰，《列女傳》卷四〈楚平伯嬴〉云：

> 若諸侯外淫者絕，卿大夫外淫者放、士庶人外淫者宮割……。

按《列女傳》所載對淫亂之罰或以絕、或以放、或以宮割，其刑不可謂不重矣。然其所指係以男人為主。至於婦女淫亂之罰者何？《孔子家語》卷六，〈本命篇〉云：

> ……婦有七出、三不去。七出者：不順父母出者、無子者、淫僻者、嫉妒者……。

婦七出之中，淫僻便是其一，即婦女淫亂者出之。可見當時社會對淫事邪行之深惡痛絕。

　　然而考之當時史事，諸國所發生淫亂之事者，卻屢見不鮮。而淫亂之情形，大致又可分爲：夫死而淫通者、夫在而淫通者、或未出嫁而淫通者。就其身份而言：不僅士庶人有之，即使諸侯王后夫人亦曾有之。茲將當時各階層淫亂之史實，分別考述之。如王后之淫亂者，《左傳·僖公二十四年》云：

> 夏，狄伐鄭取櫟，王德狄人，將以其女爲后，富辰諫曰：「不可⋯⋯」
> 王又弗聽。初，甘昭公有寵於惠后，惠后將立之，未及而卒。昭公
> 奔齊，王復之；又通於隗氏，王替隗氏。

按鄭人伐滑，滑人請命于周，王使大夫如鄭請止伐。鄭伯怨王，不聽，且執來使。王怒以狄師伐鄭取櫟；王德狄人，悖常禮娶狄女爲后〔註1〕，後狄后淫通于甘昭公王子帶，故王乃廢后以懲罰之，而甘昭公王子帶則見殺于隰城〔註2〕。可見淫亂之事，早爲人們所深惡痛絕也。諸侯有淫亂之行者，如齊莊公是也，《左傳·襄公二十五年》云：

> 棠公死，偃御武子以弔焉；見棠姜而美之，使偃取之，偃曰：「⋯⋯
> 不可⋯⋯」⋯⋯崔子曰：「嫠也何害，先夫當之矣」，遂取之。莊公
> 通焉，驟如崔氏，以崔子之冠賜人，侍者曰：「不可。」公曰：「不
> 爲崔子，其無冠乎？」崔子因是⋯⋯。甲興，公登台而請，弗許，
> 請盟，弗許。請自刃於廟，弗許，皆曰：「⋯⋯陪臣干撅有淫者，不
> 知二命。」公踰牆，又射之，中股反隊，遂弒之。

按棠姜以夫死，崔武子使家臣偃取之。後，齊莊公淫通棠姜，以世人恥淫，又辱武子，故激崔武子之怒而弒之。可見淫事爲人所恥，所難容忍者也，故齊莊公以淫見殺。又如蔡景侯亦然，《左傳·襄公三十年》云：

> 蔡景侯爲太子般娶於楚，通焉；太子弒景侯。

按蔡景侯爲其子般娶於楚，以蔡侯父而不父，故太子娶而父淫通之，固亂倫矣，致太子般怒而罔顧骨肉之親、父子之情，而弒之。此亦爲淫亂而取殺者也。又如陳國，《左傳·宣公十年》云：

> 陳靈公與孔寧儀行父飲酒於夏氏，公謂行父曰：「徵舒似汝。」對曰：
> 「亦似君。」徵舒病之，公出，自其廐射殺之。

按夏姬者鄭穆公之女也，而陳大夫御叔之妻也。時御叔已歿，故陳靈公與孔

〔註1〕見《國語·周語》中，「富辰諫曰」以下所引。
〔註2〕見《國語·晉語四文公》，「二年春」以下所引。

寧儀行父淫通之，大夫泄冶諫之不聽，反召禍〔註3〕。後陳靈公與孔寧儀行父飲酒戲言于夏氏之家，夏姬子徵舒恥之，且弗堪也，故射弒之。可見禮教始成長之春秋時代已甚厭惡邪行淫事也。

至於諸侯夫人亦有淫亂之事者，其中以魯國最著，《左傳·桓公十八年》云：

> 十八年春，公將有行，遂與姜氏如齊，申繻曰：女有家，男有室，無相瀆也，謂之有禮，易此必敗。公會齊侯于濼，遂及文姜如齊；齊侯通焉，公謫之，以告。夏四月丙子，享公，使公子彭生乘公，公薨于車。

按此事並見于《管子》〔註4〕與《史記》〔註5〕。文中魯桓公夫人文姜者，齊襄公之妹也。桓公偕文姜如齊，大夫申繻諫之不聽。至齊，而兄妹淫通焉。桓公知而責文姜，文姜告齊侯，以社會恥淫亂，故齊襄公羞而使彭生殺之。又如《左傳·閔公二年》云：

> 閔公，哀姜之娣叔姜之子也，故齊人立之。共仲通於哀姜，哀姜欲立之：閔公之死也，哀姜與知之，故遜于邾，齊人取而殺之于夷，以其尸歸。

按《列女傳》載云：「哀姜者，齊侯之女，莊公之夫人也。初，哀姜未入時，公數如齊與哀姜淫，既入……哀姜驕淫，通於二叔公子慶父、公子牙。哀姜欲立慶父，公薨，子般立，慶父與哀姜謀，遂殺子般於黨氏，立叔姜之子，是為閔公。閔公既立，慶父與哀姜淫益甚，又與慶父謀殺閔公……將自立，魯人謀之，慶父恐，奔莒，哀姜奔邾，齊桓公立僖公，聞哀姜與慶父通，以危魯，乃召哀姜酖而殺之，魯遂殺慶父。」〔註6〕所謂共仲者，即莊公庶兄慶父也。哀姜通于慶父、公子牙，莊公未之察。後以淫甚且謀殺閔公，故為齊桓公所殺；而慶父亦為魯人所殺。淫為亂行，人皆恥之，于此可見一斑。又《左傳·成公十六年》云：

> 宣伯通於穆姜，欲去季孟而取其室。將行，穆姜送公而使逐二子……
> 冬十月，出叔孫僑如而盟之，僑如奔齊……齊聲孟子通僑如，使立

〔註3〕 見《左傳·宣公九年》：「……陳靈公與孔寧儀父通於夏姬，皆衷其衵服，以戲于朝。泄冶諫曰：『公卿宣淫，民無效焉……』。……遂殺泄冶」。

〔註4〕 見《管子·大匡》第十八。

〔註5〕 見《史記·魯周公世家第三》，「桓公十八年春」以下所引。

〔註6〕 見《列女傳》卷七〈孽嬖傳〉，魯莊哀姜。

於高國之間，僑如曰：「不可以再罪」，奔衛亦聞於卿。

按《列女傳》云：「繆姜者（《左傳》作穆姜），齊癸之女，（魯）宣公之夫人，成公母也。聰慧而行亂，故諡曰繆。初，成公幼，繆姜通於叔孫宣伯，名喬如（《左傳》作僑如），喬如與繆姜謀去季孟而擅魯國……魯人不順喬如，明而逐之，喬如奔齊，魯逐擯繆姜於東宮……卒薨於東宮。」〔註7〕魯大夫僑如通穆姜，欲慶成公，以謀敗奔齊，又通于齊聲孟子，以淫亂之可恥與淫刑之重，故復奔衛，而穆姜則被囚禁於東宮。可知淫亂皆為人所卑，故其下場：一則以奔，一則幽禁。又《左傳·昭公二十年》云：

> 公子朝通于襄夫人宣姜，懼而欲以作亂……閏月戊辰殺宣姜。

按宣姜者魯襄公夫人也。襄公薨而通于公子朝，懼人討其淫亂而謀作亂，後為魯人所殺，故杜預注：「與公子朝通謀故」也。可見淫刑之重。又如齊國，《左傳·成公十七年》云：

> 齊慶克通于聲孟子，與婦人蒙衣，乘輦而入于閎，鮑牽見之，以告國武子，武子召慶克而謂之，慶克久不出，而告夫人曰：「國子謫我……」，齊侯使崔杼為大夫，使慶克佐之，帥師圍盧，國佐從諸侯圍鄭，以難請而歸，遂如盧師，殺慶克以穀叛。

按《列女傳·齊靈聲姬》云「聲姬者魯侯之女，靈公之夫人，太子光之母也，號孟子，淫通於大夫慶尅（《左傳》作慶克），與之蒙衣乘輦而入于閎，鮑牽見之，以告國佐，國佐召慶尅，將詢之……國佐使人殺慶尅，靈公與佐盟而復之，孟子又愬而殺之，及靈公薨，高鮑皆復，遂殺孟子」〔註8〕齊大夫慶克通聲孟子，國佐欲討之，慶克懼，國佐疾慶克之淫，而殺之。後高鮑又殺孟子，蓋恥慶克、孟子之淫亂以敗國政也。又衛國，《左傳·定公十四年》云：

> 衛侯為夫南子召宋朝，會于洮，大子蒯聵獻盂于齊，過宋野，野人歌之，曰：「既定爾婁豬，盍歸吾艾豭」。大子羞之，謂戲陽速曰：「從我而朝少君，少君見我，我顧刀殺之。」速曰：「諾」。乃朝夫人，夫人見太子……曰：「蒯聵將殺余」。公執其手以登台，太子奔宋。

按《列女傳·衛二亂女》：「南子者宋女，衛靈公之夫人。通於宋子朝，太子蒯聵知而惡之。南子讒太子於靈公曰：『太子欲殺我。』靈公大怒蒯聵，蒯聵

〔註7〕見《列女傳》卷七〈孽嬖傳〉，魯宣繆姜。
〔註8〕見《列女傳》卷七〈孽嬖傳〉，齊靈聲姬。

奔宋……蒯聵遂立，是爲莊公，殺夫人南子。」〔註9〕太子蒯聵蓋疾南子之淫亂欲殺之，不果，而奔宋，故後立爲莊公始殺南子，可知淫亂實爲社會所不齒也。又晉國，《晉語一‧武公》云：

> 公之優曰施，通於驪姬，驪姬問焉曰：「吾欲作大事，而難三公子之徒，如何？」對曰：「早處之，使知其極，夫人知極，鮮有慢心」。

按驪姬，晉獻公之嬖妾也。以其得寵，而有私謀，通于優施，欲去三公子以立其子，致有群公子外奔，國中于戈相見之驪姬之亂，蓋皆由淫亂所起者也。

至於士大夫亦有淫亂之事，如楚國令尹子元，《左傳‧莊公二十八年》云：

> 楚令尹子元欲蠱文夫人，爲館於其宮側，而振萬焉。夫人聞之，泣曰：「先君以是舞也，習戎備也。今令尹不尋諸仇讎，而於未亡人之側，不亦異乎……。」卅年春……楚公子元歸自伐鄭，而處王宮，鬭射師諫，則執而梏之。秋，申公鬭班殺子元，蓋人恥淫對淫亂者必施於重大懲罰故也。又如晉大夫趙嬰，《左傳‧成公四年》云：

> 冬……晉趙嬰通于趙莊姬……五年春，原、屏放諸齊，趙嬰曰：「我在，故欒氏不作；我亡，吾二昆其憂哉！」

按杜預注：「趙嬰，趙盾弟；莊姬，趙朔妻。朔，盾之子」。趙嬰通于趙朔妻莊姬，違背倫常，故趙嬰爲其兄原同。屏季所放逐，以示爲罰。淫亂不見許於當世，于此可得明證。又如魯大夫季魴侯，《左傳‧哀公八年》云：

> 齊悼公之來也，季康子以其妹妻之。即位而逆之，季魴侯通焉，女言其情，弗敢與也。

齊悼公亡魯，時仍爲太子，季康子以其妹妻之。未之迎，而康子之叔季魴侯淫通之；女告季康子，懼，齊侯來迎而未敢與也。蓋淫爲人所恥，故季康子未敢以其淫妹與之。又晉大夫亦有易室而淫者，《左傳‧昭公二十八年》云：

> 晉祁勝與鄔臧通室，祁盈將執之，訪於司馬叔游，叔游曰：「鄭書有之，惡直醜正，實蕃有徒，無道立矣，子懼不免，詩曰：『民之多辟，無自立辟』，姑已若何？」盈曰：「祁氏私有討，國何有焉」，遂執之。

按祁勝與鄔臧皆爲晉大夫祁盈家臣，因彼此易室而淫，故祁盈以淫風不可長而執之。可見淫亂確爲人們所不齒也。

至於士大夫妻亦有淫亂之行者，如晉大夫欒桓子之妻，《左傳‧襄公二十一年》云：

〔註9〕見《列女傳》卷七〈孽嬖傳〉，衛二亂女。

> 桓子卒，欒祁與其老州賓通，幾亡室矣。懷子患之，祁懼其討也，
> 愬諸宣子曰：「盈將爲亂……」。

按欒祁者晉大夫欒桓子之妻，懷子盈之母也。桓子死而欒祁通于老州賓，其子患之，欒祁懼討其淫亂，故譖其子，以除其禍患也。可知社會恥淫，故欒祁懼討也。又魯國亦有之，《左傳・昭公二十五年》云：

> 初，季公鳥娶妻於齊鮑文子生甲。公鳥死，季公亥與公思展與公鳥
> 之臣申夜姑相其室。及季姒與饔人檀通而懼，乃使其妾扶己，以示
> 秦遄之妻也。曰：「公若欲使余，余不可而扶余。」又訴於公甫曰：
> 「展與夜姑將要余」。秦姬以告公之，公之與公甫告平子。平子拘展
> 以之，而執夜姑將殺之……公之使速殺之。

按季姒者魯夫夫季公鳥之妻也。公鳥死，其族人季公亥、公思展及臣夜姑相其室。季姒與食官檀淫通，以淫亂可恥刑重，懼討而誣其族人于秦遄之妻、公鳥之妹，公之不察而拘族人，使殺夜姑，雖屬誣殺，然亦可知淫亂之刑甚重矣。

除以上所述各階層之淫亂情形外，另小有木婚而淫通之者。如楚大夫鬬伯比少淫于邧，《左傳・宣公四年》云：

> 初，若敖娶於邧，生鬬伯比。若敖卒，從其母畜於邧，淫於邧子之女，
> 生子文焉。邧夫人使棄諸夢中，虎乳之。邧子田，見之懼而歸，夫
> 人以告，遂使收之，楚人謂乳穀，謂虎於菟，故命之曰鬬穀於菟，
> 以其女妻伯比，實爲令尹子文。

按文中鬬伯比從母畜於邧，淫於邧子之女，生子文而棄諸夢澤之事，可知當時楚人亦甚恥淫，鄙視私生子。然以鬬伯比之木婚，小未加之懲罰，且復以其女妻之。由此亦可知婚禮須具備繁文縟節之媒妁婚姻頗爲當時諸國所遵行，而鄙視禮法以外之婚娶與淫亂之行爲。

從上所引，周、齊、魯、蔡、晉、衛、楚等諸國淫亂之事例，可知春秋時代宗法社會禮教雖甚具力量，人們亦甚以淫亂爲恥，且對淫亂者或施之殺戮、放逐、宮割、囚禁、廢棄或絕婚之刑，可想見當時對淫亂所施懲罰之重矣。然自王后以至於士庶人仍有甚多淫亂之事者，蓋媒聘婚制雖一直注重禮法、防邪淫，而淫亂之事仍屢出不窮者，乃因當時社會禮教之形成尚未完全固定，而當時所行之媒聘婚制本身亦將有未盡善處使之然也。

第六章　不合禮法之婚娶

　　周代自進入宗法社會後，一切禮法即日在滋長。禮制上已奠定媒聘婚之基礎。當時媒聘婚制，禮儀雖不若士昏六禮所載之完備。然男子以聘而娶，女子因聘而嫁之禮；蓋爲當時宗法社會所遵循。

　　然除宗法社會所重之媒聘婚外，尚有若干未經禮法程序之婚娶方式。其中如有女子不備媒聘之禮而自奔男家以結成婚姻者，有因父母或權力者之私意，將子女視若物品獻送與人婚配者，有因父死而子納庶母爲妻妾者，有以武力掠奪他人妻女爲室者，有視女子爲物品，而以買賣方式購入爲妾者等不合禮法之婚娶方式，皆同時並行于世。試分別述之于后：

壹、奔

　　奔：即不備六禮，未經父母媒使主婚，而女子私奔往男家以成婚嫁之謂也。此一現象，在當時並不爲少。《周禮・媒氏》云：「中春之月，令會男女，於是時也，奔者不禁」，賈公彥疏：「釋曰……仲春時，此月既是娶女之月，若有父母不娶不嫁之者，自相奔就亦不禁之。」〔註1〕而梁履繩引《毛傳》云：「不得聘禮三十之男，二十之女，禮未備則不待禮會之者，所以蓄於人民也。」〔註2〕則奔之形式，即爲媒聘婚制之補救辦法。當時媒聘之禮甚爲隆重，而社會階級懸殊甚大，通婚較爲困難，故若有不能備媒聘之禮者，則奔而結合。是奔之方式，實爲當時婚娶之一種方法也。《左傳・昭公十九年》云：

〔註 1〕見《周禮・媒氏》。
〔註 2〕見梁履繩：《左通補釋》，《續皇清經解》，頁 3510。

楚子之在蔡也，郹陽封人之女奔之，生大子建。

按《經‧昭公十一年》云：「楚公子棄疾帥師圍蔡。」則楚子即楚平王棄疾也，郹陽蔡邑也。時楚子爲公子，帥師入蔡，郹陽封人之女，不經媒聘禮而奔之，楚子納之，生建，遂立爲太子。可見諸侯公子亦納奔女。至於公卿大夫亦然，《國語‧周語上》云：

恭王遊於涇上，密康公從，有三女奔之。其母曰：「必致之於王，夫獸三爲群，人三爲眾，女三爲粲，王田不取群，公行下眾，王御不參一族。夫粲，美之物也。眾以美物歸女，而何德以堪之，王猶不堪，況爾小醜乎？小醜備物，終必亡。」康公不獻。一年，王滅密。

此爲周恭王時事。密康公從周恭王遊，有三女奔之。可見婚娶中有奔女之俗，早于西周恭王時（910BC）既有之。又《左傳‧昭公十一年》云：

泉丘人有女，夢以其帷幕孟氏之廟，遂奔僖子；其僚從之，盟于清丘之社，曰：「有子無相棄也。」僖子使助薳氏之簉。

泉丘，魯邑。僖子，魯大夫也。泉丘有庶人女，因得一夢以爲吉兆。於是未經媒聘之禮奔僖子爲妾，鄰女亦奔焉。奔乃不備六禮而非爲淫奔之謂〔註3〕，故僖子納之。可見奔女之俗爲當時社會所通行。又《晏子春秋‧外篇》云：

有工女託於晏子之家焉者，曰：「婢妾，東廓之野人也。願得入身，比數于下陳焉。」晏子曰：「乃今日而後自知吾不肖也。古之爲政者，士農工商異居，男女有別而不通，故士無邪行，女無淫事。今僕託國主民，而女欲奔僕，僕必色見而行無廉也。」遂不見。

晏子主政，竟有庶人女奔晏子家欲爲妾者，此雖習俗所不禁，然晏子究以爲悖於媒聘之禮，故晏子不納焉。又《晏子春秋‧諫下篇》云：

景公有所愛槐……下令曰：「犯槐者刑，傷之者死。」有不聞令，醉而犯之者……且加罪焉。其女子往辭晏子之家，託曰：負廓之民，賤妾請有道于相國，不勝其欲，願得充數乎下陳。」晏子聞之，笑曰：「嬰其淫于色乎？何爲老而見奔……。」

此又一奔就晏子之事也。至於奔女之俗，非但春秋如此，戰國時代亦然。《新序》卷二，〈雜事篇〉云：

齊有婦人極醜無雙，號曰無鹽女。其爲人也，臼頭、深目、長肚、

　　大節……行年三十無所容，入衒嫁不售。流棄莫執。於是，乃拂拭
　　短褐自詣宣王願一見，謂謁者曰：「妾，齊之不售女也，聞君王之聖
　　德，願備後宮之掃除，頓首司馬門外，唯王幸許之。謁者以聞，宣
　　王方置酒於漸台，左右聞之，莫不掩口而大笑曰：「此天下強顏女子
　　也。」於是，宣王乃召而見之，謂曰：「昔先王爲寡人取妃匹皆已備
　　有列位矣……。」拜無鹽君爲王后。

無鹽女者齊之醜女也。行年三十而無可寄身者，遂奔齊宣王求爲妾。以其賢，
宣王立爲后。以晏子之貴，有女奔就之；以宣王之尊，亦有女奔就之；足見
齊人奔女之風之盛行也。

　　奔女之俗，雖爲當時所不禁，然以其不合媒聘之禮，究未能爲宗法社會
所重。因之，其地位亦遠較媒聘者爲低。故《禮記·內則篇》云：

　　聘則爲妻，奔則爲妾。

媒聘婚制爲宗法社會所尚，故以媒聘之禮而娶者爲妻。不備媒聘禮而娶之奔
者爲妾。古人何以有此區分？《列女傳》卷三〈仁智傳〉、魏曲沃負云：

　　曲沃負者，魏大夫如耳母也。秦立魏公子政爲魏太子，魏哀王使使
　　者爲太子納妃而美，王將自納焉……負曰：「妾聞男女之別，國之大
　　節也。婦人脆於志，孅於心，不可以邪開也。是故必十五而笄，二
　　十而嫁，早成其謚，所以就之也。聘則爲妻，奔則爲妾，所以開善
　　過淫也。」

按曲沃負諫魏哀王所云：「聘則爲妻，奔則爲妾，所以開善過淫。」可知古人
之意即在於定夫婦之大倫。故雖有奔女之俗，僅爲婚姻結合權宜之計耳，以
是奔女之地位甚爲低微，且無保障。《左傳·成公十一年》云：

　　聲伯之母不聘，穆姜曰：「吾不以妾爲姒。」生聲伯而出之。

按《左傳會箋》云：「昆弟之妻相謂爲姒。」穆姜，魯宣公夫人。而魯宣公即
爲聲伯父叔肸之昆弟。聲伯之母，係不備媒聘禮所娶者，穆姜羞與爲伍而出
之。可知當時雖有奔女之俗，卻爲時人所鄙視。所以然者，蓋以奔女不備禮
而奔男家爲無廉恥故也。《管子·形勢解》云：

　　明主之治天下也，必用聖人，而後天下治。婦人之求夫家也，必用
　　媒，而後家事成，故治天下而不用聖人，則天下乖亂而民不親也。
　　求夫家而不用媒則醜恥而人不信也。故曰：「自媒之女，醜而不信。」

按《管子》所載「婦女之求夫家也必用媒」與「自媒之女，醜而不信」之論，可見宗法社會甚重媒聘婚制而鄙視不備媒聘禮之婚娶。此種觀念，至戰國亦復如此。《列女傳》卷六〈辯通傳〉云：

> 宿瘤女者，齊東郭採桑之女，閔王之后也……王大悅之，曰：「此賢女也。」命後乘載之，女曰：「賴大王之力，父母在內，使妾不受父母之教，而隨大王，是奔女也，大王又安用之。」王大慚曰：「寡人失之。」又曰：「貞女一禮不備，雖死不從。」

此乃列女傳追敘齊閔王后事也。據「貞女一禮不備，雖死不從」一語，即可知宗法社會媒聘禮之觀念，至戰國已甚鞏固。

貳、納獻

納獻：即不經媒聘，亦非女子自媒，而由父母或有權力者之意，將子女視若物品獻送與人婚配之謂也。此種嫁娶方式，或稱之爲贈與婚〔註4〕。春秋諸國之政治甚爲複雜，諸如此類之婚娶情形，時有所見。《左傳‧昭公十四年》云：

> 晉邢侯與雍子爭鄐田，久而無成。士景伯如楚，叔魚攝理。韓宣子命斷舊獄，罪在雍子。雍子納其女於叔魚。

晉大夫雍子與邢侯爭田，韓宣子命叔魚斷獄，雍子自知理屈，納女於叔魚爲妾，欲免己罪，此以女爲禮品也。又《左傳‧僖公二十三年》云：

> 狄人伐廧咎如，獲其二女叔隗、季隗、納諸公子；公取季隗，生伯儵、叔劉，以叔隗妻趙衰，生盾。

晉公子重耳以驪姬爲亂，奔狄避難，狄人以征戰所獲二女獻之，是狄以重耳爲大國公子，雖一時困阨，終必獲伸也，故納二女以結婚姻之好也。又《左傳‧襄公廿五年》云：

> 叔孫宣伯之在齊也，叔孫還納其女於靈公，嬖，生景公。

叔孫宣伯，魯大夫也。成公十六年以淫通於成公母穆姜，而奔齊〔註5〕，欲固其地位，齊公子叔孫還納宣伯之女，獻於齊靈公爲妾，靈公近幸嬖之，生景公。又《左傳‧襄公廿六年》云：

〔註 4〕 見陳顧遠：《中國婚姻史》，《婚姻方法》，頁 104。
〔註 5〕 見《左傳‧成公十六年》。

> 初，宋芮司徒生女子，赤而毛，棄諸堤下；共姬之妾取以入，名之
> 曰棄。長而美，平公入夕，共姬與之食，公見棄之，而視之尤，姬
> 納諸御，嬖，生佐。

宋共姬之妾得宋大夫芮所棄女嬰，而養之。及長，宋平公悅其美，故共姬納諸平公爲妾。可見當時婚娶中納獻之方式，甚爲隨意。又《左傳・哀公二十五年》云：

> 初，衛人翦夏丁氏，以其帑賜彭封彌子。彌子飲公酒，納夏戊之女，
> 嬖，以爲夫人。

彌子，衛大夫，衛出公宴之酒，而獻夏戊女於出公。公嬖，而立爲夫人。可知所納獻之者，不爲公卿，即爲諸侯公子。然納獻之女，以其不經媒聘之禮，只能爲妾。其若得寵者雖亦有立爲夫人，但並不甚多。至若納女所生之子，地位亦較媒聘者爲低。《晏子春秋・諫上篇》云：

> 淳于人納女于景公，生孺子荼。景公愛之，諸臣謀欲廢公子陽生而
> 立荼，公以告晏子，晏子曰：「不可，夫以賤匹貴，國之害也」。

梁履繩云：「鬻姒之子荼嬖，服虔曰：鬻姒景公妾也，淳于人所納。」〔註6〕景公與諸臣之愛荼，欲廢公子陽生，晏子阻之以爲不可。據晏子所謂「夫以賤匹貴，國之害也」。則媒聘婚制下，凡不經禮法程序之婚娶，均無法爲宗法社會所重，故納獻之女，僅能爲妾，而其子之地位亦略遜於聘婚所生之子。

參、烝報

　　烝報：春秋時代有不經媒聘禮而結成之婚娶，如上述外，尚有一直爲人所詬病，視爲亂倫非禮之烝報。烝即以父死，子納庶母爲妻妾之謂也，而報者即以叔父死，納叔母爲妻妾之謂也。此亦即所謂之收繼婚也〔註7〕。由今觀之，似覺怪異荒詭，然在當時猶是一種通行之婚俗。《左傳・桓公十六年》云：

> 初，衛宣公烝於夷姜生急子，屬諸右公子。

宣姜者衛桓公之妾，宣公之庶母也。桓公死，宣公上淫焉，生急子而立爲太

〔註6〕同註2。
〔註7〕收繼婚又稱寡婦繼承，即男子死後，其寡妻得由特定之一親族男子予以繼承。
　　　（見《中國古代收繼婚》，大陸雜誌第九卷第四期），按承繼者之親屬身份，
　　　有以弟取亡兄之寡妻者，有子娶亡父之庶妻者，有侄娶亡叔之妻者。本文所
　　　述僅爲子娶亡父庶妻之「烝」及侄娶亡叔之妻之「報」而已。

子。烝庶母，固不見許于後世。然于當時收繼婚之觀念下，似不足為奇，故文中無譏評之語。而《史遷》錄此，亦以宣公夫人稱之〔註8〕。可見當時烝庶母為時俗所許，故有烝報所生之子為太子者。又《左傳‧莊公二十八年》云：

> 晉獻公娶于賈，無子；烝於齊姜，生秦穆夫人及太子申生。

齊姜者，晉武公妾，獻公庶母也。獻公娶于賈，無子；而上烝庶母齊姜，生申生立為太子。可見上烝庶母之俗為宗法社會所許。然而此種習俗自禮教稍具力量後，漸為人所恥。又《左傳‧閔公二年》云：

> 初，惠公之即位也少，齊人使昭伯烝於宣姜，不可，強之。

李貽德引賈服曰：「昭伯，衛宣公之長庶伋之兄。宣姜，宣夫人，惠公之母。」〔註9〕宣公死，惠公年少，齊人使昭伯烝宣姜，可知烝俗為當時所通行。不然，女家豈肯使人烝其所出之女乎？但據「宣姜不可，強之」，又可推知當時所保有古代收繼婚之俗，已漸為崇尚禮法之春秋禮教社會所摒棄，此宣姜之所以不從也。又《左傳‧僖公十五年》云：

> 晉侯烝于賈君，又不納群公子，是以穆姬怨之。

晉侯即惠公也。賈君，晉獻公夫人。古以父死，子有納娶庶母之俗，卻未有納夫人之事。於是，惠公烝賈君又不納群公子，故其姊穆姬怨之。至於烝庶母之俗，係為古代收繼婚之一種習俗，故不僅諸侯有如此者，大夫亦然。左傳成公二年云：

> 楚之討陳夏氏也，莊王欲納夏姬，申公巫臣曰：「不可……。」王乃止。……王以予連尹襄老，襄老死於邲，不獲其尸，其子黑要烝焉。
>
> 巫臣使道焉，曰：「歸，吾聘女。」

鄭女夏姬美，楚共王欲納之，大夫巫臣諫不可，王乃止。楚王是以予大夫連尹〔註10〕襄老；迨襄老死，襄老之子黑要烝之。可見當時大夫亦有納娶庶母者。

除此納娶庶母之外，尚有納叔母為妻者。今日視此應屬亂倫。然在當時則與烝淫同為收繼婚之俗，即旁淫叔母之事稱之曰報〔註11〕。惜當時遺下史

〔註8〕 見《史記‧衛康叔世家第七》。
〔註9〕 見李貽德：《春秋左傳》，賈服注輯注：《續皇清經解》，頁8836A。
〔註10〕 見宣公十二年，《左傳‧會箋》云：「晉語注：連尹，楚官名。《史記‧淮陰侯傳》，楚官名連敖，蓋即連尹之遺制。」
〔註11〕 見《左傳‧宣公三年》，杜預注。

料甚少，僅有鄭國一例耳，《左傳·宣公三年》云：

> 文公報鄭子之妃，曰陳嬀，生子華、子臧；子臧得罪而出，誘子華
> 而殺之南里。

杜預注：「鄭子，文公叔父子儀也。」時鄭子已歿，故文公納娶之。

　　諸如述烝報之事，即爲古代收繼婚之遺俗。亦爲當時婚娶上一種特殊婚俗，如唐高宗之納太宗妾武后，即爲烝庶母之例，此以禮教觀念視之，則父子同爲聚麀，爲社會所不齒。然在春秋宗法社會裏，婚娶上仍留有古代收繼婚之遺俗也。

肆、掠奪

　　掠奪：即以武力爲手段，未經女方之同意，劫己所悅之女子爲妻妾之謂也。此亦爲人類早期之婚娶方式，往往如此，春秋時代以社會禮法尚未固定，婚禮仍未完備，故社會仍有此種婚娶方法。惟當時掠奪婚之性質與早期之掠奪婚有所不同。早期掠奪婚係爲搶親取女，而春秋時代之掠奪婚卻以他人之妻妾爲主，與早期掠奪婚相較則大異其趣。《左傳·莊公十四年》云：

> 蔡哀侯爲莘役故，繩媳嬀以語楚子……楚子如息，以食入享，遂滅
> 息。以息嬀歸生堵敖及成王焉。

初，息嬀過蔡，蔡侯弗賓，致息約楚敗蔡于莘。蔡侯含恨欲報莘役之仇，譽息嬀之美于楚子。楚子悅息嬀有美色，遂滅息而強取之。此爲諸侯行掠奪方式得妻妾者也。又《左傳·文公十八年》云：

> 齊懿公之爲公子也，與邴歜之父爭田，弗勝。及即位，乃掘而刖之，
> 而使歜僕；納閻職之妻，而使職驂乘。

初，齊懿公爲公子與大夫爭田；即位又奪大夫閻職之妻，人君而奪大夫妻，其不合禮法甚矣。然而懿公爲之，可見時俗仍留有此一婚俗也。至於大夫亦然，《左傳·桓公二年》云：

> 二年春，宋督攻孔氏，殺孔父而取其姜。公怒，督懼，遂弒殤公。

按孔父爲宋司馬，督爲宋大宰，皆爲宋殤公之大夫。據《左傳·桓公元年》云：「冬……宋華父督見孔父之妻于路，目逆而送之，曰：『美而艷。』」華父督見孔父妻美，悅而愛之，故殺孔父而奪其妻。以殺人奪妻，故殤公怒，華父督懼而弒君，此種得妻之法以掠奪方式，昭然可見矣。又《左傳·襄公二

十二年》云：

> 十二月鄭游販將歸晉，未出竟，遭逆妻者，奪之以館于邑。丁巳，
> 其夫攻子明殺之，以其妻行。

早期掠奪婚俗，至春秋時仍未完全消失，故鄭大夫游販奪逆妻者之妻。可知春秋時代雖已爲宗法社會媒聘婚制，然早期之掠奪方式，仍未盡失也。

另有以征戰中俘虜之女子爲妻妾者，亦可以掠奪婚視之。《左傳·宣公十二年》云：

> 楚子圍鄭，旬有七日……楚子退師。鄭人脩城，進復圍之，三月克
> 之……鄭伯肉袒牽羊以逆曰：「孤實不天，不能事君，使君懷怒，以
> 及敝邑，孤之罪也。……其翦以賜諸侯，使臣妾之，亦唯命。」

楚莊王伐鄭，圍城三月克之。鄭襄公肉袒請降，據「其翦以賜諸侯，使臣妾之觀之，戰敗被俘，男爲臣僕，女爲婢妾，而婢妾往往又爲戰勝者之妻妾。可知征戰所獲之女，亦爲婚娶得妻之一法也。又《左傳·昭公十八年》亦云：

> 邾人襲鄅，鄅人將閉門，邾人羊羅攝其首焉，遂入之，盡俘以歸。
> 鄅子曰：「余無歸矣。」從帑於邾，邾莊公反鄅夫人而舍其女。

邾人襲鄅，盡俘而歸，後返人而留鄅女爲妾。如上述，掠奪他人妻女或于征戰中所獲之女爲妻妾者，雖悖於禮法，亦不爲宗法社會所重，然卻爲當時社會所行之一種婚娶方式也。

伍、買妾

買妾：春秋宗法社會以男子爲中心。男尊女卑，社會仍行多妻制。故男子婚娶除由媒聘婚以娶妻之外，尚可買女子以爲妾。《左傳·昭公元年》云：

> 僑又聞之，內官不及同姓，其生不殖，美先盡矣，則相生疾，君子
> 是以惡之。故志曰：「買妾不知其姓則卜之」。

按鄭子產所謂「內官不及同姓，其生不殖。」可知諸侯之內官，皆爲妾。又據故志云：「買妾不知其姓則卜之。」可知當時由購買方式以得妾者甚爲普遍也。《說苑》卷七，〈政理篇〉云：

> 魯國之法，魯人有贖臣妾於諸侯者，取金於府。子貢贖人於諸侯而
> 還其金，孔子聞之曰：「賜失之矣。」

臣妾可賣出，亦可買入。於是，魯國之法，贖臣妾於諸侯，必取之金，故子貢贖臣妾於諸侯而還其金，孔子非之。可見當時魯國買賣臣妾之風甚盛。此

種習俗至戰國亦然，《韓非子》卷十、〈內儲說下〉、〈六徵〉云：

> 衛人有夫妻禱者，而祝曰：「使我無故，得百束布。」其夫曰：「何少也？」對曰：「益是，子將以買妾。」

按衛人夫婦禱祝之語，可知當時買妾，隨經濟之條件而定，自無任何限制。而多妻婚制妾之地位如妻，故衛人之妻畏其夫多金以買妾也。又《國策・秦策一》云：

> 陳軫曰「……賈僕妾售乎閭巷者，良僕妾也；出婦嫁鄉曲者，良婦也。」

此係楚人陳軫答秦王之喻。據其所云，戰國時代買賣僕妾之風甚為普遍。又〈秦策三〉云：

> 秦攻邯鄲，十七月不下，莊謂王稽曰：「君何不賜軍吏乎？」王稽曰：「吾與王也，不用人言。」莊曰：「不然，父之於子也，令有必行者，必不行者，曰：『去貴妻，賣愛妾。』」

按秦大夫莊與王稽之對話云「去貴妻，賣愛妾」，可知妻可去不可賣，而愛妾之地位低，且為金錢買進，故亦可當物品賣出。《禮記・檀弓上》云：

> 子柳之母死，子碩請具。子柳曰：「何以哉？」子碩曰：「請粥庶弟之母。」

按子柳，子碩二兄弟皆魯人也。母死無以葬，子碩欲賣庶母以葬其母，可知庶母乃父買進之妾，以妾可任買賣，故子碩請賣庶母。

綜上所考，為春秋時代與媒聘婚並行之婚娶方式。雖此等婚娶方式異乎當時禮法，然以古代風俗之遺留與當時社會禮法未能固定，故同時並行於世也。

參考書目

1.《左傳會箋》：四冊，杜預集解，日本、竹添光鴻會箋（廣文書局版）。

2.《儀禮》：鄭玄注（新興書局）。

3.《春秋左傳》：清嘉慶，阮元南昌刻本（藝文印書館版）。

4.《春秋公羊傳》：（同上）。

5.《春秋穀梁傳》：（同上）。

6.《周禮》：（同上）。

7.《論語》：（同上）。

8.《易經讀本》：朱熹注（香港，華美書局版）。

9.《禮記》：鄭玄注（新興書局版）。

10.《國語》：韋昭註（台灣、商務印書館版）。

11.《詩經集傳》：朱熹注（世界書局版）。

12.《詩經釋義》：屈師翼鵬（中華文化出版事業社版）。

13.《管子》：戴望校正（台灣、商務印書館版）。

14.《墨子閒詁》：孫詒讓（同上）。

15.《晏子春秋》：晏嬰（同上）。

16.《戰國策》：高誘校註（同上）。

17.《說苑》：劉向（同上）。

18.《新序》：（同上）。

19.《呂氏春秋》：高誘注（藝文印書館版）。

20.《韓非子集解》：王先慎（世界書局版）。

21.《商子》：范欽訂（藝文印書館影印四庫善本叢書）。

22.《烈女傳補註》：王照圓（商務印書館版）。

23.《史記》：司馬遷（中華書局版）。

24.《史記》：司馬遷（藝文印書館據清乾隆武英殿刊本景印）。

25.《大戴禮記補注》：三冊，孔廣森（光緒五年謙德堂藏板）。

26.《孔子家語》：三冊，何孟春注（孔聖全書）。

27.《春秋述義拾遺》：二冊，陳熙晉（廣雅書局、光緒十七年正月版）。

28.《欽定春秋傳說彙纂》：二十四冊（康熙六十年夏六月朔）。

29.《群經補義》：江水《皇清經解》第八冊（藝文印書館版）。

30.《學春秋隨筆》：萬斯大《皇清經解》第三冊（同上）。

31.《五經異義疏證》：陳壽祺《皇清經解》第三五冊（同上）。

32.《春秋毛氏傳》：毛奇齡《皇清經解》第四冊（同上）。

33.《春秋占筮書》：同右《續皇清經解》第一冊（同上）。

34.《左通補釋》：梁履繩《續皇清經解》第四冊（同上）。

35.《春秋左傳賈服注輯述》：李貽德《續皇清經解》第十一冊（同上）。

36.《中國古代婚姻史》：陳顧遠（台灣、商務印書館版）。

37.《中國婚姻史》：（同上）。

38.《中國婦女生活史》：陳東原（同上）。

39.《中國通史上冊》：呂思勉（台灣、開明書局版）。

40.《中國古代社會史》：李宗侗（中華文化出版事業委員會版）。

41.《從七出談到三歸》：楊希枚（大陸雜誌第三十卷二期）。

42.《白虎通義》：班固（清武英殿聚珍版）。

43.《春秋會要》：姚彥渠（世界書局版）。

44.《先秦政治思想史》：梁啓超（台北、中華書局版）。

45.《中國文化史》（社會組織篇）（同上）。

46.《歷代社會風俗事物考》：尚秉和（台灣、商務印書館版）。

47.《漢代婚喪禮俗考》：楊樹達（商務印書館、民二九年版）。

48.《婚姻進化史》：德、繆勒利爾（文星書店版）。

49.《中國大事年表》：陳慶麒（台灣、商務印書館版）。

50.《中國古代的收繼婚》：李卉（大陸雜誌第九卷四期）。

51.《冠婚喪祭儀攷》：林伯桐（道光二十有四年印）。

52.《支那古代家族制度研究》：日、加藤常賢（岩波書店版）。

53.《春秋時代之男女風紀》：楊筠如（中山大學語言歷史學週刊、二集十九期）。

54.《孔氏三世出妻考》：黃仲琴（同上二集十三期）。

55.《從漢到宋寡婦再嫁俗習考》：董家遵（中山大學文史學研所月刊第三卷一期）。

56.《詩經女子選擇情人的基本條件》：汪靜之（大陸雜誌一卷四期）。

57.《媵》：楊筠如（國學論叢一卷一號）。

皮錫瑞《孝經鄭注疏》研究

趙婕妤　著

作者簡介

趙婕妤，1986 年生，桃園人。畢業於臺北教育大學中國語文學系、國立中央大學中國文學所碩士班，現為中學國文教師。另曾發表〈民國初年「尊孔讀經」思潮下的「投壺新儀」〉。

提　要

　　《孝經鄭注疏》為晚清學者皮錫瑞針對《孝經鄭注》一書所作的疏解，皮錫瑞首先對《孝經鄭注》此書作一簡單概述，在其序言中即釐清了《孝經鄭注》的作者問題、成書年代，以及運用何種經學觀點成書，雖援引不少證據說明，然仍可從中窺見皮錫瑞個人立場。

　　《孝經鄭注》此書是現今所見玄宗御注本通行之前所流傳的本子，其中深刻注解和對禮學、經義的解說備受許多學者肯定，然而部分亡佚、文句殘闕，以及作者不明的缺憾，卻始終跟隨《孝經鄭注》之本而莫有定案和解釋。皮錫瑞《孝經鄭注疏》即是為了盡力還原《孝經鄭注》原貌，並舉證說明作者為鄭玄無疑而努力。在疏解的過程中，皮錫瑞對文獻的考證、對文字訓詁的考索、對經義的考究，在在皆展現了皮氏考據學的功力和今文經學家的獨特觀點，從中更可發現皮錫瑞對鄭玄的推崇，致力發揚鄭學的用心。

　　就學術史的意義而言，皮錫瑞《孝經鄭注疏》一書不但重新檢視《孝經鄭注》本身的價值，闡發《孝經》經文經義，推尊鄭學、疏通鄭義，更可透過皮氏疏解的立場，了解晚清今文經學家皮錫瑞對經學關注的面向以及實踐的途徑。

目次

第一章　緒　論

第一節　研究動機

　　《孝經》是一本歷來受重視的書籍。在學術上，《孝經》和其它經典互相融攝、互相參照，其地位甚至高於他經，有收聚眾經之途。鄭玄《六藝論》就有《孝經》「總會六藝」之說：

　　　　孔子以六藝題目不同、指意殊別，恐道離散，莫知根源，故作《孝
　　　　經》以總會之。〔註1〕

鄭玄認爲孔子整理六經，因其經典所承載的意義不同而依經解說，然擔憂各經旨意有所差別而導致經義分離，故以《孝經》聚集會合經義、經旨。皮錫瑞《經學歷史》更因此認爲《孝經》是「群經之首」：

　　　　據鄭說，是《孝經》視諸經爲最要，故稱經亦最先。〔註2〕

皮氏引用鄭玄《六藝論》之言，並認爲《孝經》收攏眾經經義、概括經旨，因此爲群經之首要。

　　在政治上，《孝經》被用來作爲經世致用的參考。雖然言語簡單、篇幅短小，卻字字句句皆有很大的影響力，實不可小覷。現今所流傳之十三經注疏本《孝經》，爲唐玄宗李隆基所注，然而在唐代之前，《孝經鄭注》尚未散佚，

〔註1〕　皮錫瑞：《六藝論疏證》清光緒廿五年〔1899年〕湖南思賢書局刊本，頁三十
　　　　四B。
〔註2〕　皮錫瑞於《經學歷史・經學開闢時代》中引用鄭玄《六藝論》的說法，並加
　　　　以解釋。(皮錫瑞《經學歷史》，周予同注，臺北：藝文印書館，2004年)，頁
　　　　27。

其在朝代中盛極一時,是不可忽略的注本。《孝經鄭注》的作者不停地被討論著,雖未有確切結論,卻不可否認地,《孝經鄭注》在語詞訓解和經義詮釋上皆有價值,為一本值得研讀、信服的著作。而清代今文經學家皮錫瑞,為鄭學投注不少心力,不但深信《孝經鄭注》的作者為鄭玄,更站在今文學家的立場,以《孝經》為眾經之滙聚、統合,並推崇《孝經》背後所帶來的政治含意,《孝經鄭注疏》即是在如此的思想下完成的。

眾經之今古文爭議,多為學者討論、辨析,然而《孝經》的今古文分歧,不若他經之甚,只因師承各殊,故有今文、古文之不同系統。《孝經》今、古文除文字、章節各異,說解也不相同,但尤為對立的是,以今文《孝經》為注解對象的「今文《孝經》鄭注」和以古文《孝經》為注解對象的「古文《孝經》孔傳」,魏晉以後為爭立學官而引發的學術爭端。

今、古文《孝經》各有師承,今文《孝經》為齊學,出於顏氏。《漢書·藝文志》錄《孝經》於〈六藝略〉,敘曰:「漢興,長孫氏、博士江翁、少府后倉、諫議大夫翼奉、安昌侯張禹傳之,各自名家,經文皆同。〔註3〕」《隋書·經籍志》曰:「(《孝經》)遭秦焚書,為河間人顏芝所藏。漢初,芝子貞出之,凡十八章。而長孫氏、江翁、后蒼、翼奉、張禹皆名其學。〔註4〕」由此可知,漢初所出之文為今文,共十八章,由顏芝、顏貞父子所獻。

古文《孝經》為魯學,出於孔氏,此本於漢代流傳的淵源有二說。《漢書·藝文志》:「《孝經》古孔氏一篇。(班固自注:二十二章)」又:「武帝末,魯恭王壞孔子宅,欲以廣其宮,而得古文《尚書》及《禮記》、《論語》、《孝經》,凡數十篇,皆古字也。……孔安國者,孔子後也,悉得其書,以考二十九篇,得多十六篇。安國獻之,遭巫蠱事,未列於學官。〔註5〕」《隋書·經籍志》:「又有古文《孝經》,與古文《尚書》同出,而長孫有〈閨門〉一章,其餘經文,大較相似,篇簡缺解,又有衍出三章,并前合為二十二章,孔安國為之傳。〔註6〕」此為出於孔壁,衍出三章,和前合併共二十二章,由孔安國所傳。另一說為東漢許沖(許慎之子)〈上說文解字表〉所言:「慎又學《孝經》孔氏古文說,古文《孝經》者,孝昭帝時魯國三老所獻。」為西漢昭帝時,魯

〔註3〕 班固撰、顏師古注:《漢書·藝文志》(北京:中華書局,1987年),點校本頁1719。

〔註4〕 魏徵等撰:《隋書·經籍志一》(北京:中華書局,1987年),點校本頁935。

〔註5〕 班固撰、顏師古注:《漢書·藝文志》,點校本頁1706。

〔註6〕 魏徵等撰:《隋書·經籍志一》,點校本頁935。

國三老所獻。此二說皆稱所傳爲古文《孝經》，章數相合，只是獻書時間不同。

　　兩漢之世，爲古文《孝經》作傳注者，除孔安國之外，還有鄭眾、馬融等人，可惜皆已亡佚；隋唐以後，只存劉炫爲古文《孔傳》所作之《古文孝經述議》。然劉炫所依循之古文《孝經》孔傳，不可確信即是古本《孝經》孔傳，《隋書・經籍志》已疑，故於著錄「古文孝經一卷」條下注云：「疑非古本」，後儒也懷疑出自劉炫妄作。爲今文《孝經》作傳注者，有董仲舒、匡衡、何休、鄭玄等，然而今文《孝經》注先後亡佚，惟鄭氏獨存。晉元、南齊、梁武、北魏，至隋唐，皆立鄭氏《孝經》注於國學，今文《孝經》因此賴以流傳。唐玄宗爲《孝經》作注，也依據今文《孝經》，故南宋鄭注亡佚，今文《孝經》仍藉玄宗注流傳不歇。〔註7〕

　　隨著玄宗注普及於世，《孝經鄭注》漸不受重視，於南宋之時亡佚，直至清代，許多學者爲之輯佚，才又重見《孝經鄭注》大致樣貌。在諸多輯本中，又以嚴可均之輯佚本最完善，皮錫瑞即以嚴本作依據，加之疏解，作成了《孝經鄭注疏》。皮錫瑞疏解的對象是今文《孝經》及其注釋，無論在字句的訓詁，或經義的闡發，皮錫瑞都著重發揮今文經說意旨和特色。

　　此篇論文欲透過皮錫瑞所作疏解，了解以下內容：

一、以文獻學視角

　　皮錫瑞在梳理《孝經鄭注》之輯佚文獻時，必然有所篩選和抉擇，清代學者輯佚《孝經鄭注》者不少，如：陳鱣、孔廣林、嚴可均、臧庸等人〔註8〕。雖然序言中皮氏指出輯佚工作大多參照嚴可均之成果，但皮氏是在認可嚴可均的基礎上，加入自己的案語，納入了自己的輯佚結果。因此在輯佚文獻的校勘、字句文意的斟酌選擇，制度的考察比對，都有自己的見解。本文即欲透過文獻的整理，試圖了解皮錫瑞看待文獻資料的用心。

二、以訓詁學視角

　　在疏釋《孝經鄭注》的過程中，皮錫瑞對於《孝經》經文本身和《孝經鄭注》的理解，是構成整本著作的主要內容，皮錫瑞如何彙通鄭注和經義，並爲之發揚詮釋，足以展現皮錫瑞對群經的認識和觀點。皮錫瑞常以鄭玄注

〔註7〕　參考陳鐵凡：《孝經學源流・孝經今古文之流別》，頁106～108。
〔註8〕　陳鐵凡：《孝經學源流》（臺北：國立編譯館，1986年），頁256～257。

解他經的解釋來作爲注解《孝經》的依據，若是作爲參考輔助則可增益補充，然而若以如此方法證明《鄭注》作者爲鄭玄，是否有可疑之處，有待進一步釐清。

《孝經鄭注》之作者是否爲鄭玄尙未有定論，若按照皮錫瑞所言確實爲鄭玄所著，則閱讀鄭注時，對於了解經典本身和對群經的完整融通都有助益。鄭玄爲解經之大家，解經方法和功力足以讓我們深入了解經典本身，又鄭玄所注解經典眾多，我們可藉由鄭玄注解的其它經來輔助和融通。在了解《孝經》之餘，對群經有更全面的認識，這在經學研究上是向前了一大步。

本文即藉由皮錫瑞解釋字句的方法和對鄭玄的推崇，試圖判定《孝經鄭注》之作者爲鄭玄的可能性，並羅列皮氏訓釋詞意的方法，進一步說明訓詁是否合理和妥切。

三、以《孝經》學視角

《孝經》在各朝代中擁有不同的地位，到了清代，除了考證文獻的盛行，在輯佚方面也有了驚人的成就。清代人用心於樸學和經學，在文獻的考察外又增加了群經的注解，晚清皮錫瑞所作《孝經鄭注疏》在清代努力的基礎上，除了整理統合嚴可均之輯佚，更對鄭注進行疏解，可說是《孝經》學史上值得一提的著作。當時輯佚者很多，爲《孝經鄭注》疏解且留存至今的，只有皮氏《孝經鄭注疏》和潘任《鄭注孝經考證》，而和皮錫瑞同時期，另外還有丁晏、曹元弼、阮福等人，可用以對比皮氏解經之得失。

皮氏對鄭注所作的疏解，和現今流傳的唐太宗本注解有何差異，是否合理妥當，又見解是否特出？這些都是在本文中以《孝經》學視角期望得知的。

四、以今文經學視角

皮錫瑞以今文經學家的角度，推崇孔子和群經，並贊同《孝經》在群經中的地位。他對經文本身的理解多是以今文學家的立場，在對詞意的訓釋和對經文的詮解中，也清楚表明了自己對政治的主張。

鄭注前後說法不一致之處，不免使人質疑鄭玄注解的可信度，皮錫瑞皆站在今文學家的立場，以今古文經說之別來疏通、化解各家對《孝經》理解之歧異。如此，皮錫瑞的解經態度可謂前後一致，本文在梳理、分析後，期待可從中了解皮錫瑞疏解《孝經鄭注》之脈絡。

　　《孝經鄭注疏》中，皮錫瑞對文獻的查核、訓詁的考釋、思想的推闡，無一不是傾注全力，對《孝經》和《孝經鄭注》的用心顯而易見，對於自己今文家的立場也態度分明。本文期待以公正、客觀的態度分析、理解，並突顯皮錫瑞之思想觀點，以提供皮錫瑞經學思想之一可靠參考，並作爲認識、研究皮錫瑞經學的基礎。

第二節　文獻回顧

　　相關文獻的探討，大致可分成幾個方面。一爲《孝經》學的考察。此部分學者主要著眼《孝經》源流，包含《孝經》文本的流布及其在各代的地位。此外，還有歷來看待《孝經》的角度，包含對《孝經》此一經典的理解和詮釋，以及輯佚古注和復原成果之檢討。二爲《孝經鄭注》的考察。此部分有不少學者透過比對和分析，說明現今傳本《孝經鄭注》的可信度，並試圖推論和歸結，了解鄭玄作注的觀點。三爲皮錫瑞相關研究。雖然以皮錫瑞爲主題探討的論文不多，然而針對皮錫瑞生平、治學歷程、經學觀點……等的整理，了解皮錫瑞在清代今文經學的角色，並深入理解皮錫瑞的思想，探求皮氏著作之用意。以茲三個部分作說明：

一、《孝經》學

（一）《孝經》文獻源流研究

　　探討《孝經》源流，最全面的著作爲陳鐵凡的《孝經源流史》。該書第二篇主題式地通論《孝經》，追溯「孝」觀點的源頭、敘述《孝經》此一經典和其它經典的關係，以及《孝經》的傳本、章句與今古文流派。第三篇則以時間爲脈絡，羅列《孝經》於各個朝代的演變以及曾遭遇的問題。此部分涉及《孝經》的今古文問題、《孝經》鄭注的作者問題、《孝經》輯佚的成果等，每一主題都有完整的說明，幫助我們全盤認識《孝經》在歷史上的地位。

　　關於《孝經》的今古文問題，陳鐵凡云：「今古文之分歧，爲中國學術界之一大公案。聚訟紛紜，累數十世喧呶而未已。然而《孝經》今古文之爭，則不若他經之甚。蓋以《孝經》篇幅不多，文字易明，名物訓詁之釋義，爭論極少。而自漢初所傳，俱爲今文。古文後出，傳授者既少，幾經戰亂，亡

佚已久。﹝註9﹞」由此可知，《孝經》的今古文在篇章字句上並沒有太大出入，所牽涉的今古文爭論較少。自漢代之後今文《孝經》廣爲流傳，故今得以傳見；古文《孝經》則在漢代出現之後較不受重視，漢末慢慢亡佚。歷來替《孝經》作注者眾多，各家疏解、觀點不一，《孝經》注釋也有了不一致的風貌。

《孝經》今古文是否仍有爭論之處？陳鐵凡認爲只在說解之爭，亦即《孝經》古文孔傳和今文鄭注的興廢、官學之爭。《孝經鄭注》地位的升降和官方認定的眞實性有很大的關係，歷代不少質疑之聲，魏晉之時的陸澄和唐代的劉知幾皆指出可疑之處。對《孝經鄭注》作者問題的疑難反駁，陳鐵凡也有所考辨。

第三篇第五章「清代《孝經》學」，是陳鐵凡主要關注的問題；舉凡《孝經》輯佚、古本回歸與重現、孔傳鄭注二本之眞僞，皆有詳盡解說。另外又列舉晚清《孝經》學研究著作中，面對今古問題展現的固守、調和、衝突態度，和清代《孝經》學者的著述概況。對於皮錫瑞《孝經鄭注疏》，陳氏認爲是「斯學之佼佼者」﹝註10﹞。清代輯佚成果和本文有相當程度關聯，留待下一段專門敘述。

另外，陳一風的《孝經注疏研究》，主要是以《孝經》唐玄宗注及邢昺疏爲研究對象。針對御注的動機、成書、對經文的正定，還有御注《孝經》特別之處，皆有詳細說明。在介紹御注《孝經》的同時，對當時的時代背景和影響也有所交代，補足了一些歷史事件的了解。此書頗有助於我們了解現今流傳本的御注《孝經》，並知鄭注《孝經》在《孝經》注疏類著作中的地位，更可對比鄭注和御注的不同，推敲其中得失。

呂妙芬著《孝治天下——《孝經》與近世中國的政治與文化》，則著眼於晚明以至民初的《孝經》研究，可謂爲《孝經》斷代史。除了宏觀的談論《孝經》背景，「藉由《孝經》文本的不同解讀，和在政治文化各領域被運用的情形，呈現中國近世孝文化的不同面向和重要文化意涵。」﹝註11﹞隨著明末以後政治、學風抑或宗教的發展，呂妙芬對於《孝經》在各時期的地位演變或詮釋觀點轉變，皆有較全面的陳述和闡釋。

﹝註 9﹞陳鐵凡：《孝經學源流》，頁 111。
﹝註10﹞同上，頁 281～282。
﹝註11﹞呂妙芬著：《孝治天下——《孝經》與近世中國的政治與文化》（臺北：聯經出版，2011 年），頁 323。

　　另外，近來頗受人重視的美國學者羅思文（Rosemont）、安樂哲（Ames，R.T.），其著作《生民之本──「孝經」的哲學詮釋及英譯》則是以海外學者的眼光看待中國《孝經》及其影響。利用詞源考索討論《孝經》意涵，認爲「孝」是一切禮教的源頭。他認爲「《孝經》一個核心觀念就是所有教都不過是親情的擴展。君愛其父母，將此種情感擴之庶民便是要眞正關心民之疾苦；子敬父，將此同樣之敬擴之其君，便是『忠』。因此，轉化和確保人類經驗的教，就被自然化爲『孝』，向整個世界的擴充。」〔註12〕安樂哲透過許多儒家道德條目，大篇幅地詮釋「孝」的意涵作爲對《孝經》的理解和此書的導論，給予我們一個全新的角度審視《孝經》；並將《孝經》英譯，帶給海外一個不同文化思想的衝擊。

　　《孝經》爲一本觸及廣大面向的著作，幾千年來影響著中國的文化、政治、宗教等，同時也被這些因素影響著。在不斷地解構和詮釋之後，產生了現今的中國，也有了不同風貌的著作。《孝經》學史相關書籍紀錄著這些歷程和轉變，爲我們瞭解《孝經》背景有很大的助益。

（二）《孝經》注釋

　　歷代不乏對《孝經》的注解，唐以前著作較少，明、清兩代著作增多。清初朱彝尊所撰《經義考》，網羅豐富，羅列各本著作並標明存、佚，可從中大致了解各朝代曾著錄的書。唐代以前（包含唐代）記錄共一百零六條，包含孔安國《古文孝經傳》、鄭玄《孝經注》、劉炫《古文孝經義述》等，唐以前除今文《孝經》和古文《孝經》本文之外，其餘唐以前注解皆標明亡佚；唐代也僅餘唐太宗《孝經注》和陸德明《孝經釋文》。宋以後至明代以前（包含宋不包含明），共列七十六條，包含宋代邢昺《孝經正義》、司馬光《古文孝經指解》、王安石《孝經解》和朱熹《孝經刊誤》等；明代至清初共一百零六，有宋濂、歸有光、呂維祺等人的著作。

　　《四庫全書總目》並未將亡佚之書全部羅列，只著錄四庫館臣認爲「詞達理明、有裨來學」之著作，並且不以今古文區分。總目著錄十一本，其中明代以前八本，如《古文孝經孔氏傳》、唐玄宗御注、邢昺疏《孝經正義》、司馬光、范祖禹合爲一書的《古文孝經指解》、朱熹《孝經刊誤》，另還有元

〔註12〕〔美〕羅思文、安樂哲著、何金俐譯：《生民之本──「孝經」的哲學詮釋及英譯》（北京：北京大學出版社，2010年），頁91。

代吳澄《孝經定本》和明代黃道周《孝經集傳》等。存目收十八本，只有元明清之著作，元代一本、明代四本，其餘皆爲清代著作。

《四庫全書總目提要・孝經類》中，著錄清代著作三本，兩本爲清世祖和清世宗御注《孝經》，另一則是清代毛奇齡《孝經問》；存目中收錄較多清代學者的著作，計有十三本，如魏裔介、朱軾、任啓運等人注解。《續修四庫全書總目提要》所錄學者多爲輯佚和注釋並行，此處只就注釋本作說明：清代《孝經》相關著作有六十二本，包含阮福《孝經義疏補》、丁晏《孝經述注》、桂文燦《孝經集解》、潘任《鄭注孝經考證》、皮錫瑞《孝經鄭注疏》、曹元弼《孝經學》、廖平《孝經學凡例》、簡朝亮《孝經集註述疏》、鄔慶時《孝經通論》等。

近代注疏《孝經》經文的書籍，如陳鐵凡《孝經鄭注校證》和《孝經鄭氏解抉微、孝經鄭氏解斠詮》，皆是針對《孝經鄭注》作考察和解釋，陳氏依敦煌出土文獻，以最可靠的材料輯佚並爲之注解，可說是現代的《孝經》鄭注善本。

（三）清代輯佚成果

關於清代輯佚成果，有必要在此作一歸納統整。陳鐵凡《孝經史源流》中對此已有完整的概述，在「《孝經》之輯佚」一節中，陳氏列舉清代輯佚《孝經》有貢獻之人和其著作，此處簡單地勾勒重點。朱彝尊《經義考・孝經類》參考了《經典釋文》和《群書治要》，對二十五條文句做了考釋，目的雖不在輯佚，卻可說是首部試圖輯佚《孝經》古注之書。余蕭客《古經解鉤沉》中開始有了成篇的《孝經》古注輯佚，所輯之《孝經》爲鄭氏所注。另外王謨的《漢魏遺書鈔》、馬國翰《玉函山房輯佚書》、黃奭《漢學堂叢書》和袁鈞的《鄭氏佚書》，「《孝經》類」中都輯有鄭玄的《孝經》注。其餘又有專輯《孝經鄭注》一書者：陳鱣、孔廣林、嚴可均、洪頤煊、臧庸、孫季咸和曹元弼，陳鐵凡並爲各書作簡單評價：「黃奭、嚴可均、洪頤煊以下，《治要》本已爲諸輯主要部份。孫季咸又附之以陸氏音義，嚴、洪諸家俱經校勘補注，鄭注益臻完備。」接著提到了皮錫瑞的著作：「至於皮錫瑞所據爲嚴輯本撰《孝經鄭注疏》、潘任撰《鄭注孝經考證》等皆專門著述，與輯佚之學異趣，宜分別觀之。」〔註13〕

〔註13〕陳鐵凡著：《孝經學源流》，頁254～257。

二、《孝經鄭注》的考察

鄭玄為經注之大家，然而《孝經鄭注》作者是否確為鄭玄，又或者是鄭小同、鄭儕、鄭眾，此一問題可透過研究鄭玄的相關文獻來作回顧與考察。張舜徽《鄭學叢著》中，包含了幾本和鄭玄相關的著作，分別是《鄭學敘錄》、《鄭氏校讎學發微》、《鄭氏經注釋例》、《鄭學傳述考》、《鄭雅》等。其中《鄭學敘錄》介紹了鄭玄的生平和著作，張舜徽說：「鄭玄注釋古書的工作，做的很多。今天還保存完好的，只有《周禮注》、《儀禮注》、《禮記注》、《毛詩箋》四部書。此外如《周易》、《尚書》、《論語》、《孝經》，他都注釋過。只是亡佚很早，現在僅能看到後人的輯本。」〔註14〕由此可知，張舜徽同意鄭玄注解《孝經》，然而鄭玄所注之本是否即為現今所見《孝經鄭注》？張氏並未有進一步說明。

對於歷代辯駁《孝經鄭注》的真偽，往復之爭論，陳鐵凡一書中有詳細紀錄。後莊兵〈孝經鄭注新辨〉一文也提出看法。魏晉之時，陸澄專攻《孝經鄭注》的缺失，指出三方面可疑之處，認為「觀其用辭，不與（鄭玄）注書相類〔註15〕」，《孝經鄭注》與他所注其它經典，用詞並不全然一致；又根據鄭玄《孝經》自序所言，生平所注之書並不包括《孝經》。後《隋書・經籍志》和陸德明《經典釋文》皆從陸說。〔註16〕到了唐代，劉知幾的「十二驗」更直接指出十二點可疑之處，取其「自序注眾書，無《孝經》」列入為十二驗之一。然而，陸澄所議三事，以第二事「此書與玄注他書不類」最為重要，陳鐵凡認為「不類」之指責太空泛，無法查證，根據近世現存的鄭氏著作核證，與鄭注他書相符合處「在什九之上」，故陳鐵凡在證據下肯定地以為鄭注確為鄭玄所注，不贊同二陸的責難：「據此讎校，證知此實出鄭康成之手，二陸、劉知幾之指摘，多為浮光掠影偏頗之見。」陳鐵凡並採取、列舉錢侗、嚴可均、阮元、皮錫瑞等諸家辨證，於十二驗之下為之解說。〔註17〕

莊兵一文中，對《孝經鄭注》是否為鄭玄所注，有深入的說明。文中將正論者和反論者的人物、主張，清楚條列說明，指出反論者多不出劉知幾十二驗所言，並以皮氏《孝經鄭注疏》、潘任《鄭注孝經考證》等反駁之言辨

〔註14〕張舜徽著：《鄭學叢著》（武漢：華中師範大學，2005年），頁6。
〔註15〕引用自莊兵：〈《孝經鄭注》新辨〉（《名古屋大學中國哲學論集》第三號，平成十六年（2004年）三月），頁9。
〔註16〕陳鐵凡：《孝經學源流》，頁148。
〔註17〕同上，頁181。

析。反論者如有陸澄「觀其用辭，不與（鄭玄）注書相類」之說，莊兵認爲後世的反論者，多以此爲理由，於是推舉陳鐵凡《孝經鄭注校證》:「陳鐵凡氏廣集清代皮、潘、嚴氏等先說，並據其新輯敦煌本《鄭注》與鄭玄諸注逐句勘驗詳證，得《鄭注》與玄諸注相合之處共計五十六條，爲全面確證《鄭注》非僞，做出了最有實證性的驗證。」莊兵贊同《孝經》爲鄭玄所注解。莊氏另外還析論《孝經鄭注》的成書時期，接納鄭珍之說，認爲應爲鄭玄晚年避黃巾之亂時所作，此與皮錫瑞所認爲的中年避黨錮之禁時作不同。莊文最後又列舉《孝經鄭注》的思想特色，並多處將鄭注和玄宗注並舉，提出幾項值得深思、比較之處。

舒大剛於 2010 年七月「海峽兩岸鄭玄學術研討會」發表的〈迷霧濃雲：《孝經鄭注》眞僞諸說平議〉〔註18〕對歷代關於《鄭注》的討論回顧，並對各家提出平議，除了列舉南朝到唐代的諸多爭議外，更著眼於清代《孝經鄭注》從日本回傳中國的眞僞之辨。文末說明敦煌遺書的發現帶來了新契機，陳鐵凡成就最大。陳氏依據敦煌本對鄭注進行考辨，使嚴可均慨嘆「尚關數十百字無從校補」〔註19〕的遺憾得以徹底彌補。故舒大剛爲陳氏總結，認爲：「敦煌遺書本與《治要》本和其它輯本，只有詳略之別，而無矛盾悖離之異」〔註20〕。鄭注作者問題得到肯定回答，舒大剛也說：「有關《孝經鄭注》眞僞的種種猜忌和懷疑，俱可休矣！〔註21〕」舒氏在 2013 年五月又有《中國孝經學史》〔註22〕問世，對《孝經鄭注》有更全面的敘述。

車行健《禮儀、讖緯、與經義——鄭玄經學思想及其解經方法》〔註23〕一書針對鄭玄的經學思想深入探討，並列舉鄭玄的解經方法。最後總結鄭玄「以解經方法表達經學思想」，是新穎且特出的觀點。論文中討論鄭玄的解經方法有「以漢制解經」、「以讖緯解經」、「以經解經」（博引六藝經傳）和「以

〔註18〕舒大剛著：〈迷霧濃雲：《孝經鄭注》眞僞諸說平議〉（「海峽兩岸鄭玄學術研討會」發表論文，2010 年 7 月 21～23 日，錄自「國際儒學網」：http://www.ica.org.cn/jingxue.php?ac=view&id=2714）。

〔註19〕嚴可均輯：《孝經鄭注·敘》（咫進齋叢書，收入【原刻景印百部叢書集成】，臺灣：藝文印書館）頁一 B。

〔註20〕舒大剛著：〈迷霧濃雲：《孝經鄭注》眞僞諸說平議〉。

〔註21〕同上。

〔註22〕舒大剛著：《中國孝經學史》（福州：福建人民出版社，2013 年五月）。

〔註23〕車行健著：《禮儀、讖緯與經義——鄭玄經學思想及其解經方法》（輔仁大學中國文學研究所博士論文，1996 年）。

禮解經」，展現了鄭玄經注之所以能調和今文、古文經典並統合時代先後制度的成就。鄭玄喜用讖緯和「以漢制解經」透露了時代下風行思想、制度的影響。而「以禮解經」成為鄭玄以禮制出發，彙通群經的理解模式。皮錫瑞《孝經鄭注疏・自序》中提到疏解的其中目的是疏通證明鄭玄引典禮之處，可見鄭玄以禮解經的方式泛用在各經注中。為此，車文為十分值得聚焦之著作。

　　另史應勇《鄭玄通學及鄭王之爭研究》對於「鄭學」有專門說明，其中一章〈傳世《孝經》鄭注的再考察〉將疑點列舉，並試圖解說。史氏認為鄭玄確實注解《孝經》，然而鄭玄注已亡佚，現今所傳今文本《孝經》應為鄭侃所作。如此肯定、舉證歷歷的說詞，又引發我們進一步深入探討的想法。〔註24〕

　　2011 年，潘斌在期刊上發表了〈論皮錫瑞鄭學研究〉〔註25〕一文，對於皮錫瑞推舉鄭學，潘文認為用意可能是：認為鄭玄經注經說多有傳世，可窺漢學篤實之風；鄭學有經世價值；可釐清漢代今古文之家法等。潘氏此說為皮錫瑞推崇鄭玄下了一個很好的註解。

　　另外，韓大偉所著〈西方鄭玄研究述評〉〔註26〕是西方學術對鄭玄學術研究的概況介紹，但當中沒有提到《孝經》，可視為西方現有研究成果的欠缺。

　　透過這些研究鄭玄注解的論文、專書，讓我們了解鄭注的價值，並進一步探求皮氏推崇鄭學的用意和可能具備的經學觀點。

三、皮錫瑞相關研究

　　皮錫瑞之著作很多，多收錄於【師伏堂叢書】中，其中以經學闡發為首要，有《經學通論》、《經學歷史》等著作，《經學歷史》可視為經學入門之參考書，備受經學家推崇，早有標點本出版，並有周予同為之作注解。1934年《經學通論》收入【國學基本叢書】，並有舊式句讀；1954 年中華書局改正之後成為至今最通行的本子。近兩年也有學者陸續為《經學通論》作點校，2010 年潘斌選編的《皮錫瑞儒學論集》新式標點本出版，除了《經學歷史》、

〔註24〕 相關說明於史應勇第九章〈傳世《孝經》鄭注的再考察〉《鄭玄通學及鄭王之爭研究》（成都：四川出版集團巴蜀書社，2007 年），頁 213～227。
〔註25〕 潘斌著：〈論皮錫瑞鄭學研究〉《社會科學輯刊》，2011 年三月），頁 206～208。
〔註26〕 韓大偉：〈西方鄭玄研究述評〉《歷史文獻研究（總第 29 輯）》，2010 年九月），頁 104～109。

《經學通論》和《經學家法講義》全文收錄，還一併選了皮錫瑞各本著作之序跋，《孝經鄭注疏·序》即爲其中之一；2011 年周春健標點的《經學通論》本也出版，文句間夾注周春健的注釋和補充，有裨於皮氏此書的普及與流通。

皮錫瑞著作中另有專對《尚書》之考證，如《今文尚書考證》、《尚書大傳疏證》、《尚書中侯疏證》、《古文尚書冤詞評議》；其餘著作中，以發揚鄭學爲目的之著作不少，如《鄭志疏證》、《六藝論疏證》、《王制箋》、《孝經鄭注疏》、等。皮氏也顧及了立場和鄭玄相對的王肅，對王氏著作《聖證論》作評論：《聖證論補評》。另有《駁五經異議疏證》，但未收錄於【師伏堂叢書】。

如前所述，皮錫瑞著作受人點校、整理者很少，作爲研究對象的更不多。蔡長林即在〈臺灣研究皮錫瑞概況〉中指出：「臺灣經學界最熟悉的晚清經學家，應屬皮錫瑞……可惜的是，相對於皮錫瑞在臺灣經學界的享有盛名與崇高地位，針對皮錫瑞本人或其學術作深入研究的卻不多見。筆者檢視研究文獻，去其重覆，則單篇論文不過八、九篇左右，專書一部（討論皮錫瑞、廖平、康有爲，故實際只得三分之一）和四本碩士論文。〔註 27〕」蔡文所提之專書即爲丁亞傑《清末民初公羊學研究——皮錫瑞、廖平、康有爲》〔註 28〕，此書討論了清末三位學者之生平志業、治學途徑、經典詮釋……等。此雖爲 2004 年所觀察到的成果，近年皮錫瑞相關研究雖然有明顯增加，卻仍只限於較著名的幾本著作：《經學歷史》、《經學通論》研究最多，張火慶〈皮錫瑞經學歷史析論〉〔註 29〕、夏鄉〈皮錫瑞「經學歷史」之作意——由「通經」而「致用」之津梁〉〔註 30〕、周美華〈皮錫瑞「經學歷史」所言國朝經師紹承漢學二事商兌〉〔註 31〕等皆是。針對皮錫瑞主題式研究如《尚書》和《詩經》研究爲次，如 84 年逢甲大學中文系碩士論文〈皮錫瑞《詩經通論》研究〉〔註 32〕。其餘零散著作可謂少數。目前關於生平也只有一本專著：吳仰湘的《通

〔註27〕 蔡長林著：〈臺灣研究皮錫瑞概況〉（《中國文哲研究通訊》第十四卷，2004年 3 月），頁 113～119。

〔註28〕 丁亞傑著：《清末民初公羊學研究——皮錫瑞、廖平、康有爲》（臺北：萬卷樓圖書公司，2002 年）。

〔註29〕 張火慶著：〈皮錫瑞經學歷史析論〉（《孔孟月刊》，1978 年十二月）。

〔註30〕 夏鄉著：〈皮錫瑞「經學歷史」之作意——由「通經」而「致用」之津梁〉（《孔孟月刊》第四十一卷，2003 年五月）。

〔註31〕 周美華著：〈皮錫瑞「經學歷史」所言國朝經師紹承漢學二事商兌〉（《文與哲》第九期，2006 年十二月）。

〔註32〕 高志成著：《皮錫瑞易學述論》（逢甲大學中文系碩士論文，1994 年）。

經致用一代師——皮錫瑞生平和思想研究》〔註33〕，其序所言，大概是因爲皮錫瑞所留下來的資料零散，未有後人整理，現今大致只能從皮氏《師伏堂日記》和《師伏堂文稿》中窺見一二。

第三節　研究步驟與方法

在尚未有人全面整理和研究《孝經鄭注疏》的情況下，筆者所需要作的第一個步驟即是將全文標點，以求對全文作一梳理和了解，知道皮錫瑞作此書時採用了哪些文獻，和皮氏行文之脈絡。同時，也特別留意皮氏所認可的輯佚成果和皮氏案語，方便檢核輯佚內容和嚴可均等人之案語並作評斷。此步驟是爲了清楚展現現有的文獻材料，以便參考和查驗。

皮氏對鄭注作者的推論、對文獻訓詁的考釋、對《孝經》經義的闡發是否合理、妥當，則是本研究的重點。筆者更希望能探究今文經學家皮錫瑞思想立場的展現。以下就此四方面作爲主要探討的進路，論述脈絡正是本文第二、三、四、五章的章節重點：

一、《孝經鄭注》作者的推探

本文第二章主要彰顯皮錫瑞推尊鄭注，標明《孝經鄭注》作者爲鄭玄的苦心，其序言曾云：

> 茲惟於鄭注引典禮者，爲之疏通證明；於諸家駁難鄭義者，爲之解釋疑滯，冀以扶高密一家之學，而於班孟堅列《孝經》於小學之旨，亦無憾焉。〔註34〕

由序言可知，皮錫瑞疏解《孝經鄭注》的動機和目標，是以發揚鄭學爲宗旨，爲鄭疏通證明、爲鄭解釋疑滯，最終期望能扶正鄭氏之學。

面對鄭玄是否注解《孝經》的質疑，皮錫瑞於《孝經鄭注疏》序言中針對前人論點進行辨駁，於內文中則徵引考證，樹立鄭玄注解《孝經》的不搖地位，在在肯定鄭玄注解之事實。本章試圖彰顯並梳理皮氏所主張，而後考察、分析如此認定是否合理。

〔註33〕吳仰湘著：《通經致用一代師——皮錫瑞生平和思想研究》（湖南：岳麓書社，2002年）。

〔註34〕皮錫瑞：《孝經鄭注疏》（清光緒廿一年〔1895年〕師伏堂叢書本），皮錫瑞〈序〉頁一～二。本文引用《孝經鄭注疏》直接於引文後標明卷次、頁數。

二、文獻查核及訓詁考釋

本文第三章主要呈現皮錫瑞《孝經鄭注》的輯佚、校勘等文獻成果，並列舉皮氏在文字、詞意的訓詁成就。輯佚方面，皮氏在其序言提到主要依據嚴可均所輯本子：

> 自明皇注出，鄭注遂散佚不完，近儒臧拜經（案：即臧庸）、陳仲魚（案：即陳鱣）始裒輯之。嚴鐵橋《四錄堂本》最爲完善。……輯本既據鐵橋，故案語不盡加別白，煥彬（案：葉德輝）引陳（案：即陳禹謨）本《書鈔》、武后《臣軌》，匡嚴氏所不逮，茲並著之，不敢掠美。〔註35〕

皮錫瑞認同嚴可均輯佚成果，然面對嚴可均疏漏、錯解之處，皮氏大膽匡正，提出自己的見解和證據，爲嚴氏輯佚成就作一承繼與補正。另外，皮錫瑞積極補葺鄭注本殘闕的文句，盡力還原《孝經鄭注》完整的面貌。

在詞意的訓詁方面，皮氏細究經典用字，辨析詞義的異同，藉一字探得經注之意，更透過與玄宗注、邢昺疏，或經文上下文的對比，推論鄭意，並展現皮氏今文家「褒貶」的筆法功力。

本文第三章筆者將透過相關類書查考，檢核嚴氏輯佚和皮氏校勘之得失。並且藉由訓解詞意的工具書（如《故訓匯纂》），和其它注家對詞語的解釋，考究皮錫瑞文字疏解是否允當。經由輯佚、訓詁的考察，窺探皮氏對《孝經》及鄭注的理解，進而掘發皮氏的經學觀點。

三、《孝經》經義的闡發

本文第四章主要探討皮錫瑞《孝經鄭注疏》中對「孝道」的理解和闡發。皮氏在文獻的考釋、字詞訓詁的推究背後，皆隱含著對孝道的認識、孝行的準則。此章探討的問題包括：「祭祀」和」「行孝」的關係；「敬」與「愛」在孝行中的意涵；五刑中是否囊括了對「不孝」的罰責；諫爭是否爲孝的表現，又該如何掌握分寸；「孝有終始」之說是否成立……等問題，大致可歸納成對「孝的根本態度與極至表現：敬與祀天」、「孝的相對關係：孝慈、諫爭與不孝之刑」、「孝的歷程與境界：孝行之始與終」等主題的闡明。

本章筆者歸納統整皮錫瑞於《孝經鄭注疏》中所表現的孝道意涵探討皮

〔註35〕皮錫瑞：《孝經鄭注疏·序》清光緒廿一年〔1895 年〕師伏堂叢書本，頁一、二。

氏之主張和《孝經鄭注》之經義是否有衝突，若有，又該如何解決。

四、今文經學立場的展現

本文第五章主要就經學本身的今、古對立情況，討論皮錫瑞如何化解二者並發揚自身觀點。

皮氏疏解之中，援引的文獻多爲今文經典和讖緯之書，是順從經義還是順從自己的認定。又，皮氏如何解釋鄭玄解經所遇到的今古文問題，當鄭玄援用古文經典如《周禮》時，皮錫瑞在不認同經典的情況下該如何疏解《鄭注》。

本章從皮錫瑞疏解中，了解皮氏在今文經典和古文經典，自己今文學家的立場和鄭玄兼通今古文的經解矛盾下，如何折衷和彌縫。

最後，統整歸結《孝經鄭注疏》中訓解成果和解經方向，及後人對皮錫瑞的評價及此著作對後世的影響，探討此書在今文經學、《孝經》學上的價值。

第四節　預期成果

經過研究方法和步驟，本文主要針對皮錫瑞《孝經鄭注疏》作一整理和分析，並試圖確立此書在《孝經》學、今文經學和文獻學的位置以及價值。故本文預期達成的目標爲：

一、重新探索《孝經鄭注疏》在《孝經》學史上的價值

在眾多古今《孝經》注疏中，「鄭注」已被遺忘許久。本文希望透過皮錫瑞的疏解，重新檢討《孝經鄭注》的價值，並衡量《孝經鄭注》、《孝經鄭注疏》在《孝經》學史上的意義。

再者，以經學史的觀點考察，皮錫瑞在眾多經典中，選擇以《孝經》爲注解對象，論述經典意義；不但著手於文獻輯佚，更深刻詮釋《孝經》經文意涵。本文藉由彰顯皮錫瑞之用心，探索皮氏疏解《孝經鄭注》在晚清經學史上的意義。

二、考察皮錫瑞著作此書的經學意涵

皮錫瑞身爲今文學家，著力於經典的闡釋和彙通。著作此書，必然有期

待解決的問題和欲標舉的特殊意義。皮氏在梳理文獻和闡發意義時,皆透露著今文學家獨有的思想,筆者期待一一揀拾,進一步歸結可能的經學意涵。

第二章 《孝經鄭注》作者相關問題的考辨

皮錫瑞疏解《孝經鄭注》，致力於文獻搜羅、論點辨析，在闡明疏解的過程中常有意無意地顯露自身的經學觀點。由《孝經鄭注疏》中可看出不少皮錫瑞對《孝經》，或對鄭玄，或對今古文問題的先備立場；以此立場看待經文、注文，皆影響了皮氏的闡發、分析。雖有值得商討之處，然《孝經鄭注疏》因此成為具觀點、立場之著作，有其價值。

本章首先談論皮錫瑞對於《孝經鄭注》的一些基本觀點，這些觀點無論是作者問題、成書時期，和今古文立場，皆大致建構了皮錫瑞寫作《孝經鄭注疏》時的態度和想法，因此可以加深對皮氏著作的了解和認同。而後，再藉由皮錫瑞對《孝經鄭注》作者的考辨，突顯皮氏推崇鄭玄的苦心，以小見大，探究其治經目標和發揚鄭學的理念。

第一節 皮錫瑞疏解《孝經鄭注》之基本立場

皮錫瑞對《孝經鄭注》的幾項觀點，明文論述於其〈序〉言中，也展現在其著作裡。在本文開始前，首先列舉皮錫瑞之一二觀點，以便探知皮氏寫作之態度，並作為後文呈顯皮氏著作立場的明證。

一、主張《孝經鄭注》之作者為鄭玄，非鄭小同

皮錫瑞很明確地主張鄭玄為《孝經鄭注》之作者。針對唐代劉知幾列舉

的十二點質疑，皮氏除了一一提出反駁，更於疏解中，拉近《孝經鄭注》和鄭玄其它經注的距離，以證明這些經注之作者爲相同一人，此些證明方法留待本章第二節展開。

　　對於《孝經鄭注》作者問題的討論，並非只是贊成鄭玄和反對鄭玄二種聲浪。反對鄭玄者，有些積極地另立新主張，聲稱《鄭注》之作者其實是鄭小同，也就是鄭玄之孫所作；有些或主張鄭偁；甚至有支持鄭眾的注解。其中又以認同鄭小同者爲最多數，其原因是有文獻作有力的證據。皮錫瑞面對這些說法，持有堅穩的立場，極力爲鄭玄注解考辨、發聲。首先看主張作者爲鄭小同者，依據爲何。「鄭氏」〈孝經序〉文云：

> 僕避難於南城之山，棲遲岩石之下，念昔先人，余暇述夫子之志而注《孝經》。〔註1〕

此爲《孝經鄭注》作者自敘之言，「念昔先人」一句導引出了作者的另一可能。梁載言《十道志》中即認爲由此句可知是「鄭玄之孫」所作，且這樣的說法使唐代劉肅《大唐新語》順著劉知幾之說而有了依靠。《大唐新語》錄《十道志》解「南城山」云：

> 《十道志》曰：「《後漢書》云：『鄭玄遭黃巾之難，克於徐州。』今者有〈孝經序〉，相承云鄭氏所作，其〈序〉曰：『僕避於南城之山，棲遲岩石之下，念昔先人餘暇，述夫子之志，而注《孝經》。』蓋康成胤孫所作也。」〔註2〕

梁載言認爲《孝經鄭注》應是「鄭玄之孫」所作，宋人王應麟《困學紀聞》則又進一步將「鄭玄之孫」確指爲鄭小同：

> 《鄭氏注》今十八章，相承言康成作。《鄭志》目錄不載，通儒皆驗其非。開元中，孝明纂諸說自注，以奪二家。然尚不知鄭氏之爲小同。〔註3〕

王應麟以爲「鄭玄之孫」即是鄭小同，因此開啓了「鄭小同」爲作者之說法。清人鄭珍敘述梁載言之言時，認爲可能是鄭小同長大後始傳鄭玄遺稿：

〔註1〕 嚴可均輯自劉肅：《大唐新語》卷九。見《大唐新語·著述第十九》篇（【唐宋史料筆記】，北京：中華書局，1984年），頁135。

〔註2〕 《大唐新語》（【唐宋史料筆記】，北京：中華書局，1984年）。另也見於《太平御覽》卷四十二「南城山」。

〔註3〕 王應麟著、翁元圻注：《全校本困學紀聞》卷七（上海：上海古籍出版社，2008年），頁978。

考康成客徐州在初平三年，時已六十六歲，後四年爲建安六年，自
徐州歸，歸後四年即卒，其孫小同僅四、五歲。此注既晚年客中之
作，門人當未及傳授。洎歸後，其稿久淹医衍，亦著書滿家者之常，
必俟小同長大檢得遺稿，始出而傳之。〔註4〕

鄭珍雖認同《孝經注》之作者爲鄭玄，然以爲《孝經注》爲鄭玄晚年所作，
尚未來得及傳世即過世，故認爲是鄭小同長大後，整理祖父作的書然後作的
〈序〉。對此說法，皮錫瑞並不認同，皮氏認爲鄭玄注《孝經》的時間並不是
在晚年（見下文「鄭玄中年注《孝經》」），〈孝經序〉也不該是鄭小同所作；
皮錫瑞說：

鄭小同注《孝經》，古無此說，自梁載言以爲胤孫所作，王應麟遂傅
會以爲小同。梁蓋以《孝經鄭氏解》世多疑非康成，故調停其說以
爲康成之孫所作，又以〈序〉有「念昔先人」之語於小同爲合，遂
並此論。……鄭珍既以小同之說不足爲信，又謂康成客徐州已六十
六歲，注是晚年客中之作，俟小同長，始檢得之，則猶爲梁載言所
惑。……鄭君作注之年不明，而小同以孫冒祖之疑，亦終莫釋矣。（卷
上〈鄭氏序〉，頁一B～頁二A）

皮錫瑞認爲，因爲當時許多人不信《孝經》注解者爲鄭玄，所以梁載言提出
的調停之說主張「《孝經》鄭注」爲鄭小同所作。皮氏認爲，雖〈孝經序〉中
提及「念昔先人」，然而未必就是鄭小同追念鄭玄，也可能是鄭玄追念先祖。
又，鄭珍雖不認同作者爲小同，卻又因爲鄭玄晚年注《孝經》，故以爲〈序〉
爲小同所作；對此皮錫瑞仍不能苟同。皮錫瑞認爲，若未能斷定鄭玄注解《孝
經》的時間，則以小同爲《鄭注》作者之說就仍舊會產生疑問，故皮氏堅持
主張《孝經》是鄭玄中年時注解。以下專門論述。

二、主張鄭玄中年注《孝經》

鄭玄遍注群經，然較爲人熟知者爲《三禮注》、《毛詩箋》等，至於《孝
經注》，除作者頗受質疑，其成書時間也有不同說法。其說之來源首先見〈孝
經序〉「避難於南城之山」一句；故學者一般對《孝經鄭注》之理解，皆認爲

〔註4〕見鄭珍：《巢經巢全集‧經學》中所錄之《鄭學錄‧書目》（原名《康成傳注、
　　　年譜、書目、弟子目》），頁325。

是鄭玄晚年避黃巾之亂之時，於石室中所作〔註5〕。然而，皮錫瑞於《孝經鄭注疏・鄭氏序》中反駁鄭珍之言：

> 鄭注《孝經》全用今文，當在注《緯》、注《禮》之時，與晚年用古文不合。序云避難南城，是避黨錮之難，非避黃巾之難。（卷上〈鄭氏序〉，頁一B）

皮錫瑞認為鄭玄治經的路程是先治今文，後治古文；鄭玄治《孝經》「全用今文」，和晚年治古文的立場不相合。既然鄭玄治《孝經》非晚年之事，則鄭玄避難南城山，所避之難應為黨錮之難，而非黃巾之難。避「黨錮之難」之說始自嚴可均：

> 竊意鄭氏注書三十餘年，論天文七政、注緯候蓋最先，《孝經》逃難時注，以黨事逮捕故逃難，本序所謂「避難南城山」者也。〔註6〕

嚴可均認為避難南城山一事指的應該是鄭玄中年時期避黨錮之禁。據此，莊兵總結指出：

> 以皮氏的說法，鄭玄注《孝經》又在黨錮初期的四十二歲稍後的事，即，為鄭玄中年之作。〔註7〕

皮錫瑞否定一般認為鄭玄避黃巾之亂、晚年注解《孝經》的說法，認定鄭玄避黨錮之禁、中年注解《孝經》之說，而皮錫瑞如此看法背後的原因是：鄭玄先治今文、後治古文，既注解《孝經》全用今文，那麼中年注解《孝經》，於理才通。以下接著看皮錫瑞對鄭注《孝經》全用今文的理解。

三、主張鄭玄注《孝經》全用今文

皮錫瑞認為鄭玄注解《孝經》採用今文本，故注解用今文說法、援引也用今文經典。既然鄭玄治經有今文、古文前後期的區分，則鄭玄注解《孝經》之時，必定在治今文經之時。據嚴可均之說法，是在避黨錮之難時，皮錫瑞的自序中強調鄭玄注《孝經》全用今文：

〔註5〕見鄭珍：《巢經巢全集・經學》中所錄之《鄭學錄・傳注》，鄭珍引《太平御覽卷四十二・南城山》。

　　　另，耿天勤主編《鄭玄志・經注、緯注和雜著》「鄭玄注《孝經》的時間，是他避黃巾起義於徐州期間。當時，他住在南城山，在一個石室裡完成了對《孝經》的注釋。」（濟南：山東人民出版社，2009年四月），頁77。

〔註6〕嚴可均輯：《孝經鄭注・後敘》（咫進齋叢書），頁一A～B。

〔註7〕莊兵：〈《孝經鄭注》新辨〉中論述《孝經鄭注》的成書時期（《名古屋大學中國哲學論集》第三號，平成十六年（2004年）三月），頁14。

> 錫瑞案，鄭君先治今文，後治古文。《大唐新語》、《太平御覽》引鄭
> 君《孝經序》云「避難於南城山」，嚴鐵橋（案：即嚴可均）以為避
> 黨錮之難，是鄭君注《孝經》最早，其解社稷、明堂、大典禮，皆
> 引《孝經緯》、《援神契》、《鉤命決》文。鄭所據《孝經》本今文，
> 其注一用今文家說，後注《禮》、箋《詩》，參用古文。（卷上〈皮錫
> 瑞自序〉，頁一B）

皮氏認為鄭玄用今文，故注解禮制問題如社稷、明堂、大典禮之時，皆用了
今文說法為主的讖緯之書，如《孝經緯》、《援神契》、《鉤命決》等文。皮錫
瑞於疏解中，確實不斷徵引此類和今文經有密切關係的文獻證明此觀點，關
於此點，本文第五章「鄭注《孝經》今古文問題的考索」將再詳論。

　　皮錫瑞於《孝經鄭注疏》中，展現了如上所述不同於一般認知的觀點，
也因此，於疏解文中，皮氏盡心為一己之說找證據、找注解。鄭玄應於中年
之時注解《孝經》，如此則和他「先治今文，後治古文」的治經順序相合。又
皮錫瑞對鄭玄注經歷程的考察若成立，便不須再牽強地以「小同注《孝經》」
自圓其說。

　　另一方面，若能證成鄭注《孝經》「全用今文」，則更能顯示「今文經學」
的優越地位契合皮錫瑞的經學立場。以上，皮氏所展現的觀點有一套自己的
脈絡，許多問題在他的邏輯中因此可以融通化解。並且，從其著作中，皮氏
不但能依循著鄭玄注作疏解，更能在疏解之外彰顯自己的規則、條理。

第二節　《孝經鄭注》之作者問題

　　關於《孝經鄭注》的作者，歷來有幾種不同的說法，大致如前節所提，
有鄭玄之孫鄭小同、學者鄭僑，以及同為東漢經學家的鄭眾。學者呂妙芬已
將討論的作者統整羅列〔註8〕，此處不再贅述。清代學者嚴可均、潘任和皮錫
瑞皆主張《鄭注》之作者為鄭玄，此說學者陳鐵凡深表認同。

　　皮錫瑞在序言中即表明了自己支持鄭玄注解《孝經》的立場。除了皮氏
序言中表態以推崇鄭學為由著作了此本書，更在「鄭氏解」中，駁難前人質

〔註8〕 呂妙芬《孝治天下：孝經與近世中國的政治與文化‧清中晚期的孝經學》談
　　　　到「《孝經鄭注》的問題」，可能作者為鄭小同和鄭玄，並列舉、統整此二不
　　　　同主張的支持學者，頁266～270。

疑「《孝經》爲鄭玄注」的主張，以劉知幾十二驗爲主要反駁言論。以下分別
列舉劉知幾所言和皮氏論點，藉以清楚判析二者之得失。

一、反駁劉知幾十二驗的論證

（一）劉知幾十二驗

針對《孝經鄭注》作者的問題，歷史上曾發生好幾次大規模的爭辯〔註9〕，
除了前面所提，在唐代開元七年（西元 719 年）更展開了一場討論會議，此
事件記載於《唐會要》卷七七：開元七年四月七日劉知幾上「孝經註議」曰：
「謹按今俗所行《孝經》，題曰鄭氏註，爰自近古，皆云『鄭』即康成，而魏
晉之朝無有此說……《孝經》非元（案：玄）所註，其驗十有二條。〔註10〕」
當時群臣共論經義，劉知幾提出了「十二驗」來質疑鄭玄注解《孝經》。

劉知幾所言十二驗，大致整理爲五條目〔註11〕，具列如下：

1. 鄭玄自述未提及

據鄭自序云：「遭黨錮之事逃難，至黨錮事解，注古文《尚書》、《毛
詩》、《論語》，爲袁譚所逼，來至元城，乃注《周易》。」都無「注《孝
經》」之文，其驗一也。（《孝經注疏‧序》頁三A～頁三B）〔註12〕

〔註9〕 據陳鐵凡《孝經學源流》中所述，史上曾發生多次鄭注（今文《孝經》）和孔
傳（古文《孝經》）兩家之爭（鄭孔之爭即涉及到「鄭注」作者問題）：第一
次爲晉穆帝和十一年（西元 355 年）、第二次爲晉孝武帝太元元年（西元 376
年）、第三次爲唐玄宗開元七年（西元 719 年）、第四次爲清乾隆、嘉慶間，
以迄現代。第一、二次，爭論範圍較小、紀錄久詳。第三次爭議最烈，第四
次所論主題與第三次同，只是層面較廣。本文所談即爲第三次爭議，會議中
劉知幾等人不相信鄭注爲鄭玄所注，並且認爲鄭注「言語鄙陋、義理乖疏」，
故欲打壓鄭注、推崇孔傳，因此有「十二驗」之說。以劉知幾爲代表的一派
學者和支持鄭注的司馬貞等儒臣發生爭論。見〈孔傳與鄭注〉第三篇第一章
第四節，頁 128。

〔註10〕 又《文苑英華》也收錄此議，題爲〈孝經老子注易傳議〉，見於卷七六六，後
邢昺《孝經注疏‧序》引錄了這段文字，皮錫瑞《孝經鄭注疏》正文前之「鄭
氏解」藉由邢昺所列，針對劉知幾提出之「十二驗」一一加以駁證。

〔註11〕 陳鐵凡《孝經學源流》歸納異同，將十二驗賅括爲六目，見第三篇第三章第
三節〈劉知幾「十二驗」辨證〉，然而標目文句太長，且第二點和第三點所言
皆和鄭玄弟子相關，故本文將其合併爲「鄭玄弟子未提及」一目，總納爲五
目，頁 181～185。

〔註12〕 〔唐〕李隆基注、〔宋〕邢昺疏：《孝經注疏‧序》，影嘉慶二十年江西南昌府
學本。台北：藝文出版社，2007 年。本文凡引用「十三經注疏」直接於引文
後標明卷次、頁數。

劉氏綜觀鄭玄的自述中，提到注解《尚書》、《毛詩》、《周易》等多本著作，
皆未言及注解《孝經》之事。劉氏因此質疑鄭玄注解《孝經》之說。

2. 鄭玄弟子未提及

另外，在鄭玄弟子輯錄記載師徒間言談的《鄭志》、《鄭記》等，紀錄了
許多著作，也未曾提及鄭玄注解《孝經》：

> 鄭君卒後，其弟子追論師所注述及應對時人，謂之《鄭志》，其言鄭
> 所注者，唯有《毛詩》、《三禮》、《尚書》、《周易》，都不言注《孝經》，
> 其驗二也。（《孝經注疏·序》頁三B）

> 鄭之弟子分授門徒，各述所言，更爲問答，編錄其語，謂之《鄭記》，
> 唯載〔《詩》、《書》、〕《禮》、《易》、《論語》，其言不及《孝經》，其
> 驗四也。（《孝經注疏·序》頁三B）

而《鄭志》目錄中所列鄭玄著作，除了經典注釋之外，尚有其餘十二本著作，
紀錄詳實。若確實注解《孝經》，不應遺漏此一著作：

> 又《鄭志》目錄記鄭之所注，五經之外有《中候》、《大傳》、《七政
> 論》……等書，寸紙片言，莫不悉載，若有《孝經》之注，無容匿
> 而不言，其驗三也。（《孝經注疏·序》頁三B）

及趙商所撰《鄭玄碑銘》，碑銘中記載了鄭玄注、箋，也未提及注解《孝經》：

> 趙商作《鄭玄碑銘》，具載諸所注箋驗論，亦不言注《孝經》。……
> 其驗五也。（《孝經注疏·序》頁三B）

劉知幾以爲，既然弟子記載相關言行如此完整，又紀錄師說時，必然會提及
老師相關著作，怎會沒有一絲痕跡。

另鄭玄弟子宋均，在其著作中表示只看過其師對《春秋》、《孝經》的「評
論」和「略說」。並引了鄭玄《六藝論》言論，針對「玄又爲之注」一句，直
指未曾聽聞其師鄭玄「注解」《孝經》，且從未得見《孝經注》解本子，故其
師所言令宋均疑惑不解：

> （宋均）云「《春秋》、《孝經》唯有評論」，非玄所注特明，其驗六
> 也。宋均《孝經緯注》引鄭《六藝論》敘《孝經》云：「玄又爲之注，
> 司農論如是而均無聞焉。有義無辭，令予昏惑」，舉鄭之語而云「無
> 聞」，其驗七也。（《孝經注疏·序》頁三B）

宋均《春秋緯注》云：「爲《春秋》、《孝經》略説〔註13〕」，則非注
之謂，所言「又爲之注」者，汎辭耳，非事實。……其驗八也。（《孝
經注疏・序》頁三 B）

宋均明白表示未曾聽聞「鄭玄注《孝經》」一事，也無其它明確證據。故對於
鄭玄自述「又爲之注」，劉氏據以推測應該只是泛泛之言論，並非眞有此事。

3. 文獻未著錄

晉荀勖《中經簿》載錄鄭玄九種著作，但和《孝經注》載錄的作者，用
語有所不同，劉知幾據此提出質疑：

晉《中經簿》……凡九書，皆云「鄭氏注，名玄」。至於《孝經》，則
稱「鄭氏解」，無「名玄」二字，其驗五也。（《孝經注疏・序》頁三 B）

九書爲《周易》、《尚書》、《中候》、《尚書大傳》、《毛詩》、《周禮》、《儀禮》、
《禮記》、《論語》九本鄭玄著作，其書名下皆云「鄭氏注，名玄」，而《孝經》
書名下卻只稱「鄭氏解」，謂注解者爲鄭氏，並未指名爲鄭玄；如此不同指稱，
不禁讓人懷疑《孝經》非鄭玄所注，或者作者爲誰未能確定。

另外史書的記載也有著十分重要的指標，多少應該記錄著當時重要著
作、重要作者，但後漢史書所錄卻皆未提及：

後漢史書存於代者，有謝承、薛瑩、司馬彪、袁山松等，其所注皆
無《孝經》，唯范曄書有《孝經》，其驗九也。（《孝經注疏・序》頁
三 B～頁四 A）

除范曄《後漢書》〔註14〕，其它「後漢史書」如謝承《後漢書》、薛瑩《後漢
記》、司馬彪《續漢書》等記載後漢時期史事之書〔註15〕，皆未載錄鄭玄曾注
解《孝經》。

〔註13〕皮錫瑞《孝經鄭注疏》「鄭氏解」中作「爲《春秋》、《孝經》」，無「略説」二
字，見頁三。此處依照李隆基注、邢昺疏《孝經注疏・序》所作。
〔註14〕據《後漢書・鄭玄傳》所載鄭玄注解的典籍有：「《周易》、《尚書》、《毛詩》、
《儀禮》、《禮記》、《論語》、《孝經》、《尚書大傳》、《中候》、《乾象曆》」，其
中確實有《孝經》。（參見《後漢書》卷三十五，點校本頁 1212。北京：中華
書局，1985 年）
然而《唐會要》、《文苑英華》所錄劉知幾文中無「唯范曄書有《孝經》」七字，
邢昺《疏》引用時則有此數字。
〔註15〕據《隋書・經籍志》載：〔吳〕謝承撰《後漢書》130 卷、〔晉〕薛瑩撰《後漢
記》100 卷、〔晉〕司馬彪撰《續漢書》83 卷、〔晉〕袁山松撰《後漢書》100
卷。魏徵等撰《隋書》卷三十三，點校本（北京：中華書局，1985 年），頁
954。

4. 王肅未有駁鄭玄之論

劉知幾又提出，在學術上總是和鄭玄持相反意見的王肅，竟也沒有駁難「《孝經》鄭玄注」之言論，認爲這是一個值得深思的問題。

> 王肅《孝經傳》首有司馬宣王奉詔令諸儒注述《孝經》，以肅說爲長。
> 若先有鄭注，亦應言及，而不言鄭，其驗十也。（《孝經注疏·序》
> 頁四Ａ）

> 王肅注書，好發鄭短，凡有小失皆在《聖證》，若《孝經》此注亦出
> 鄭氏被肅攻擊最應煩多，而肅無言，其驗十一也。（《孝經注疏·序》
> 頁四Ａ）

《聖證論》爲王肅所作，爲「託聖人之言以證明之」，多爲駁難鄭玄之言；然而《聖證論》中竟未有對鄭玄注相關的反駁言論，值得疑慮。

5. 魏晉人未曾言及《孝經注》

於東漢鄭玄時期稍晚的魏晉學者，無論在辨論時事、議政論學，皆無人言及《孝經鄭注》，若鄭玄注解《孝經》，則當時學者應多少曾經提及或討論：

> 魏晉朝賢辨論時事，鄭氏諸注無不撮引，未有一言《孝經注》者，
> 其驗十二也。（《孝經注疏·序》頁四Ａ）

劉知幾認爲魏晉之人（包含王肅在內）無論批評、接受，應多少言及此書，然而從言論和著作上看，皆無人提及，因此置疑。

劉知幾「十二驗」，以各種可能與《孝經鄭注》有所交集的方面來談，卻無論在鄭玄本人、和鄭玄密切相關之人（直接講學的弟子、雖持反對意見卻甚爲關注鄭玄之學者），和可能記載當時史事的史書，皆未得見，因此肯定此書必定非鄭玄所作。

（二）皮錫瑞反駁之言論

唐代劉氏舉證直指《孝經》非鄭玄注的言論，皮錫瑞十分不以爲然，因此在「鄭氏解」中先是批評劉知幾「通史不通經」，後又提出近儒駁劉說者「未盡得要領」，故欲發表一己之見解，試圖解說，以扳正劉氏晦暗之言。文中針對「十二證」一一反駁，以下逐條說明：

1. 駁「鄭玄自述未提及」

劉氏所指鄭玄在自序中未提及注解《孝經》，皮錫瑞推斷：

> 鄭自序不言注《孝經》者，序云：「元城注《易》」，乃在臨歿之年，

> 故舉晚年所注之書獨詳，序云：「逃難注《禮》」〔註16〕在禁錮時，「避
> 難南城山，注《孝經》」亦即其時，皆早年作。（卷上「鄭氏解」，頁
> 四 A）

在臨歿之年的自序中，鄭玄多舉晚年所作之注解，而「逃難注《禮》」和「避
難南城山注《孝經》」，皆為早年之作，故鄭云注《禮》不云注《孝經》，乃是
蓋略言之。皮錫瑞認為，《孝經》既為鄭玄早期著作，又非最受注目的作品，
鄭玄所著之書眾多，故未言及也是可能。

2. 駁「鄭玄弟子未提及」

對於弟子皆未提及鄭玄注解孝經，皮錫瑞認為，可能和當時經學風氣有
關：

> 鄭注諸經，人皆信據，獨疑《孝經注》者，漢立博士不及《孝經》，
> 《藝文志》列小學前，熹平刻石有《論語》，無《孝經》，當時視《孝
> 經》不如五經、《論語》之重，故鄭君雖有注，其弟子或未得見，或
> 置不引，致惑之故，皆由於此。（卷上「鄭氏解」，頁四 A）

當時官學只重五經、《論語》，並未重視《孝經》，《孝經》不被傳習，因此忽
略了《孝經注》或未曾得見。

> 《鄭志》、《鄭記》、《趙商碑銘》，皆不及注《孝經》，亦以不在五經，
> 故偶遺漏。（卷上「鄭氏解」，頁四 A）

鄭玄弟子所注師生間的論學語錄，皆不錄《孝經》，亦可能是《孝經》不在五
經中、論學時極少提及的緣故。

對於宋均在著作中謂其師「《春秋》、《孝經》唯有評論」、「為《春秋》、《孝
經》略說」、「鄭敘《孝經》又為之注……而均無聞」的說法，皮氏又推測，
或是因為漢時以抄寫為傳閱主要方法，又鄭玄著書眾多，故弟子未能一一見
其著作：

> 古無刻本，鈔錄甚艱，鄭君著書百餘萬言，弟子未必盡見，宋不見
> 《孝經注》，固非異事，乃因不見，遂並師言不信而易其名，謂之「略
> 說」，謂之「評論」。（卷上「鄭氏解」，頁四 A）

而宋均所引《六藝論》敘《孝經》「玄又為之注」，既是明言說明自己所注之
經典，正可作鄭玄注《孝經》的自白，毋需再懷疑：

〔註16〕此處皮錫瑞加注：「『逃難』下，《文苑英華》、《唐會要》引多『注《禮》』二
字。」應是按嚴可均所言。

宋均引鄭《六藝論》敘《孝經》云『玄又爲之注』〔註17〕，鄭君大
賢必不妄言，自云『爲注』，槁乎可信。（卷上「鄭氏解」，頁四 A）

另皮錫瑞又用《春秋》和《孝經》的關係來佐證。在《六藝論》中敘《春秋》、
《孝經》，皆有明文「玄又爲之注〔註 18〕」，故鄭確實可能曾注《春秋》、《孝
經》。今文家以爲《春秋》、《孝經》皆爲孔子所作，漢何休《公羊傳・序》根
據《孝經・鉤命決》言：「孔子曰：吾志在《春秋》，行在《孝經》。」（《公羊
注疏・序》，頁一 B），《春秋》爲孔子大義之所在，《孝經》則爲孔子行事之風
範，二者互相表裡，皆爲重要經典，關係也實爲密切。故皮氏言：

鄭敘《春秋》，亦云「玄又爲之注」，《春秋》、《孝經》相表裏，故鄭
皆爲之注，據其自序文義正同。《世說新語》云：「鄭玄注《春秋》
尚未成，遇服子愼，盡以所注與之。〔註19〕」是鄭實注《春秋》，則
實注《孝經》可知。（卷上「鄭氏解」，頁四 A～頁四 B）

此處皮錫瑞拉攏二經，以《春秋》證《孝經》，說「《春秋》、《孝經》相表裡」，
又說「實注《春秋》，則實注《孝經》可知」，推論既然注解了《春秋》，則應
當也會注解《孝經》，論證邏輯有失嚴密。《春秋》、《孝經》爲獨立兩書，此
種說法不免令人質疑。

3. 駁「文獻未著錄」

關於晉《中經簿》記載，皮錫瑞則採用《隋書・經籍志》對晉《中經簿》
的評論，認爲荀勖只錄其題和言，並未考辨。

晉《中經簿》據《隋書・經籍志》云：「但錄題及言，〔……〕至於
作者之意，無所論辨」：是荀勖等無別裁之識，或沿〈漢志〉列之小
學，故標題與九書不同，或因宋均之語有疑，故題鄭氏而不名也。（卷
上「鄭氏解」，頁四 A）

〔註17〕鄭玄《六藝論》早已亡佚，爲宋均《孝經緯注》所徵引，宋均之作今也未能
　　　得見，依《唐會要》、《文苑英華》、《大唐新語》等書所引。皮錫瑞《六藝論
　　　疏證》（清光緒廿一年〔1895 年〕師伏堂叢書本）於此條下再次強調劉知幾所
　　　言爲非，鄭玄注解《孝經》無疑。
〔註18〕見前條，皮錫瑞《六藝論疏證》中也對此問題有所說解。
〔註19〕劉義慶撰、劉孝標注、余嘉錫箋疏：《世說新語箋疏・文學第四》：「鄭玄欲注
　　　春秋傳，尚未成時，行與服子愼（服虔）遇宿客舍，先未相識，服在外車上
　　　與人說己注傳意。玄聽之良久，多與己同。玄就車與語曰：『吾久欲注，尚未
　　　了。聽君向言，多與吾同。今當盡以所注與君。』遂爲服氏注。」此處說明
　　　鄭玄確實注過《春秋》，只是知道內容相符，故後來將所作全給服虔。（上海：
　　　上海古籍出版社，1996 年），頁 192。

晉《中經簿》已不得見〔註20〕，故現今已無法查考原書樣貌。據《隋志》所說，《中經簿》「但錄題及言」。雖然荀勗未考辨作者，但至少標出了作者名，如果劉知幾所見版本可信，《周易注》等九本書記載鄭玄之名，確實和《孝經注》只云「鄭氏」不同；但皮錫瑞所言「荀勗無別裁之識」、「沿〈漢志〉列之小學」、「宋均之語有疑」三種情況，都是預設《孝經注》作者爲鄭玄，因而責難荀勗未載。然而反過來說，也許正是荀勗不知作者，或作者另有其人，因此只云「鄭氏」，而和其它九書云「鄭玄」不同。《中經簿》既已無法查考，皮錫瑞所談也只是空話，此段反駁的言論無法成立。

至於謝承等人的史書中未載鄭玄注《孝經》，皮錫瑞認爲就像是前文所述《鄭志》中偶一遺漏，未必表示鄭玄不曾注此經。皮錫瑞說：

> 謝承諸書失載，猶《鄭志》目錄失載耳。范書載《孝經》遺《周禮》，
> 豈得謂「《周禮》非鄭注」哉。（卷上「鄭氏解」，頁四 B）

皮錫瑞甚至以范曄《後漢書》缺載鄭玄《周禮注》爲例，說明史書確有偶然遺漏的可能。

4. 駁「王肅未有駁鄭玄之論」、「魏晉人未曾言及《孝經注》」

首先，皮氏認爲當時政權掌握在司馬氏手中，司馬氏和王肅有姻親關係〔註21〕：

> 司馬氏與王肅有連，左袒王肅，先有鄭注，何必言及？（卷上「鄭氏解」，頁四 B）

王肅處處反對鄭玄之言論，加上政治上的友好關係，故司馬宣王奉詔令諸儒注述《孝經》，以肅說爲主，未言及鄭注，十分合乎當時情勢。又王肅其實曾駁難《孝經鄭注》，皮錫瑞以邢疏〈聖治章第九〉一段舉證〔註22〕，知道脫誤

〔註20〕陸德明：《經典釋文・敘錄》中言「《中經簿》無」，是陸德明於《中晉簿》中《孝經》作者處，並未見載錄任何人，和此處劉知幾所言「只題鄭氏解」不同。據嚴可均的說法，應是陸德明和劉知幾所見的版本不同，故有此差別。

〔註21〕王肅之女嫁給晉文帝司馬昭。

〔註22〕〈聖治章〉疏曰：「鄭玄以〈祭法〉有『周人禘嚳』之文，遂變郊爲祀感生之帝，謂東方青帝靈威仰，周爲木德，威仰木帝，〔韋昭所著，亦符此說，唯魏太常王獨著論〕以駁之曰：『按《爾雅》曰「祭天曰燔柴，祭地曰瘞」，又曰「禘，大祭也」，謂五年一大祭之名。又〈祭法〉祖有功、宗有德，皆在宗廟，本非郊配。若依鄭說，以帝嚳配祭圜丘，是天之最尊也。周之尊帝嚳不若后稷，今配青帝，乃非最尊，實乖嚴父之義也。且徧窺經籍，並無以帝嚳配天之文。若帝嚳配天，則經應云「禘嚳於圜丘以配天」，不應云「郊祀后稷」也。……』」原文「以駁之曰」上必有脫誤，後依據黃榦、楊復的《儀禮經傳

之處即是「王肅著論」文字，由此可知邢疏引用的確實是王肅的《聖證論》。故此處皮錫瑞責難劉知幾不考證《聖證論》之文，反倒誤讀脫訛之文：

> 子玄生於唐時，《聖證論》尚在，乃漫不一攷，且謂魏晉朝賢無引《孝經注》者，王肅豈非魏晉人乎？（卷上「鄭氏解」，頁四B）

既知王肅爲學以攻鄭玄之學爲主，又此處明顯可知其《聖證論》駁難鄭玄之言，則可證此《孝經注》爲鄭玄所注無疑。據此，也順帶反駁了第十二驗，若王肅曾對鄭玄注發難，王肅爲魏晉之人，則不可謂「魏晉朝賢無引《孝經注》者」。

皮錫瑞針對劉知幾所疑難之處，一一加以辯駁，有些尖銳的論點因此得以寬解，但有幾處辨證卻無法疏通原本詰難，反倒強爲解說，有失公允。

二、辨析《孝經鄭注》與鄭玄的關係

皮錫瑞除了在序言中，針對前人的質疑提出反駁，更在內文注解中極力展現《孝經鄭注》和其它鄭玄著作的關係。

鄭玄用心於注釋經典，至今還保存完好的，唯有《周禮注》、《儀禮注》、《禮記注》和《毛詩箋》〔註23〕，雖也曾注其它經典如《周易》、《尚書》、《論語》等，然而亡佚很早，現在只能看到後人的輯本。故欲確立《孝經》爲鄭玄注解，透過鄭玄《三禮注》或《毛詩箋》來和《孝經注》做對比參證，是最直接的了。

這種對比參照的方式，是爲了化解陸澄所提出的「觀其用辭，不與（鄭玄）注書相類」的質疑；此法也於其它考證著作、文章中可見，如清末潘任〔註24〕、陳鐵凡〔註25〕、莊兵〔註26〕，皆採用此種方法，並贊同《孝經鄭注》的

通解續》引用，乃知脫誤的是「韋昭所著，亦符此說，唯魏太常王獨著論」十七字（邢疏校勘記則補：「言以后稷配蒼龍精也，王肅著論」）。故可知是王肅《聖證論》所駁難之言。（《孝經鄭注疏》卷上「鄭氏解」，頁四。）

〔註23〕 參考張舜徽：《鄭學敘錄》中鄭玄的生平和著述，收錄在【張舜徽集】第二輯中的《鄭學叢著》（武漢：華中師範大學，2005年），頁6。

〔註24〕 潘任：《孝經鄭注考證》針對劉知幾反駁之言，提出了十五證證明：又列舉了《孝經鄭注》中與《禮注》、《毛詩箋》相合（頁一B～頁四B）的例子。（虞山潘氏叢書，頁一A～頁十A）。

〔註25〕 陳鐵凡：《孝經鄭注校證》綜合嚴可均、潘任、皮錫瑞之言，又根據敦煌本《鄭注》與鄭玄其它經注如《三禮注》、《毛詩箋》、《周易注》、《尚書注》、《論語注》對比參照，列舉了五十六條相合之例子，成了最完善、最有力的證據。（臺北：國立編譯館，1987年十二月）

〔註26〕 莊兵：〈《孝經鄭注》新辨〉一文綜述以上各家之說，總結《孝經鄭注》作者確實爲鄭玄：「鄭注爲鄭玄本人所注，並且於鄭學的重要位置，無須懷疑。」，頁17。

作者確爲鄭玄無疑。

在操作此種印證方法時，皮錫瑞運用了人們易於了解的推論方式：假設著作A的作者爲甲，又著作B和著作A的內容相合，則著作B的作者也可能爲甲。如已知《三禮注》、《毛詩箋》等經注的作者爲鄭玄，又《孝經注》的內容和《三禮注》、《毛詩箋》等鄭玄其它經注內容相合，則《孝經注》的作者爲鄭玄的可能極高。以下透過《三禮注》、《毛詩箋》等鄭玄經注與《孝經注》的對比參證，看皮錫瑞推論過程：

（一）《三禮注》與《孝經鄭注》的對比參證

在《孝經鄭注疏》中，皮錫瑞大量引用了《三禮注》來和《孝經鄭注》作參照，其根本原因是：《孝經》言及祭天地、祭先祖等祭祀、禮制問題不少，相關文句的注解，恰可與鄭玄《三禮》相印證。又確知《三禮注》的作者爲鄭玄無誤，若文句或禮制相合，則是「《孝經》爲鄭玄所注」的最好證明。依據《三禮注》，約可分爲詞意的訓詁，和典禮制度二方面來對照，以下分別舉例：

1. 訓詁

如〈開宗明義章第一〉「子曰：夫孝，德之本也。」鄭注云：「人之行，莫大於孝者。」依據《禮記・中庸》「立天下之大本」的鄭注爲：「大本，《孝經》也。」《孝經鄭注》以「孝」爲人的最高道德行爲，〈中庸〉鄭注也說「道德之本，本於記載孝行的《孝經》」。皮錫瑞認爲兩處意義可互通，故云：「以此經注證之，其義郅塙。」（〈開宗明義章第一〉，卷上頁四A）

又〈開宗明義章第一〉「以順天下」，鄭注「以，用也。」皮錫瑞舉出一系列經注中爲「以，用也。」的例子，即舉了《周禮・鄉大夫》「退而以鄉射之禮五物詢眾庶」注、《儀禮・士昏禮》「以涪醬」注、《禮記・曾子問》「有庶子祭者以此」注（〈開宗明義章第一〉，卷上頁三B）。在舉證時，皮氏直接聯想到的是從《三禮注》中找到相符合的例子。

另外，〈天子章第二〉「兆民賴之」，鄭注：「億萬曰兆，天子曰兆民，諸侯曰萬民」，《禮記・內則》「降德於眾兆民」之鄭注也同樣爲：「億萬曰兆，天子曰兆民，諸侯曰萬民」。皮氏引出，兩者完全相符，故言「與此注同。」（〈天子章第二〉，卷上頁八B）

〈諸侯章第八〉「而況於公侯伯子男乎」，鄭注：「侯者，候伺伯者長」、「男

者，任也。」皮疏引用了《周禮・職方氏》鄭注：「侯爲王者，斥侯也」、「男，任也。」和《周禮・小祝》鄭注：「侯之言『候』也。」（〈諸侯章第八〉，卷上頁廿六 A）對於「侯」的理解，《孝經注》與《周禮注》兩處注解皆相合，由此推論注解《孝經》與注解《周禮》之作者應爲同一人。

2. 制度

《孝經》中許多談到禮制的部分，恰好可以與《三禮》做一印證和補充，皮錫瑞也運用此點，積極證明和徵引。如〈喪親章第十八〉中有許多禮制的問題，以下列舉說明：〈喪親章〉「服美不安」，鄭注「去文繡，衣衰服也」（〈喪親章第十八〉，卷下頁廿九 B），同樣地，在《儀禮・士喪既夕記》「乃卒，主人啼兄弟哭」，鄭注「於是始去冠而笄纚、服深衣」，在《禮記・問喪》「親始死，雞斯徒跣扱上衽」，鄭注：「雞斯當云笄纚，上衽，深衣之裳前，是其親始死笄纚、服深衣也。」可知鄭玄注《禮》所言和《孝經》此處相合，皆云去美服、居喪服。

無論在詞意的訓釋，或是禮制的解說，皮氏多徵引了《三禮注》中鄭玄的解釋，在許多時候，皮氏連結了《三禮注》與《孝經注》的關係，試圖說明鄭玄確實爲《孝經注》的作者。

（二）《毛詩箋》與《孝經鄭注》的對比參證

《孝經》於各章後，多處引用《詩》、《書》爲證並作結。其中引《詩》占多數，因此《孝經鄭注》正好可與《詩箋》作一完整對照，如〈卿大夫章第四〉最後一句：「《詩》云：『夙夜匪懈，以事一人』」，《孝經鄭注》云：「夙，早也。夜，莫也。匪，非也。懈，憜也。一人，天子也。」其中「夙，早也。夜，莫也。」正好同於《詩》文出處（〈烝民〉）之鄭箋。除了《孝經注》，同樣解爲「夙，早也」者，皮錫瑞又引了以下例子：〈行露〉「豈不夙夜」、〈小星〉「夙夜在公」、〈定之方中〉「星言夙駕」、〈陟岵〉「夙夜無已」、〈閔予小子〉「夙夜敬止」、〈有駜〉「夙夜在公」。同樣解爲「夜，莫也」的則有〈陟岵〉「夙夜無已」。而同樣爲「匪，非也」，有〈氓〉「匪來貿絲」、〈出其東門〉「匪我思存」、〈株林〉「匪適株林」、〈杕杜〉「匪載匪來」、〈六月〉「玁狁匪茹」、〈小旻〉「如匪行邁謀」、〈江漢〉「匪安匪遊」、〈載芟〉「匪且有且，匪今斯今」。（〈卿大夫章第四〉，卷上頁十五 B）

以上例子都出自可信的鄭玄著作，和《孝經》所注不謀而合，由此可知，

《詩箋》作者和《孝經注》的作者，很可能出自同一人。

又〈三才章第七〉，末引：「《詩》云：『赫赫師尹，民具尒瞻』」，鄭注：「師尹，若冢宰之屬也。女當視民。」《釋文》以為末句語意不完整，應是語句尚未結束。此詩文出自〈小雅‧節南山〉，鄭箋《詩》為：「此言尹氏女居三公之位，天下之民俱視女之所為。」此處《孝經鄭注》和《詩箋》有些出入，針對「冢宰之屬」和「尹氏女居三公之位」的不同，孔疏就提出調停，認為「《孝經注》以為冢宰之屬者，以此刺其專恣，是三公用事者，明兼冢宰以統群職。」而皮錫瑞不但引用孔疏，更試圖說解末句：

> 案鄭箋《詩》云「民俱視女」，此云「女當視民」者，蓋鄭意以為：
> 「民俱視女所為，則女亦當視民，以觀民心之向背也。」（〈三才章
> 第七〉，卷上頁廿四Ａ）

「民俱視女」和「女當視民」，本來主賓位置相反，句意也不清，《釋文》也認為後尚有文，然而皮錫瑞結合兩句意義，給予一個完整的解釋，是為了化解鄭玄解經兩處不相合的問題。

〈孝治章第八〉末句引《詩經》文，皮錫瑞同樣用了鄭玄《詩箋》來做對比參照：「詩云：『有覺德行，四國順之。』」此詩文出自〈大雅‧抑〉，鄭玄箋為：「有大德行，則天下順從。」與《孝經鄭注》：「覺，大也。有大德行，四方之國順而行之。」部分相合。皮錫瑞又引〈斯干〉「有覺其楹」之《毛傳》「有覺，言高大也。」和鄭玄箋「有大德行，則天下順從，其化與此合。」來做印證。然而，鄭玄箋「有大德行」前其實對「覺」字也有注解：「覺，直也」，可見鄭玄《詩箋》和《孝經注》並不完全相合，皮錫瑞選擇了相合的注解為之解說。

因為在《孝經》篇章中，多處引用了《詩經》文，故鄭玄對《孝經》引用的《詩經》所作的注解，正好可和《毛詩箋》直接對照，若文字、意義皆相同，即加強了二者的一致性。

鄭玄曾經注解的經典，除了《三禮》和《毛詩》之外，還有《周易》、《論語》等，但因為亡佚已久，許多經注殘闕或不復存在，不能成為可靠的參考依據。然而皮錫瑞仍然沒有忽略這些佚文，對於這些經注已不能得見而深感遺憾。以下即為一例：〈天子章第二〉「德教加於百姓」，鄭注云：「敬以直內，義以方外，故德教加於百姓也。」皮錫瑞認為此處鄭玄以「敬以直內、義以方外」來解釋「德教加於百姓」，《易經》也提到「敬以直內、義以方外，敬

義立而德不孤」,《易經》經文和此處《孝經》言德教相合,皮氏推想《易經》
鄭注和此鄭注也應相互呼應,然而「鄭君《易注》殘闕,〈坤〉六二一條不傳,
未知然否。」(〈天子章第二〉,卷上頁七 A)因為經注不存而無法得知,是痛
惜之處。

　　皮錫瑞在疏解的過程中,有意無意地透露、突顯《孝經注》的作者就是
鄭玄不容置疑。不但藉由上述對比疏證的方法,一步步地引導讀者相信並加
深《孝經》為鄭玄注的認知;更常見皮氏以《禮》經作為補充、說明《孝經
注》的依據,灌注此人必定熟習於《三禮》的想像,且出現的頻率、深度皆
有助於強化此說背後的推論,有意無意地將讀者導引至「鄭玄注解《孝經》」
這個答案。

　　皮錫瑞預設《孝經》為鄭玄所注,因此在為《孝經鄭注》疏解時,自然
地會和鄭玄或其著作緊密連結,無論是以鄭玄其它經注作為疏通方法,或是
指向此人嫻熟於《三禮》,皆是加強了自己支持《孝經》為鄭玄注的論點,皮
氏用心不難察覺。

第三節　皮錫瑞論辨方法之檢討

　　皮錫瑞深信《孝經注》的作者就是鄭玄,其所辨析的方法,除了在疏解
中積極證明《孝經注》與鄭玄之間的關係,更要在遇到異說時,維持自己的
說法圓融、沒有漏洞,此種自我圓說的說法是否確實疏通了注解意義,找到
最合適的解答,或是只是為了迴護自我立場,確立意圖。又,皮氏前面所認
可能夠證明、彰顯《孝經》為鄭玄所注的方法是否有效、合宜,以下分別提
出檢討。

一、預設立場未盡公正

　　皮氏預設《孝經》為鄭玄所注,展現在序言中對劉知幾的辨駁,和內文
為鄭注的注疏解釋中。然而這樣先入為主的觀念是否讓評論和駁難的立場失
之客觀,以下分別討論:
　　對於劉知幾的十二點質疑,皮錫瑞一一作了反駁,為問題發生的可能原
因做一番解釋,更在不合理之處積極提出駁難。但劉知幾所提幾處疑問,有
些問題已不可考定,皮錫瑞也無法解決,然而皮氏並未公允地站在客觀角度,

說明此問題已不可考定，孰是孰非無從論斷，而是先入為主地認為劉知幾所言不可信據，更使後代學者模糊其詞，無從徵驗。如前所述晉《中經簿》一條，皮氏說法尚未能反駁劉氏之說，在評斷別人的同時，皮錫瑞也落入了對問題的成見（即對《孝經》必為鄭玄所注的成見）。另外，皮氏急於論辨鄭玄曾注解《孝經》，如以《春秋》證《孝經》一條，以「《春秋》、《孝經》相表裡」一說來證明鄭玄曾注《春秋》，因此曾注《孝經》。忽略了外在證據，《春秋》、《孝經》本為兩書，不可因相等重要，而有必然注解的關係。

皮氏尚未能公允地化解劉氏所提出之十二驗，找出言論合理與不合理之處，在不可解釋之處，反而強詞解說，反倒使「《孝經》是否為鄭玄注之問題」更加模糊、棘手，皮氏做法有失偏頗。

二、辨析方法未盡嚴謹

針對上文所言，皮氏有意圖地在疏解中強化「鄭玄注解《孝經》」的方法，究竟是否合宜，可從下面兩點觀看說明：

（一）詞意訓解非鄭玄獨有

皮氏常用已確知為鄭玄所作的經注，當中訓釋的詞語來和《孝經注》訓釋之詞對照，並說明相同或相異，相同之時，即認定作者為同一人，因此訓釋詞意也一致。然而此種方法是否可以當作唯一標準呢？在做詞語的訓釋時，對於相同的詞，可能多家學者都有相同的解釋，原因可能那是最正確、最合理的解釋，但我們不能說因為解釋相同，故訓釋者皆為同一人。又，同一人也可能對同一詞語做不同解釋，漢語原有一詞多義的特性，在不同情況、不同句子中，可能用法、涵意大不相同，這就是詞意需要訓詁的地方，難道這樣的情況就要說作者為不同人嗎？如此，相同一本著作，詞意也可能有不同訓解，不同著作出現了相同解釋，也不能認定皆為同一人所作。那麼，皮氏所用的這套論證，就不一定能成立了。

（二）時代制度非鄭玄發明

皮錫瑞也曾針對禮制做對照和疏解，認為《孝經注》說明的禮制和《三禮注》中談論的禮制相合，可能為相同一人注解。然而禮制可能展現時代樣貌，也許那樣的制度，就是時代下的產物，任何了解當時制度的人，皆有可能做出相同注解，制度既不是鄭玄之發明，就不可能專為鄭玄所熟悉、所獨知。

第四節　本章結論

　　皮錫瑞於〈序言〉中所提出的幾項基本觀點，包含主張「鄭玄中年時注解《孝經》」，以及「鄭玄注解《孝經》全用今文說」之說法，皆是圍繞著「鄭玄爲《孝經鄭注》作者」一說而成立的。《孝經鄭注》的作者問題，對皮錫瑞來說毋庸置疑，但也因此是皮氏極力想要迴護的根本立場。而歷代質疑鄭玄爲《孝經鄭注》之作者的言論，正是皮氏立論觀點的最大阻礙，因此皮氏花大篇幅反駁、辨析，爲的就是使此一問題明朗不受疑難。

一、表明自身立場

　　對於《孝經鄭注》的作者，皮錫瑞反對後代梁載言、鄭珍土張鄭小同之說，認爲《孝經序》「念昔先人」一句應該是鄭玄念及先祖。

　　其次，皮錫瑞針對《孝經鄭注》的成書時代，也有深刻的辨析。《孝經鄭注》的成書時代和鄭玄治今文、古文的時間有很大的關係。《孝經序》曾自言「避難於南城之山」，故一般所認知《孝經鄭注》的成書時代爲鄭玄晚年避黃巾之亂時所作。然而學術界普遍認定，鄭玄治經「先治今文，後治古文」，若注《孝經》爲晚年之事，則顯然與皮氏主張「鄭注《孝經》全用今文」的基本立場相悖。因此皮錫瑞展現自身邏輯，反駁鄭珍所言晚年注解《孝經》爲避黃巾之亂，而支持所提出鄭玄於避黨錮之禁時注解《孝經》的說法。

　　又復，皮錫瑞堅信鄭玄注《孝經》全用今文，反對一般認爲鄭玄兼治今古的說法。皮錫瑞以此三點作爲基本立場，在疏解《孝經鄭注》的過程中反覆申述、辨析，且爲使前後立場相同、觀點一致，面對悖反自己立場的主張，皮氏或匡正、或駁斥，使《孝經鄭注疏》一書有完整、獨立的主張，而此也成爲它有價值之處。

二、反駁歷代對《孝經鄭注》的詰難

　　綜觀歷代對《孝經鄭注》的詰難，不出魏晉陸澄和唐代劉知幾之提論，故皮氏由此著手，逐一舉證回應。針對唐代劉知幾反對《孝經鄭注》爲鄭玄注解，所指出的十二項不可信之理由，皮錫瑞更一一駁斥，提出十二項證據反駁。除了舉出明證破除前人之言，皮錫瑞更在疏解的過程中，爲鄭玄立意，連結《孝經鄭注》和鄭玄的關係，表彰、推崇鄭玄之說。

如此條列駁難之言並爲之討論、回應者，和皮錫瑞同時期尚有潘任，潘氏在《孝經鄭注考證》中滙集各項證據，就嚴可均的基礎上廣搜明證，並將之整理成十五條，相同展現維護鄭玄的立場。

三、和其它鄭注對比參證

皮錫瑞於疏解中大量引用《三禮注》和《毛詩箋》來和《孝經注》作對比參證，無論在文字訓詁，或是典禮制度，皆有可以互相參照之處。運用鄭注其它經典的對比參證，也並非皮錫瑞獨具的方法，潘任十五證之中即舉《三禮注》、《毛詩箋》和《孝經注》作參照，證明二經的作者爲同一人。學者陳鐵凡更利用出土《孝經注》敦煌文獻，對照鄭玄其它經注，包含《三禮注》、《毛詩箋》、《尚書注》、《周易注》和《論語注》等，以五十六則例子證明《孝經注》作者和其它鄭注作者爲同一人，即爲鄭玄無疑：

> 由上舉證，足徵此書註文實與鄭注他書符合，其爲康成自無疑。
> 〔註27〕

關於《孝經鄭注》的作者是否爲鄭玄，隨著文獻的出土，日本學者林秀一〔註28〕、中國學者陳鐵凡〔註29〕等人的一再考究、修復，終於有較明朗的結果。學者陳鐵凡、舒大剛〔註30〕等人即肯定地將結果指向鄭玄，成爲目前爲止一面倒的推測。撇開作者問題不談，《孝經鄭注》一書仍是值得肯定的文獻，然而面對如此一本研究《孝經》經文和經學重要的書籍，如果確定作者爲漢代重要經學家鄭玄所作，則又更將賦予此書權威性和認同感。皮氏疏證《孝經鄭注》之時於有限的資料中推得鄭玄注解之證據，頗能取信於人，確屬難得。

皮錫瑞疏解《孝經鄭注》是在文獻輯佚、詞語訓詁、經義闡發之下推論的結論，以下即先就皮錫瑞爲《孝經鄭注》所作的輯佚與字詞訓詁作細部考察。

〔註27〕陳鐵凡著：《孝經鄭注校證·弁言》（臺北：國立編譯館，1987年），頁6～7。

〔註28〕林秀一相關著作有：《孝經學論集》（東京：明治書院，1976年）、《孝經述議復原に關する研究》（東京：文求堂書店，昭和二十八年（1953年）八月）。

〔註29〕陳鐵凡相關著作：《孝經學源流》（臺北：國立編譯館，1986年）、《孝經鄭注校證》（臺北：國立編譯館，1987年）、《孝經鄭氏解抉微、孝經鄭氏解斠詮》（臺北：燕京文化事業股份公司，1977年）。

〔註30〕舒大剛：〈迷霧濃雲：《孝經鄭注》眞僞諸說平議〉（「海峽兩岸鄭玄學術研討會」發表論文，2010年7月21～23日，錄自「國際儒學網」：http://www.ica.org.cn/jingxue.php？ac=view&id=2714）。

第三章 《孝經鄭注》輯佚、訓詁問題的考察

　　《孝經鄭注》的輯佚工作在清代已完成梗概，嚴可均的輯佚成果備受讚許，皮錫瑞《孝經鄭注疏》中鄭注的輯佚以嚴本爲基礎，更多處引用嚴氏之說。然而，對於嚴氏的成果和說法，皮錫瑞並非全盤接受，在校勘上，皮錫瑞對嚴可均的繼承和補正，正可看出皮氏審愼的態度和辨析的用心。面對注文多處殘闕，皮氏積極蒐求資料，以作爲推測、擬定的證據，並依據鄭意盡力補茸。

　　皮錫瑞除了細心整理文獻資料，更致力於經典字句、義涵的解釋，凡遇經文、注文有爭議之處，皮錫瑞必定列舉各家說法，找尋較爲恰當之說，雖以鄭注爲基本立場，亦未忽略其它注釋；雖維護鄭注，亦盡可能於諸家注解中擇優理解、分析闡發。

　　本章藉由皮錫瑞對《孝經鄭注》輯佚和訓詁問題的考察，觀看皮氏面對不完足的文本資料，如何處理和分析，甚至進一步推論和闡發經文、注文義涵。

第一節 《孝經鄭注》之輯佚問題

一、關於輯佚

　　關於「輯佚」，張舜徽《中國古代史籍校讀法》曾有過這樣的說明：

想盡方法，希望通過其他書籍中引用的材料，重新搜集、整理出來，
企圖恢復作者原書的面貌，或者恢復它的一部分，這便是「輯佚」。
〔註1〕

也就是說，輯佚是好學博覽之人面對古代書籍散佚，而積極地進行蒐羅、拼
湊、復原的工作。這種工作在宋代就有學者投注心力，到了清代，文獻整理
工作盛行，輯佚更成為研究古籍的首要步驟。

　　對於清代學者大多致力於這些文獻復原工作，有些人認為是微不足道、
對於學術是沒有貢獻的，例如梁啓超就認為輯佚者不過是個鈔書匠，和研究
古籍、探討經義者沒法相比：

　　總而論之，清儒所做輯佚事業甚勤苦，其成績可供後此專家研究資
　　料者亦不少。然畢竟一鈔書匠之能事耳。末流以此相矜尚，治經者：
　　現成的《三禮》鄭注不讀，而專講些什麼《尚書》、《論語》鄭注；
　　治史者：現成的《後漢書》、《三國志》不讀，而專講些什麼謝承、
　　華嶠、臧榮緒、何法盛；治諸子者：現成幾部子書不讀，而專講些
　　什麼佚文和什麼偽妄的《鬻子》、《燕丹子》。若此之徒，真可謂本末
　　倒置，大惑不解。〔註2〕

梁啓超認為研究古籍應首先選擇現成的書籍，而不應在散佚的書籍上作努
力。其實並非如此，輯佚需要廣大的學術素養，必須有識之人才可將其著錄
完善，張舜徽說：

　　不獨學術流別、著述體例，必須有所了解；連古人引用舊文的義例，
　　古人撰述舊事的辭氣，都應該分別清楚。不然，便容易誣枉古人，
　　遺誤來學。〔註3〕

可見輯佚的工作，不單只是抄書，對於那一方領域的學術發展、成書體例，
更甚者，作者、引用者的敘述方式、語辭習慣皆應深入了解，對於資料的取
捨才有依據，對於正誤的判別也才有標準。底下所述嚴可均和皮錫瑞之用心
即在於此。

〔註1〕張舜徽：《中國古代史籍校讀法・關於搜輯佚書的問題》（武昌：華中師範大
　　　　學出版社，2004年），頁447。
〔註2〕梁啓超：〈清代學者整理舊學之總成績（二）〉中提到「校注古籍」、「辨偽書」、
　　　　「輯佚書」三種清儒之貢獻，《中國近三百年學術史》（臺北：里仁書局，1995
　　　　年），頁379。
〔註3〕張舜徽：《中國古代史籍校讀法》，頁454。

二、《孝經鄭注》的輯佚

前文已述及，《孝經鄭注》於宋代亡佚，至清代，許多學者爲之輯佚，《孝經鄭注》始能重見大致樣貌。眾多學者的輯佚成果中，屬嚴可均之輯佚本最完善，最爲後人稱許。皮氏《孝經鄭注疏》即是依據嚴可均「四錄堂本」輯佚之《孝經鄭注》，梳理鄭玄解經之意、加上自己的案語著成，皮氏曾於序言中說明：

> 自明皇注出，鄭注遂散佚不完，近儒臧拜經（案：臧庸）、陳仲魚（案：陳鱣）始衰輯之。嚴鐵橋「四錄堂本」最爲完善。（卷上〈序〉，頁一B）

皮錫瑞認爲，嚴氏輯本廣納《群書治要》、《經典釋文》、《孝經邢昺疏》之文，讚許嚴本完善，可爲推尊鄭玄之功臣也：

> 嚴可均取《治要》與《釋文》、《邢疏》所引合訂，近完善，可繕寫，眞高密功臣矣。（卷上「鄭氏解」，頁五A）

皮氏對嚴氏之肯定，於序言和《孝經鄭注疏》本文中隨處可見。嚴可均之後，葉德輝又引陳禹謨之《書鈔》、武則天之《臣軌》，可補嚴本之不及，皮氏也一併載錄，以見完足：

> 輯本既據鐵橋，故案語不盡加別白，煥彬（案：葉德輝）引陳（案：陳禹謨）本《書鈔》、武后《臣軌》，匡嚴氏所不逮，茲並著之，不敢掠美。（卷上〈序〉，頁二A）

以下，便舉數例，查考皮氏對嚴可均輯佚成就的承繼與補正。

（一）對嚴氏輯佚成果之繼承與補正

1. 嚴氏輯佚成果之繼承

《孝經‧庶人章》位於前「天子」以至「庶人」五章之末，故談論各階層人民行孝之道，於〈庶人章〉有總結之言。此章經文「故自天子至於庶人，孝無終始而患不及己者，未之有也」（《孝經注疏》卷三，頁二A）一句，即是討論天子至庶人，孝是否有終始之問題，從經文來看，孝有終始則患必加身，故必當孝有終始。嚴氏自《群書治要》輯錄鄭注：「總說五孝，上從天子，下至庶人，皆當孝無終始。能行孝道，故患難不及其身也」。嚴氏云：

> 今按「難」、「善」，二本皆誤，其致誤之由以鄭注有「皆當孝無終始」

之語，而下章復有此語〔註4〕，實則兩「無」字，並宜作「有」。何以明之？經云「孝無終始」者，承上章「始於事親、終於立身」，故此言「人之行孝，倘不能有始有終，未有禍患不及其身者也」。晉時傳寫承誤，謝萬、劉瓛雖曲爲之說，於義未安。今擬改鄭注云「皆當孝有終始」，即經旨明白矣。〔註5〕

〈開宗明義章〉經文一句：「夫孝，始於事親，中於事君，終於立身」（《孝經注疏》卷一，頁三 B），明言「孝」當有「終」、「始」，故此章順前章經文爲說，言「自天子至於庶人，孝無終始而患不及己者，未之有也」，說明無論天子、庶人，行孝皆需有始有終；若做不到行孝若不能有終有始，則將有禍患加身。經文以「未之有也」一句，否定前句「孝無終始而患不及己者」之假設，強調「孝無終始」則必有禍患。

經文之意既明，即可發現《群書治要》所錄鄭注之意確實和經文不合，故嚴可均認爲可能是「晉時傳寫承誤」，又「謝萬、劉瓛曲爲之說」，然而於經義不符。最後嚴可均擬改此章和下〈三才章〉之鄭注爲「皆當孝有終始」，使與經文相應。

皮氏同意嚴氏之說，並援引各家針對「孝無終始」、「孝有終始」之申鄭、難鄭往復之詞加以解說（此牽涉到「孝是否有終始」問題，見第四章第三節），終以主鄭者之「皆當孝有終始」之說爲確。皮氏又於〈三才章〉「孝無終始」之句下疏解：

> 「孝無終始」，當從嚴氏改爲「孝有終始。」（〈三才章第七〉，卷上頁廿一 B）

皮氏以爲嚴氏擬改鄭注之文頗爲順當，故遵從嚴氏之說。然而，無論是否「傳寫承誤」，嚴氏此處的「理校」確實使注文與經文更爲切合，且使經義通暢易曉。

2. 嚴氏輯佚成果之補正

雖然對嚴可均輯佚之功推崇備至，但皮氏並非一味採納嚴氏之見，對於嚴氏整理不周全之處，皮氏仍藉著對鄭玄之了解，作合宜地檢核、推敲，並指正、質疑嚴氏之不足，甚或以己意析辨，推測出可能的鄭注原貌。以下一一舉例說明之。

〔註4〕《孝經·三才章第七》經文：「孝之大也。」此句之鄭注：「上從天子，下至庶人，皆當爲孝無終始。曾子乃知孝之爲大。」
〔註5〕嚴可均輯：《孝經鄭注·庶人章第六》（咫進齋叢書），頁四 B。

（1）皮氏訂正嚴氏所用之字（語辭）

〈事君章〉末句經文引《詩·小雅·隰桑》末章：「心乎愛矣，遐不謂矣。中心藏之，何日忘之。」（《毛詩注疏》卷十五之二，頁十二A）今日所見《詩經》之經文作「中心藏之」，嚴可均輯佚《孝經》引《毛詩》也作「藏」，但皮錫瑞改動嚴本作「臧」，其下案語云：「鄭君《詩》箋作『臧』字解，其所據本當作『臧』，今改正。」（〈事君章第十七〉，卷下頁廿九A）

我們先看玄宗對此句經文之理解，玄宗將「藏」作「藏心中」，云：

> 義取臣心愛君，雖離左右不謂爲遠，愛君之志恒藏心中，無日暫忘也。（《孝經注疏》卷八，頁四B）

玄宗認爲〈事君〉一章講述臣子事君之道，不但要順從君之美善，也要匡救君之惡習，最後以《毛詩》經文作總結，表明臣敬愛君，故不遠離君主身邊，愛君之心也永藏心中不忘卻。玄宗遂以「藏」作「藏心中」，和經文用「藏」字沒有衝突。

此處《孝經》無注，爲何皮錫瑞認爲應改字作「臧」，其案語提及依據鄭玄《毛詩箋》，故有必要仔細考查鄭玄《毛詩箋》中對〈隰桑〉末句的解釋爲何：

> 臧，善也。我心愛此君子，君子雖遠在野，豈能不勤思之乎？宜思之也。我心善此君子，又誠不能忘也。孔子曰：愛之能勿勞乎？忠焉能勿悔乎？（《毛詩注疏》卷十五之二，頁十二A）

鄭玄將經文「臧」解作「善」，是對君子的欣賞、贊同。推測皮錫瑞認爲「藏」未有解作「善」者，若作「善」解者，鄭氏所見經文必作「臧」字，因此說「《詩箋》作『臧』字解」。皮氏又云：

> 此經引《詩》，鄭注不傳，……鄭訓「臧」爲「善」，是鄭所據本作「臧」，鄭本《孝經》亦當作「臧」，不作「藏」也。（〈事君章第十七〉，卷下頁廿九A）

皮錫瑞認定「臧」字原義爲「善」，鄭氏既以「善」解，則《毛詩》經文原本爲「臧」字可知。《孝經》此處相同，若鄭亦作「藏」，則與《詩箋》不能合。故皮氏認爲經文作「臧」，不應如嚴本作「藏」。

（2）皮氏訂正嚴氏之說解（版本）

再看〈喪親章〉「陳其簠簋而哀感之」（《孝經注疏》卷九，頁二B）一句，此句嚴可均據《北堂書鈔》原本八十九〈祭祀總〉輯錄之鄭注云：「簠簋，祭器，受一斗兩升，內圓外方曰簋」下，嚴可均之按語：

按此下當有「外圓內方曰簠」六字闕。

《儀禮·少牢饋食疏》各引半句，今合輯之。又《考工記·旗人疏》引「內圓外方」者，按鄭注《地官·舍人》云「方曰簠，圓曰簋」，就內言之，未盡其詞，唯《儀禮·聘禮》釋文「外圓內方曰簠，內圓外方曰簋」，形制具備。〔註6〕

嚴氏以爲原本《書鈔》「內圓外方曰簋」六字之下，應當有「外圓內方曰簠」闕文，若此，則意義才告完足。而鄭注《周禮·地官·舍人》所云「方曰簠，圓曰簋」（《周禮注疏》卷十六，頁廿十B），即是依照容器之內部形狀而言，並未詳述內、外部之貌，只有阮元校勘《儀禮·聘禮》所云「外圓內方曰簠，內圓外方曰簋」（《儀禮注疏》卷廿十校勘記，頁一A）才是形狀、款式皆具備，和嚴氏所推正合。

然而此處皮氏並未依據嚴可均所輯，而是依陳禹謨本《北堂書鈔》八十九所引《孝經鄭注》作：「簠簋，祭器。受一斗二升，方曰簠，圓曰簋，盛黍稷稻粱器。陳奠素器而不見親，故哀之也。」皮氏云此處陳本和鄭義合，勝過嚴氏所據之《書鈔》原本：

嚴氏過信《書鈔》原本，原本有誤，說見疏中。陳本與原本異者，多與明皇注同，邢疏不云依鄭注，則陳本亦難信。此條與鄭義合，勝原本，故據之。《御覽》七百五十九器物曰「引《孝經》曰陳其簠簋」，鄭元〔註7〕曰「方曰簠，圓曰簋」，與陳本《書鈔》所引合。（〈喪親章第十八〉，卷下頁卅二B）

皮氏認爲嚴可均過信原本，依原本補足闕文，然原本其實有誤；陳本則多與明皇注同，明皇注並不全依鄭注，此處邢疏也未明言依鄭，故陳本也難以探信。只是此條與鄭義相合，勝過原本，故皮氏捨嚴可均所據之原本，而採和鄭義相合之陳本。

皮氏接著又引《周禮·地官·舍人》之賈公彥疏：「方曰簠，圓曰簋，皆據外而言。案《孝經》云『陳其簠簋』，注云『內圓外方，受斗二升』者，直據簠而言，若簋則內方外圓。」（《周禮注疏》卷十六，頁廿十B）賈疏又引《易·損卦》表「木器圓簋」，以「簋」者爲圓形木器，故皮氏以「簋法圓」爲確，

〔註6〕嚴可均輯：《孝經鄭注·喪親章第十八》（咫進齋叢書），頁十二B。

〔註7〕鄭元，應爲鄭玄，皮氏改字避諱。皮錫瑞疏解尚有多處缺筆避諱，以下皆逕改作「鄭玄」，不出注。

並依賈疏以爲鄭意實爲：「內圓外方曰簠」、「內方外圓曰簋」，故「方曰簠，圓曰簋」皆是據外而言。皮氏言：

> 按賈氏兩處之疏解鄭義甚明。云「方曰簠，圓曰簋」，據外而言，是鄭義以爲「外方內圓曰簠，外圓內方曰簋」矣。引《孝經注》云「內圓外方」，據簠而言。若簋則內方外圓，又引《易注》以證簋爲圓，象其義尤明。（〈喪親章第十八〉，卷下頁卅四 B）

皮氏以上述證據駁嚴可均所輯有失，反對了嚴氏根據之《書鈔》原本，也指責嚴氏明知和〈舍人〉注不合，而以己意強說「就內言之」，而忽略賈疏原以「據外而言」。皮氏認爲嚴氏疏漏之處：

> 賈疏亦得鄭意，乃《釋文》從誤本作「簠」，不從或本作「簋」。所引「外圓內方曰簠，內圓外方曰簋」，不知誰氏之說，與鄭義正相反。阮氏〈校勘記〉辨《釋文》之誤最確。原本《北堂書鈔》所引與《釋文》同誤，鄭義並不若是。嚴氏知與鄭〈舍人注〉不合，強云「就內言之」，不知賈疏明云「皆據外而言」，凡器雖有外內方圓之不同，總當以見於外而一望可知者爲定，嚴說非是。（同上）

皮氏認爲嚴氏所引《儀禮‧聘禮》釋文「外圓內方曰簠，內圓外方曰簋」，必是從某誤本因而致誤，和鄭義正好相反，原本《北堂書鈔》所引和《釋文》相同，嚴氏因而依照原本所引說解，故和鄭義亦不同。嚴氏知「簋法圓」，因此於「外圓內方曰簠，內圓外方曰簋」文句，又強云「就內言之」試圖融通，卻不知賈公彥《儀禮》疏於疏解時早已明言「皆據外而言」，證據俱在。對於嚴氏以內言，賈疏以外言，皮氏以爲器形可能有內外形體不同，然就一般而言，應以外觀一望而知者爲主，故皮氏認爲嚴氏所言非是。

皮氏依據嚴可均輯佚本爲基礎，採用和修正嚴本。對於嚴可均輯佚經文依據《毛詩》用「藏」字，皮氏所作修訂並非唯一解釋。〔註8〕「藏」字究竟可否作「善」解，又「藏」字是否確爲「臧」字之誤字，並非本文討論焦點。

〔註8〕清代學者馬瑞辰認爲「藏」字是「臧」字的假借：
> 「藏」者，「臧」之假借。古藏匿字多借作「臧」，故臧善字《詩》又借「藏」。《傳》訓「藏」爲善，正以釋「臧」者釋「藏」也。《唐石經》初作「藏」，後改作「臧」，《釋文》亦作「臧」，不若《注疏》本作「藏」爲善。

> 馬瑞辰視「藏」爲「臧」字之假借，認同二者代用之關係，並因此認爲作「藏」字較爲妥善。參見馬瑞辰著、陳金生點校：《毛詩傳箋通釋》（北京：中華書局，2005 年），頁 780。

然而皮氏以此作爲疏解內容，可以說明皮氏於疏解過程中，極力彰顯鄭氏箋《詩》、注《孝經》兩相呼應。另外在版本方面，嚴氏所據之《書鈔》原本，和皮氏所信之《書鈔》陳本，其實皆不是完全可以採信的本子，然而此例皮氏以陳本「與鄭義合」之由，認爲陳本勝過原本，因而採信。皮氏爲鄭注護航之用意十分明顯。

（二）對鄭注殘闕的補葺

《孝經鄭注》雖爲輯佚者整理復原，仍無法還原全貌；嚴可均輯佚於部份可辨認出闕文者，一一加以注解，推測鄭意，然仍有未盡完善之處。皮氏或參照套用鄭注其它篇章之解釋、或援引採納前人較合宜說法、或以己意推論辨析。至於實在無法補葺的文句，皮氏則寧付闕如，不妄加揣測。皮氏善用不同證據、方式，盡可能復原鄭注、鄭意，以下即各依皮氏取用之方法舉例說明：

1. 依鄭注《孝經》其它篇章補足

皮錫瑞疏解《孝經鄭注》，常縮合前、後篇章融通補充，面對鄭注之闕文，皮氏首先利用經文、經注相互解釋。如〈廣要道章〉「禮者，敬而已矣」，下句爲「故敬其父則子說，敬其兄則弟說，敬其君則臣說，敬一人而千萬人說」（《孝經注疏》卷六，頁五 B），此句經文之鄭注爲「盡禮以事」，嚴可均云：「語未竟」。由上句「禮者，敬而已矣」，可知此句鄭注應針對「敬」者言說，以「敬」之行爲表現「禮」之意涵，故鄭注「盡禮以事……」應是要說明「禮」之體現在於「事父」、「事兄」……等，然此句未完。皮氏爲之疏解：

> 鄭云「盡禮以事」，文不完，當即下章注云「父事三老，兄事五更，郊則君事天，廟則君事尸」之禮，蓋言天子敬人之父、敬人之兄、敬人之君，惟此等禮有之。〈至德〉、〈要道〉兩章，義本相通也。（〈廣要道章第十二〉，卷下頁十七 B）

皮氏雖未復原鄭玄之注文，然於意義卻闡發地十分完足。〈廣至德章〉「教以孝，所以敬天下之爲人父者也；教以悌，所以敬天下之爲人兄者也；教以臣，所以敬天下之爲人君者也」（《孝經注疏》卷七，頁一 A）鄭玄注文：「天子父事三老，所以敬天下老也；天子兄事五更，所以教天下悌也；天子郊則君事天，廟則君事尸，所以教天子臣。」清楚說明以「事三老」、「事五更」、「事天、事尸」來表現「敬父」、「敬兄」、「敬君」。皮氏結合上、下兩章，將鄭注

未完之意對照補足，不但闡明了〈廣要道章〉之鄭注闕文，更滙通〈廣要道章〉和〈廣至德章〉，使二章之經文、注文皆能連貫融通。

2. 依鄭注其他經籍補明

皮錫瑞充分利用鄭玄注解群經的豐富資料，遇到《孝經鄭注》闕文，即嘗試透過鄭玄其它注解爲之補明。如〈喪親章〉經文：「喪不過三年，示民有終也」，嚴可均依《孝經正義》和《釋文》所錄鄭注爲：「三年之喪，天下達也。不肖者企而及之，賢者俯而就之，再期」，語句明顯有闕。嚴可均引《禮記・喪服小記》認爲「再期之喪三年也」，以父母之喪爲三年。然而皮錫瑞說：「鄭君不以再期爲三年，嚴說未覈。」（〈喪親章第十八〉，卷下頁卅一 B）批評嚴氏之言並不確實。

皮錫瑞引《儀禮・士虞禮》「又朞而大祥……，中月而禫」之鄭玄注：

> 中，猶閒也。禫，祭名也，與大祥閒一月，自喪至此，凡二十七月。

（〈喪親章第十八〉，卷下頁卅二 A）

和《鄭志》中鄭玄答趙商之言：

> 祥謂大祥，二十五月是月，禫謂二十七月，非謂上祥之月也。〔註9〕

以大祥爲二十五月，禫爲二十七月。皮氏認爲鄭玄此說是依據《大戴禮記・喪服變》之言：「除禮二十五月大祥，二十七月而禫」，故皮氏最後說：

> 鄭君原本大戴，以爲二十七月而禫，其義最精。鄭此注不完，當云「再期大祥，中月而禫」。（〈喪親章第十八〉，卷下頁卅二 A～B）

皮錫瑞依照鄭注《儀禮》之解釋以及後代紀錄鄭玄之言，作爲此處鄭注闕文之依據，且試圖補葺經文，還原經義。

3. 依己意推論辨析

凡遇鄭注闕文，又無可參證者，皮氏或順鄭義而解，或以己意疏解之。例如：

（1）順解鄭義

〈孝治章〉「故得萬國之歡心，以事其先王」（《孝經注疏》卷四，頁一 A）一句，其注文有闕：「諸侯五年一朝天子，各以其職來助祭宗廟。天子亦五年一巡守，勞來，是得萬國之歡心，事其先王也。」其中「勞來」一句，不知何意，皮氏云：

〔註9〕《鄭志疏證》卷六，頁三下。（台北：世界書局，1982 年）

云「勞來」者，鄭義不完。蓋以爲禮尚往來，諸侯五年一朝，天子
亦五年一巡守，答其禮而勞來之故，得萬國之歡心也。（〈孝治章第
八〉，卷上頁廿八 A）

面對鄭意不完之句，皮氏以此段注文之上下文意，來推測此處「勞來」可能
之意。此段注文說明諸侯和天子之贈禮和答禮，諸侯五年一朝聘，天子亦五
年一巡守，以禮相互往來；天子以禮接待諸侯之朝聘，慰勞諸侯前來，以得
天下之歡心。皮氏依當句注文補足殘缺之意，使文意能夠順當、無疑。

（2）擬推鄭義

另一例〈聖治章〉「故能成其德教」一句，鄭注「漸也」；「而行其政令」
（《孝經注疏》卷五，頁七 B）一句，鄭注「不令而伐謂之暴」。嚴可均自《經
典釋文》輯此二句，前句「上闕」、後句「上下闕」，皆有闕文。皮氏曰：

鄭注「德教」、「政令」二句殘闕，其意似以「德教」當以漸致，「政
令」不宜暴施；君子知其如此，「故能成其德教而行其政令」也。（〈聖
治章第九〉，卷下頁十一 B）

對於闕文是闕何處，原鄭注文句應是如何，皮氏並未試圖還原。然而，皮氏
依其所見殘存之文字，嘗試拼湊出鄭氏之意：經文「成其德教」，鄭注以爲是
「漸致政令」，即是將道德教化落實爲政策法令，以廣播德教；經文「行其政
令」，鄭注以爲是「不暴施」，即依政令而責罰，不隨意討伐，若可循二者，
則「德教」可成而「政令」可行，君主之治理教化可施行於民，和此章經義
相符。由此發現，皮氏不但疏解鄭意，更推得經義。

4. 依其它鄭注和己意融通推論

皮錫瑞更兼用二種方法試圖補足闕文，不但援引鄭玄其它經注來佐證，
再依自己的理解闡釋說明。如〈三才章〉末引：「《詩》云：『赫赫師尹，民具
介瞻』」，嚴可均依《釋文》所錄之鄭注爲：「師尹，若冢宰之屬也。女當視民。」
《釋文》認爲末句語意不完整，應是語句尚未結束。

皮錫瑞先引用鄭玄箋《詩・小雅・節南山》之文句：「此言尹氏女居三公
之位，天下之民俱視女之所爲。」加上此處《孝經注》所云，最後總結分析
之：

案鄭箋《詩》云「民俱視女」，此云「女當視民」者，蓋鄭意以爲：
「民俱視女所爲，則女亦當視民，以觀民心之向背也。」（〈三才章
第七〉，卷上頁廿四）

「民俱視女」和「女當視民」，本來主賓位置相反，句意也不清，陸德明《釋文》推測後尚有文，然而皮錫瑞結合兩句意義，給予一個完整的解釋，使闕文的部分句意完足，又使經義通暢合理。

5. 鄭注殘缺，寧付闕如

處理鄭注闕文，皮氏雖盡可能還原、推得鄭氏原意，然而面對有些不明其義的注文，皮氏只盡力將各家說解盡列；至於鄭意爲何，皮氏不妄加揣測。如〈聖治章〉「故親生之膝下，以養父母日嚴」（《孝經注疏》卷五，頁四 B）一句，鄭注只有「致其樂」三字，嚴氏認爲此句上應當有「養以」二字，下則闕文。皮氏之疏解爲：

> 《漢書·藝文志》曰：「『故親生之膝下』，諸家說不安處，古文字讀皆異。」是此經本不易解，鄭注殘缺，未審其義云何。明皇注云：「親愛之心生於孩幼，比及年長，漸識義方，則日加尊嚴」，其說亦不安，恐非鄭義也。（〈聖治章第九〉，卷下頁九 A～頁九 B）

皮氏引《漢書》明言諸家說解之古文字讀皆異，說明此句經文本不易解，又加上「鄭注殘缺」，無從了解鄭意，更無可推得經義。於是皮氏又引明皇之注，將可能說解列出，然而句末「其說亦不安，恐非鄭義也」，否定了玄宗注解此句之義，未知是否應合經文，但和鄭注「致其樂」無關，於鄭義之發明無所助益。鄭義究竟爲何，皮氏並未試圖猜測解釋，於未知處留白，正可看出皮氏考證推論之篤實作風。

面對鄭注殘闕之問題，皮錫瑞所握資料有限，但仍利用「本校」、「他校」的校勘方法盡己之力完成補葺。其餘尚未有文獻可依據者，皮氏或用「理校」，或夾雜己見推測可能鄭意。皮氏依鄭注其它篇章補足，不但可看出鄭玄解經上下貫通、前後觀照，更重要的是，皮氏身爲鄭玄的代言人，確實掌握鄭注脈絡，爲之疏通證明。依鄭注其它經籍補明的例子，也看出皮氏熟稔鄭玄著作和精通鄭注，故可援引參用，互相對照。至於皮氏依己意推論辨析之處，則是展現皮氏對文獻的詮釋功力，例如〈三才章〉鄭注「女當視民」一句，皮錫瑞解爲「民俱視汝所爲，則女亦當視民，以觀民心之向背。」即是巧妙地結合二處鄭注，並加上自己的推擬，完整融通地呈現出鄭意。

第二節 《孝經鄭注》之訓詁問題

　　皮錫瑞身為今文經學家，然而對文字訓詁的辨析並不疏漏馬虎。《孝經鄭注疏》文中細心探究《孝經》經文和注文，若遇相同文字有不同解說者，皮氏多能列舉對比，並詳析不同字句於經文中之意涵，甚或從中發抒自身見解。以下舉例說明皮氏著力之處：

一、細究經典用字，辨析詞義異同

　　皮錫瑞疏解過程中十分注重字詞涵義，對於同一字卻有不同意義，必定引證推論以彰顯字詞間的異同。

（一）無念／無忘

　　《孝經·開宗明義章》末句引用了《詩·大雅·文王》「無念爾祖，聿修厥德」（《詩經注疏》卷十六之一，頁十三 A）之文句，皮錫瑞對照《毛傳》和鄭玄《詩箋》之注解，給予《孝經注》一個合理之解釋。

　　「無念爾祖，聿修厥德」一句之「無念」解釋，《孝經注》云：「無念，無忘也。」皮錫瑞藉《毛傳》之文「無念，念也。」合併論述經義，皮氏云：

> 云「無念，無忘也」者，《詩》毛傳曰：「無念，念也。」箋云：「當念女祖為之法」。鄭箋《詩》從毛義，此以「無念」為「無忘」，亦同毛義。「無忘」即是「念」，「無忘」之「無」是實字，與「無念」之「無」為語辭者，義不同也。（〈開宗明義章第一〉，卷上頁六 A）

皮錫瑞認為，鄭玄箋《詩》遵循《毛傳》之義，故「無念」既是「念」，也是「無忘」，「念」即是「無忘」，於理頗能通。故若以「無念」為「念」，則「無」字無意義，為虛辭；若以「無忘」為「念」，則「無」字即「沒有」之義，為實辭。皮錫瑞如此說解，於二處皆可通，且一「無」字，在此處為實辭，在彼處為虛辭，化解了《孝經注》和依據《毛傳》解釋的鄭意，二者之出入。

　　針對前人對文字之解說，皮氏也留意相異處，互證參照，並審慎辨明正確與否，甚可從一字探得經注之深意。以下列舉數例，即可窺見皮氏之理解：

（二）資／取

　　先看〈士章〉「資於事父以事母而愛同，資於事父以事君而敬同」一句，鄭注「資者，人之行也」。何休《公羊解詁》中認為：「本取事父之敬以事君」，以「取」釋「資」。徐彥疏解云：

何氏之意以「資」爲「取」，與鄭異。鄭注云：「資者，人之行也」。
注〈四制〉云「資，猶操也」。然則言人之行者，謂人操行也。（《公
羊注疏·定四年傳》卷廿五，頁十六 B）

徐彥認爲何休和鄭玄訓解有異。對於鄭玄注《孝經》和注《禮記》「資」字的
不同，徐彥則認爲並無違異。鄭玄解《孝經》之「資」爲「人之行」，也就是
人所表現出來的行爲、操行，正如同注《禮記·喪服四制》以「資」爲「操」，
同樣解釋爲操行、操持。

　　皮氏贊成徐彥之見解，並引了《禮記·喪服四制》孔穎達之疏文：「操持
事父之道以事於君，則敬君之禮與父同」、「操持事父之道以事於母，而恩愛
同。」孔疏以「操持」解「資」，和《公羊疏》所言相同。確實，「人之行」
是對文意的理解，「操持」則是對字義本身的訓釋，二者並沒有衝突；此處既
是「人之行」也是「操持」，二處解釋相合。

　　然而對於鄭玄其它經注所解「資」字，多和何休所言相同，以「資」作
「取」者；皮氏說：

鄭注《考工記》、〈喪服傳〉、〈明堂位〉、〈表記〉、《書大傳》皆云：「資，
取也。」此不同何氏訓「取」者，鄭意蓋以經之下文，乃言「母取
其愛，君取其敬」，此不當先以「取」言也。（〈士章第五〉，卷上頁
十六 A）

雖然鄭玄和何休皆以「取」訓「資」，皮氏卻認爲二者所言之義不同，何休「本
取事父之敬以事君」之「取」，不可用來解釋《孝經》經文「資」之義，主要
是因爲《孝經》下文「母取其愛，君取其敬」二句，經文已用「取」字，則
「資於事父以事君則敬同」一句之「資」，就不該以「取」義解，否則無法解
釋經文二處同義，卻用不同文字表示之狀況。

　　由此條可知，皮氏分析、訓釋文字之義極其細心，遇不同之字，必細究
其文字用意。此處之「取」和「操持」，於經義皆可通，只於文詞的理解不
同而已；皮氏統觀《孝經》前後文句，認爲經典用字既不相同，詞義也應有
別。

　　（三）是／則

　　〈三才章〉也有一個類似的例子，經文云：「天地之經，而民是則之」，
嚴可均錄自《群書治要》之鄭注爲：「民居其間當是而則之」。

　　皮錫瑞在疏解此句「是」和「則」的字義時，提到《爾雅·釋言》所云

「是，則也。」按《爾雅》之解，「是」、「則」二字同義，「民是則之」就是
「民則之」、「人民遵循天地之道」的意思。然而皮錫瑞認爲「是」、「則」相
異的兩個字，應表達不同意涵，因此反對《爾雅》之解。他說：

> 據《雅》義「是」與「則」義同，不當重出。（〈三才章第七〉，卷上
> 頁廿二Ａ）

皮錫瑞認爲「是」、「則」二字既用了相異的兩字，應該有其各字意義。若此，
那「是」、「則」二字究竟怎麼理解呢？皮氏從其餘字書中找了可靠依據，他
引用《釋名‧釋言語》，以「是」爲「嗜樂」之意，和單純的以「是」爲「遵
從」有別。皮氏並肯定了鄭意也當如此：

> 鄭分「是」與「則」爲二義，亦當以「是」爲「嗜樂」之意矣。
> （同上）

皮氏以「是」爲「嗜樂」之意，故鄭注「民居其間當是而則之」的意義就是
「人民喜樂地依循天地法則」，強調「嗜樂」、「喜樂」之意義。皮氏面對「是」、
「則」二字的解釋，一方面區別兩字的意義；另一方面選擇以「嗜樂」解之，
強調的是人民親近、喜好「天地之道」的主動意義，而非只是被動地要求遵
守「天地之道」。

二、推探經文筆法，闡發經注深義

上述例子是皮氏藉由經文中文字之異，闡明前後文義的差別。然而，經
典前後字詞的差異，有時正可能表達經義隱微之別。一字之差對經典涵義的
影響，皮氏費心梳理，以下以皮氏對經文「蓋」字的說解爲例，揭舉《孝經
鄭注疏》闡發《孝經》大義之成就。

《孝經》第二章至第六章，分別以〈天子〉、〈諸侯〉、〈卿大夫〉、〈士〉、
〈庶人〉共五章，講述不同階層所應奉守之「五孝」；此五孝彼此呼應，不但
有深淺次序，更可互相補充。經文字句也因此前後對照，行文模式相近，講
述各階級之人所應行之孝道。〈天子〉至於〈士〉四章，末句皆爲「蓋○○之
孝也」作結，唯獨〈庶人章〉末句是「此庶人之孝也」。於是，「蓋」和「此」
用字的不同，引發學者不同討論。認爲此二字意義不同者，大多以階層的高
低作出發點，故以不同文字區別；認爲此二字意義相同者，則主張語詞可通
用。二方皆言之有理，以下分別辨析。

（一）「蓋」為大略之詞

〈天子章〉「蓋天子之孝也」一句，大多的學者皆以為「蓋」為大概、大略之義。玄宗注此句云：「蓋，猶略也。孝道廣大，此略言之。」邢昺疏引劉瓛之說云：「『蓋』者，不終盡之辭。明孝道之廣大，此略言之也。」（《孝經注疏》卷一，頁六 A）又〈庶人章〉「此庶人之孝也」一句，玄宗注云：「庶人之孝，唯『此』而已。」邢昺疏解云：

> 案天子、諸侯、卿大夫、士皆言「蓋」，而庶人獨言「此」，注釋言「此」之意也。謂天子至士，孝行廣大，其章略述宏綱，所以言「蓋」也；庶人用天分地，謹身節用，其孝行已盡，故曰「此」，言惟此而已。（《孝經注疏》卷三，頁二 A）

邢昺所言，是以「蓋」作為概略、綱要、總結之詞。至於「此」字，邢疏認為庶人所行之孝，僅僅孝養父母、謹身節用而已，故以「此」字表示「僅此」、「惟此」之義。

劉炫《孝經述議》對「蓋」和「此」二字的理解也和邢疏相近，劉氏如此說：

> 辜較，猶梗概，大略之語也。以天子孝有多塗，此經舉其大略，故言「蓋」。蓋者，諸之發端，不定之辭也。傳曰：舉一綱而萬目張，故陳其大綱，則綱目必舉，天子之孝道，不出此之大域也。天子至士，皆舉孝行，言「然後」以結之，故指其大域而言「蓋」，以示其言不盡。庶人事少辭略，文無所結，故直言「此」，而謂其盡已，所以異其文也。〔註10〕

劉炫認為〈天子章〉之「蓋」字，是大略、大蓋的意思，也是經文章節末句為前文所作之總結，因為〈天子章〉至〈士章〉所言較多，故以概括之詞收束；〈庶人章〉較為精短，故末句以「此」字直言。由此可知，劉炫所認為的「蓋」、「此」二字，皆有作總結之詞義，只是接於長文或短文之後的差別、標示文之未盡與已盡之差別。

和皮氏同一時代之簡朝亮，於《孝經集注述疏》中對此章之理解，也認為「蓋」和「此」所代表的字義相同，只是互文而省文而已：

> 故曰「此庶人之孝也」，亦大略然也。庶人者，未仕之士及農、工、

〔註10〕林秀一：《孝經述議復原に關する研究・孝經述議卷第二》（東京：文求堂書店，昭和二十八年（1953 年）八月），頁229。

商也。《經》或言「蓋」，或言「此」，皆互文而省文爾。猶曰：蓋此
天子之孝也，諸侯、卿、大夫、士皆然。亦猶曰：此蓋庶人之孝也，
是以《經》總言五孝而皆無異辭矣。其分言五孝，尊卑之分雖有異，
而孝之理則無異而可互通也。〔註11〕

簡氏不論前後經文「蓋」與「此」之異處，逕以「大略」之義解釋之，認爲
或言「蓋」、或言「此」、或言「蓋此」，皆只是代換字詞、減省字詞，於意義
沒有差別。簡氏云「《經》總言五孝而皆無異辭」，認爲五孝的差別只有尊卑
之分，不在行孝的道理；因此用字雖異，其義則無別。

（二）「蓋」爲謙虛之辭

〈天子章〉一句，鄭玄注爲：「蓋者，謙辭」，劉炫《孝經述議》也提到
了這個說法，認爲有以「蓋」字爲「謙」義者：

或云：「夫子謙，故云蓋。」若以制作爲謙，於庶人亦當謙矣：若以
名位爲謙，夫子嘗爲夫子〔註12〕，於士何須謙也，而不云「此」乎？
〔註13〕

劉炫從「制作」與「名位」兩方面考量「謙詞」的問題。若從著述創作的角
度考量，則孔子於文中闡論個人意見時，自然應該一律用謙詞。若此，則〈庶
人章〉亦應用「蓋」。若從名位考量，孔子曾爲魯大夫，對大夫以上需用謙詞，
對士則似不必再用謙詞。故以「謙」作爲「蓋」之解釋，劉炫不能認同。

劉炫將「謙辭」解作「謙虛」之詞，和鄭注本義是否相同？皮錫瑞表達
了不同看法，皮氏疏解：

云「蓋者，謙辭」者，〈禮運〉「蓋歎魯也」、〈深衣〉「蓋有制度」，疏
皆云：「蓋者，謙爲疑辭」，與注義合。劉炫駁云：「若以制作須謙，則
庶人亦當謙矣；苟以名位須謙，夫子曾爲大夫，於士何謙而亦云『蓋』
也？斯則卿士以上之言『蓋』者，並非謙辭可知也。」案劉炫傳《古
文孔傳》云：「蓋者，辜較之辭」，又釋之曰：「辜較，猶梗概也。」義
與鄭注不符，故曲說駁鄭，未可信據。（〈天子章第二〉，卷上頁七B）

〔註11〕簡朝亮撰、周春健校注：《孝經集注述疏》（上海：華東師範大學出版社，2011
年），頁42。

〔註12〕林秀一：《孝經述議復原に關する研究・孝經述議卷第二》，頁229。此處根據
《玉函山房輯佚書》「夫子」應爲「大夫」，原句應作「夫子曾爲大夫」。可參
照下段引文。

〔註13〕林秀一：《孝經述議復原に關する研究・孝經述議卷第二》，頁229～230。

《禮記》二篇中的「蓋」字，鄭玄未注，然而孔穎達疏解〈禮運〉時作「謙為疑辭」（《禮記注疏》卷廿一，頁二 B），疏解〈深衣〉時作「蓋者，疑辭也。」（《禮記注疏》卷五十八，頁七 B）二者皆是表達不敢專擅的懷疑之義。故孔氏認為鄭玄《孝經・天子章》注文之「謙辭」，應也可以理解為「疑辭」。

如前述，劉炫認為若「謙」作「謙虛」，於孔子「制作」和「名份」來看，皆不合理，故大加反駁、質疑。皮氏進一步觀劉炫之文，發現以「蓋」為「謙虛、謙讓」義並非劉炫常作之解釋，對於《孝經》此章之經文，劉炫仍解為「辜較之辭」。由此可知，可能劉炫之說法和鄭注不同，故扭曲鄭注「謙辭」之義，解為「謙虛」，刻意對鄭注進行駁難，貶低鄭注，使其言不被採信，藉此彰顯己說。基於如此之用心，劉炫之言也應被大打折扣。

雖已無從得知鄭注「蓋者，謙辭」之義。然而，由上述可知，劉炫有意將《孝經鄭注》之「謙辭」理解為「謙遜」以與己說的「辜較」區別，然此說未必即是鄭玄之意。由孔穎達疏解《禮記》可知，孔氏以「疑辭」作為鄭注的解釋。至於皮錫瑞，此章疏解只反駁了劉炫之曲說，對於理解「謙辭」之意則未能推探。

（三）「蓋」以疑之以示謙

和皮錫瑞相近時代之學者潘任，所著《學古堂日記》中，也提到了這則討論。潘任之看法為：

> 劉炫駁鄭說云：「〔從略〕」，然案經云「蓋天子之孝」，「蓋」當為疑辭，孔子作《孝經》，嫌以匹夫斷定天下萬世之道，故「蓋」以疑之以示「謙」也。鄭注于理未背，劉氏橫規鄭過，非也。〔註14〕

潘氏認為，經文所述應為不確定之「疑詞」。又孔子制作《孝經》態度謙下，故潘氏把孔穎達「疑詞」和劉炫反對的「謙詞」兩種說法融合，提出了另一種語氣。潘氏云「鄭注于理未背，劉氏橫規鄭過」，認為鄭意確為「謙虛」，劉炫駁難之言不可採信。

潘任援引《論語》、《禮記・禮運》、《禮記・檀弓》、《孟子》等文，認為和此文的「蓋」字相同，皆是「或然」之義，也就是「疑而未定」、「謙虛」之義。潘任說：

> 注云「蓋者，謙辭」，本舊疏引《論語》「蓋有不知而作者」……皆

〔註14〕潘任：《學古堂日記・孝經》，頁四十五 B。

是或然之義，與此文同。或然，即疑而未定之意；疑而未定，即謙
之義。不然則斷定不易，自信非太過乎？〔註15〕

潘氏認為，「疑而未定」即是「謙虛」之義，二者不需區分，是同樣一種語氣。
如此理解，和前者皆不相同，將二意合為一意，似有牽強之嫌。

（四）皮錫瑞認為「蓋」是不確定之辭

此「蓋者」之討論延續至《孝經・庶人章》。鄭注「此庶人之孝也」時對
「此」的解釋為「無所復謙」，皮氏依據鄭注而云：

> 云「無所復謙」者，鄭注〈天子章〉云：「蓋者，謙辭。」則諸侯、
> 卿大夫、士章言「蓋」者，均屬謙辭。〈庶人章〉言「此」，不言「蓋」，
> 故云「無所復謙」。（〈庶人章第六〉，卷上頁十九 B）

皮錫瑞分別〈天子〉、〈諸侯〉、〈卿大夫〉、〈士〉四章皆言「蓋」，和〈庶人章〉
言「此」不同，前四章所言為「謙辭」，〈庶人章〉所言則是「無所復謙」。關
於「謙辭」究竟說的是「謙虛」之意，還是「不確定」之意，由皮氏徵引之
文可以窺探。皮錫瑞於此段論述之後引用《援神契》之說來證明：

> 《援神契》曰：「庶人行孝曰畜，以『畜養』為義」，言能躬耕力農
> 以畜其德而養其親也。（同上）

藉由皮錫瑞援引的資料可以看出，庶人行孝以「畜養」為主，換言之，努力
工作並日日養其德性，奉養雙親以求父母溫飽，就是庶人的行孝方式。庶人
只需要管理好自己並供養父母，這樣的行孝方式是很明確的，故皮氏云「無
所復謙」，意思就是：沒有可以懷疑的。相較於〈庶人章〉，前面其它〈天子〉、
〈諸侯〉、〈卿大夫〉、〈士〉章所提到的行孝方式，是否就是那個階層代表的
孝行呢？經文言「蓋」，皮錫瑞認為即是不敢肯定的意思，故鄭注對「蓋」之
解釋為「謙辭」，表示懷疑的語詞。

皮錫瑞認為「謙辭」是指「懷疑、不確定」之詞，由此可知。

三、指明詞語實義，深諳鄭注奧旨

經文文句敘述有其侷限，故許多經義需藉由經注、經疏闡明，一段話如
何解釋，不但可以知曉注疏者的理解，更可從中探知注疏者的觀點。如《孝
經・天子章》經文：

〔註15〕同上，頁四十五 B～頁四十六 A。

愛親者不敢惡於人，敬親者不敢慢於人。（《孝經注疏》卷一，頁四
B）

注疏者的不同理解，於文義雖然皆可通，然而展現出來的卻是截然不同的意
思。

（一）以「人」為「天下眾人」

首先先看《孝經孔傳》的訓解內容：

謂內愛己親，而外不惡於人也。夫兼愛無遺，是謂君心，上以順教，
則萬民同風。……內敬其親而外不慢於人，所以為至德也。〔註16〕

《孔傳》之意，是以「人」為「天下眾人」，主詞是君主，君主在內愛敬己親，
在外不惡人、不慢人，如此教化人民，使人民也同樣感染德教，如此才是兼
愛、才是至德。

（二）以「人」為「己之父母」

對於此句經文，玄宗的理解只有短短的「博愛也」、「廣敬也」，邢昺則為
「博愛」和「廣敬」之義作疏解：

言君愛親，又施德教於人，使人皆愛其親，不敢有惡其父母者，是
博愛也。……君敬親，又施德教於人，使人皆敬其親，不敢有慢其
父母者，是廣敬也。（《孝經注疏》卷一，頁五A）

邢疏之義，是以「人君愛敬己親並教化人民」作為前提，如此，則可以教導
人民都能愛敬他們的父母，而對父母沒有厭惡、怠慢之心；這樣的人君，就
是做到了博愛和廣敬。如此解釋，經文「愛親者」、「敬親者」之主詞為君主；
「不敢惡於人」、「不敢慢於人」之主詞為人民，兩句受詞「人」則專指「自
己的父母」。這是天子施化天下，使人民受感化之結果。

（三）以「人」為「人之父母」

鄭玄注解此句，與《孔傳》、玄宗注又不同。鄭注為：

愛其親者，不敢惡於他人之親；己慢人之親，人亦慢己之親，故君
子不為也。（〈天子章第二〉，頁六B）

鄭注以「人」作為「他人之親」；此句是說：若愛敬自己父母的人，必定不敢
厭惡、怠慢他人之父母。鄭注又補充說明，因為當你厭惡、怠慢他人之父母，

〔註16〕孔安國傳：《古文孝經孔傳·天子章第二》（知不足齋叢書本，辛酉七月上海
古書流通處影印），頁三A。

他人可能也會如此對待自己的父母，爲避免自己父母遭受不好對待，故應愛敬自己和他人之父母。由「君子不爲也」可看出此段話是以「君子」作爲愛敬己親、人親的主詞。

依鄭注之說，此段經文之主詞並非天子，似乎不是針對天子而講述的孝道，若此，和玄宗注有異，也和此章主旨不同。對此，皮錫瑞認爲鄭注二句是補明經義，他對這個問題的疏解爲：

> 經言「人」，鄭注以爲「人之親」，又云「己慢人之親，人亦慢己之要親，故君子不爲也」者，所以補明經義也。……案明皇用魏注〔註17〕探下文德教爲說，詳鄭君之注，意似不然。經文二語，本屬泛言，自「愛敬盡於事親」以下，始言天子之孝，故鄭注亦泛言其理，不探下意爲解。（〈天子章第二〉，卷上頁六 B～頁七 A）

皮錫瑞認爲，玄宗注解之「博愛也」和「廣敬也」，是連結《孝經》下文「而德教加於百姓，刑於四海」而說的。因爲於此句之下玄宗注云：「君行博愛、廣敬之道，使人皆不慢惡其親，則德教加被天下，當爲四夷之所法則也。」可見玄宗認爲經文是前後相應的，天子所行之「德教」即是愛親、敬親，也是天子所應行之孝道。然而皮氏認爲鄭玄注解並不著眼於此，經文此章的前兩句「愛親者不敢惡於人，敬親者不敢慢於人」，皮氏認爲鄭注並非針對天子而言，只是對大眾之泛論，無特指之對象，從下一句「而德教加於百姓」開始，才是本章主題，才是講述天子所應行之孝道。

皮錫瑞訓釋鄭注，面對鄭注和其它經注不同，皮氏不但爲之訓詁，解釋此字在經文中的意義，更能深諳鄭意，綜觀全篇，分立前後經文，爲鄭注之用意作一解說，實爲鄭注之最佳疏解者。

皮錫瑞細究經典用字，辨析詞意異同，除了活用「無」字在不同詞語上承載的實詞、虛詞功能，同時也化解了《孝經鄭注》和《毛詩箋》二者的出入。詞語訓解相關書中確實提到了皮氏所言「『無』爲語辭」的用法，例如《經傳釋詞》就說：「『無』爲發聲也」〔註18〕，其中例子也舉出了《毛傳》所云

〔註17〕 隋魏眞克（見邢昺御製〈孝經序〉「殆且百家」疏）即陳鐵凡所稱「魏眞己」（頁 194），陳一風又作「魏克己」（頁 126）。《舊唐書·經籍志》載魏克己注《孝經》一卷（陳鐵凡頁 199 亦作魏克己），《新唐書·藝文志》亦著錄「魏克己注《孝經》一卷」。《清史稿》、《清朝續文獻通考》則皆作「魏眞己」。

〔註18〕 王引之撰、王經世補：《經傳釋詞》卷十（臺北：漢京文化事業有限公司，1983年），頁 229～230。

「無念，念也。」又《古代漢語虛詞詞典》中也有說明「無」作「語首助詞」：「用於句首，沒有表否定之義。可不譯出。〔註19〕」皮氏辨析「無」字在此處的用法，在古代詞語詞典中得到印證。

皮氏更強調文字在經典中有其各自彰顯的獨立意義，經文中的「資」，無論疏解為「取」或「操持」，於經義皆可通，也無不妥之處，然而皮氏主張以「操持」解，即是為了分別經文「資」和「取」的不同。相似的例子也展現在對經文「是」的解釋，無論「是」是否等同「則」，取其「遵循、遵從」之意；或應以「嗜樂」之意解之，皆無礙於對經文的理解。然而皮氏特意取「嗜樂」之意，為的是表明文字各自義涵，並且從中選用較符合鄭意之疏解。

皮錫瑞梳理經典中不同文字承載的不同意義，推探《孝經》中一字之別的經文筆法，闡發經注深義。例中說明「蓋」和「此」字在經典中的差異就是最好的證據。以「蓋」字作總結究竟是「概略」、表「推測」之意或是表示「謙虛」之意，各有學者討論。皮氏疏解中明確提出證據，分析歸結「蓋」字於經文中表示「不確定」之詞，而「蓋」、「此」的不同，並非作者面對不同階層而使用不同語氣，而是在於說明各階層的行孝方式時，只有庶人的孝行是明確的，故使用「此」來總結；天子至士的孝行無法概括，故使用「蓋」來表示不確定之意。藉由皮氏疏解，並且舉證說明，確實能合理地辨別二字背後之不同涵義。

至於《孝經鄭注》和其它《孝經注》的差別，皮氏也注意到了。〈天子章〉「惡於人」、「慢於人」中「人」之意義，鄭注和其它注本就有很大不同，雖然皆可解通經文，然從中可以看出各家注解者切入的觀點不一。皮氏深諳鄭注旨意，故加強說明鄭玄用心，以「人」為「人之親」，鄭注所提出的「愛其親者，不敢惡於他人之親；已慢人之親，人亦慢己之親」，有別於玄宗注解以「君王」為出發點，側重的是「大眾」的行孝要旨。

第三節 《孝經鄭注》所據經文之復原

《孝經鄭注》之原貌今已無可憑依，大致樣貌仰賴輯佚和復原工作得見。至於今文《孝經》經文，雖然傳世之玄宗注和《孝經鄭注》，皆以其為注解對

〔註19〕何樂士編：《古代漢語虛詞詞典》（北京：語文出版社，2004年），頁426。

象，記載於文本之中。然玄宗於注解經文之時曾小幅改動經文，若全以玄宗注本爲據，則恐有可疑之處，無法探求經文原本。

例如〈廣揚名章〉一段經文，玄宗注所錄爲：

> 子曰：君子之事親孝，故忠可移於君；事兄悌，故順可移於長；居家理，故治可移於官。是以行成於內，而名立於後世矣。（《孝經注疏》卷七，頁二 A～B）

經文之字句和斷句是否如此，尚有許多爭議，尤其「居家理故治可移於官」一句，邢疏即云「先儒以爲『居家理』下闕一『故』字，御注加之」，故現今一般認爲「故」字由玄宗所加，古本無。然而陸德明《經典釋文》於本章列「居家理故治」一條，並言：「居家理故治，絕句」；後人即據此認爲「故」字在御注之前即有，斷句方式又不同於御注。

日本學者林秀一曾爲敦煌遺書《孝經鄭注》和《孝經鄭注義疏》作考證和復原工作，也曾就此章文句抒發議論：

> 〈廣揚名章〉「居家理，治可移於官」，《治要》、《釋文》、《御注》並於「理」下有「故」字。然而《正義》云「先儒以爲『居家理』下，闕一『故』字，御注加之」。據此判斷，原本應在「居家理」句絕，「理」之下應無「故」字。因此，「原本」中無「故」字，應是保存了玄宗刪改前的舊貌。然而，關於斷句的方式，在當時恐怕已有異論。《義疏》云：「居家脩理，則爲治之法，可移於官。一讀云『居家理治』，『治』屬上句」。《釋文》又云：「居家理故治，絕句」。根據這兩處記載，可窺見當時的爭論。〔註20〕

林秀一所預設鄭注本《孝經》經文斷句爲「居家理，治可移於官」，推測「原本」確無「故」字，林氏又指出，斷句問題當時已有二種爭論，除自己擬定之「居家理，治可移於官」此種以「理」絕句之斷句，另還有《義疏》所記之「一讀」：「居家理治，『治』屬上句」，以「治」絕句之讀法。《釋文》所言「居家理故治，絕句」除了顯示陸氏所見之本「理」下有「故」字，陸氏強調句讀之事也表示陸氏贊同「治」字屬上讀。

林氏費時復原《孝經鄭注》和《孝經鄭注義疏》，已知《義疏》爲天寶元年抄錄，年代較天寶二年唐玄宗重注《孝經》之時代爲早。雖未知《義疏》

〔註20〕譯自林秀一：《孝經學論集》第一編〈敦煌遺書孝經鄭注復原に關する研究〉，頁 69。

是天寶時撰作抑或是抄錄舊本，其所依據必然是當時或早先流通之鄭注本，如此，則可作爲判斷鄭注、經文之參考。以下先引復原之《孝經鄭注》和《孝經鄭注義疏》「廣揚名章」內文互相參照，依《義疏》所言推測各種經文可能樣貌，加以分析當時所見經文究竟以何者較爲適妥，並討論此則文獻是否可作爲支持鄭注之依據。

《孝經鄭注》「廣揚名章」經、注（按，經文字下加底線以示區別，括號之內則爲鄭注）：

> 子曰：君子之事親孝，故忠可移於君（欲求忠臣，必聞孝子之門，故言可移於君）；事兄悌，故順可移於長（以敬事長則順，故可移於長）；居家理，治可移於官（君子所居則化，所在則理，故可移於官），是以行成於內，而名立於後廿矣（行於視者，可移於君；弟於兄者，可移於長；治於家者，可移於官，三德並備於內，而名立於後廿矣，若聖人制法古，後人奉而行之也）。

另外，《孝經鄭注義疏》「廣揚名章」之文：

> 子曰：事親孝，居家脩理，則爲治之法，可移於官。一讀云：居家理治，「治」屬上句。「故」者，連上之辭。「所居則化」，解「居家理治」；「所在則治」，釋「可移於官」。……〔註21〕

此二者皆爲敦煌留存之寫本，應當保留了當時之文字；然而，林氏所復原之本子沒有異文，句讀則爲後來標注，此章文句如何解讀，仍可能因點讀之不同而有不同理解。又林氏雖復原了《孝經鄭注》，和《孝經鄭注義疏》流傳於同一時代，然此本《孝經鄭注》不一定爲《孝經鄭注義疏》之作者所見之本，並不能完全以《孝經鄭注》推得《義疏》所見之本。故其中可能尚待探索。尤其「居家理治可移於官」一句，爲眾本歧異之端。

若《義疏》所見鄭注經文原句爲「居家理，治可移於官」，則《義疏》所云「居家脩理，則爲治之法，可移於官」即爲經文之解釋。

皮錫瑞綜合各家之證，認爲依據鄭注可以還原經文之樣貌，鄭引〈士章〉之文句「以孝事君則忠」、「故可移於君」、「以敬事兄則順」、「故可移於長」以注〈廣揚名章〉此段經文，皮氏據此認爲鄭玄所現解的《孝經》本文應讀作：

〔註21〕 林秀一：《孝經學論集》第一編〈敦煌遺書孝經鄭注義疏の研究〉，頁142～143。

> 子曰：君子之事親孝故忠，可移於君；事兄悌故順，可移於長；居
> 家理治，可移於官。（〈廣揚名章第十四〉，卷下頁廿十Ａ）

又以陸氏《釋文》中之「居家理故治，絕句」言陸氏唯恐後人因第三句少一
「故」字，與上二句文法不同，而致誤讀，故特以「絕句」說明句讀。皮氏
因此斷定俗讀以「孝」、「悌」、「理」字絕句，是不正確之理解。至於「居家
理故治可移於官」一句「故」字之有無，皮氏同意臧庸之說：判斷鄭注原文
無「故」字，今本《釋文》「居家理故治，絕句」之「故」字，也為後人依據
御注所加。

皮氏另外疏解了鄭注「理」、「治」為一事，認為本不需加「故」字。他
說：

> 鄭注云：「君子所居則化，所在則治」，理治是一事，不分兩項，與
> 上孝忠、悌順當分兩項者不同，中間本不必用「故」字。古人文法
> 非必一律，明皇見此句少一「故」字，乃以意增足之，與經旨、鄭
> 意皆不相符。（〈廣揚名章第十四〉，卷下頁廿十Ｂ～頁廿一Ａ）

皮氏強調「理」和「治」是相同意義，皆為條理、整治之意，並沒有「事親
孝故忠」、「事兄悌故順」的上下因果關係，因此不需用「故」字別立前後二
字。且古時文法形式並不一定處處對照，偶有不同亦無妨礙。皮氏除再次闡
明鄭氏「居家理治」以「理」、「治」為一事的合理性，又指出了玄宗以文法
之由增一「故」字的疏漏之處。

皮錫瑞除了疏解鄭注，必要時也需對經文文句理解說明。〈廣揚名章〉「故」
字一句，在現今所見之玄宗注本中，應已經過玄宗改動，經文原貌只能藉後
人擬推復原。皮錫瑞依據鄭注還原經文樣貌，引《孝經‧士章》之注文為〈廣
揚名章〉疏解，推得經文斷句方式應為「君子之事親孝故忠，可移於君；事
兄悌故順，可移於長；居家理治，可移於官」。又「居家理治」一句，「理」、
「治」為一事，故句中毋須有「故」字，皮氏疏解鄭注，除了發明鄭意，更
利用鄭注擬推經文，由此可發現，皮氏身為疏解者，在經、注的理解詮釋上，
有一貫的整體概念。

第四節　本章結論

皮錫瑞身為清代學者，無論在文獻的輯佚、考據、訓詁，皆有十分出色

的成就。皮氏以發揚鄭學為要旨，面對大多已亡失、殘闕的鄭玄著作，皮氏篤實地展開考據、復原工作。《孝經鄭注疏》為皮氏闡述鄭學致力的一個面向，從中可發現皮錫瑞文獻方面的成就。

一、明辨嚴本得失

在輯佚方面，皮氏《孝經鄭注疏》採用嚴可均本作為文獻依據底本，大多能順嚴氏之意解釋，然對於嚴本所下判語並非完全遵從，仍在嚴氏疏解之上闡發己見。由此可知，皮氏審視各句經文文句和例子，在析判經句之外也論定嚴本得失。

嚴氏改鄭注文句「孝無終始」為「孝有終始」，可說對鄭注用了「理校」的校勘方法，雖無文獻依據，然而藉由前後注文的脈絡理解，似乎言之成理。皮氏也同意嚴氏之改動，認為嚴氏之判定當更能了解鄭意。

然而皮氏並非一味追隨嚴氏之意，對嚴氏所用之字詞和所據之版本，皮氏有過不少訂正之處。〈事君章〉末句引《毛詩》經文一例，嚴可均所輯佚之《鄭注》和現今流傳之玄宗注本皆依據《毛詩》經文作「藏」字，本應無置疑之處。皮氏根據鄭玄《詩箋》用字訂正為「臧」，除了依鄭玄解「臧」為「善」，更進一步斷定鄭箋《詩》所見之經文應作「臧」，是「藏」字的誤字。如此判定是以鄭玄箋《詩》之意改動鄭注《孝經》之意，雖然似可擬定為鄭意，仍流於專斷之嫌，由皮氏改定可見他處處以鄭玄之意出發，頗能精闢剖析鄭意。

二、突顯文字個別意義

在文字的訓詁上，皮錫瑞十分著重不同字詞在篇章上所發揮之效用。「資」、「取」和「是」、「則」的例子，皆是皮氏突顯了各字的個別意義，強調經典既用不同之字，詞義也應有所不同。除了分別各字意義，皮氏更解「是」字為「嗜樂」之意，期許人民喜好孝道，對親近《孝經》有更積極意涵。另外以分辨經典中不同的用字，來探求經典所隱含的微言大義。在《孝經·天子章》至〈庶人章〉有一個例子，這五章經文最後用「蓋」與「此」字總結行孝準則，學者提出可能解釋。劉炫就討論是否因《孝經》的作者——孔子身分、地位而表現不同的語氣。然而皮氏最後舉證說明，此二字的不同在於各階層人民的行孝內容是否明確。庶人身分、階級較低，應守之孝行較能掌握，所以用「此」字表示「確定」的語氣。至於〈天子章〉至〈士章〉則因

經文所言孝行較廣泛，非確指，因此用「蓋」字表推測義。

三、藉由訓詁字詞推闡鄭注微旨

又對於鄭注之奧旨，皮氏多能有所闡發。〈天子章〉「愛親者不敢惡於人，敬親者不敢慢於人」中「人」之解釋，皮錫瑞認爲鄭玄注解和玄宗注解大不相同。玄宗以天子的立場出發，認爲「人」應當解爲「己之父母」，整句經文爲：君主「愛親」、「敬親」，則人民「不敢惡於己之父母」、「不敢慢於己之父母」，經典意涵強調天子之教化，且將行孝的責任歸結爲君主。鄭玄解「人」爲「人之父母」，經文意涵是「愛敬自己父母的人，則必定不敢厭惡、怠慢他人的父母」，此句則強調推己及人，以自身立場出發，將行孝的責任歸結爲個人。皮錫瑞透析鄭玄解「孝」的觀點，釐清鄭注和玄宗注的根本不同。莊兵〈《孝經鄭注》新辨〉也提到二者的不同：

> 《御注》的側重點在強調孝的約束性和《孝經》的政治經典性。而
> 《鄭注》則主張孝的倫理意義和《孝經》的道德教化功能。〔註22〕

莊兵另外舉出〈三才章〉、〈廣要道章〉、〈卿大夫章〉……等多個例子，從對「孝」義的解釋、今古文問題等處說明。

雖然在文獻考察和經義詮解的過程中，皮錫瑞還有疏漏之處，然而在皮氏主觀疏解《孝經鄭注》之前，皮氏對於文獻學的考究、用心是毫不輕率的。

四、觀照分析前後章節

皮錫瑞提出贊同和批評，爲其發揚與補正；面對殘闕之經文、注文，皮氏透過校勘方法，盡力復原文句和經義。然而在輯佚，皮氏並不以嚴本爲完足，面對輯佚本資料有限未能復原之處，皮氏試圖由多方面推擬鄭意，或依鄭注《孝經》其它章補足；或依鄭注其它經籍補明，甚至加入自己的理解推論辨析，即使未能得鄭意，皮氏仍於有限注解中，摒除不可能的解說，使未知減至最少，至於殘闕鄭意，有待後世解釋。皮氏用心，在在皆爲了還原鄭注而盡最大努力，由此也可探知皮氏疏解觀照前後經文、融通眾本注解之宏觀細心之處。《孝經鄭注疏》更是前後章節嚴謹的一部書。

〔註22〕莊兵：〈《孝經鄭注》新辨〉中論述《孝經鄭注》的孝道觀，頁25～26。

第四章　《孝經鄭注》孝道核心問題的闡述

　　皮錫瑞疏解《孝經鄭注》，除了闡發鄭玄注經之義涵，更在行文、論述中透露了自己對「孝道」，尤其對典禮制度、人倫關係的看法。這些看法除了可以呈現皮錫瑞解經的態度、見解，更可以彰顯經典本身的價值。

　　本章藉由列舉皮錫瑞對孝道核心問題的探討，從中發現皮氏對於「孝」的理解，以及「孝」在實際生活上的操作。其中包含孝的根本態度與極至表現，敬與祀天的討論；孝的相對關係，孝慈、諫爭與不孝之刑的討論；孝的歷程與境界，孝行之始與終的討論。

第一節　孝的根本態度與極至表現：敬與祀天

一、敬

　　以「敬」作爲「禮」之義涵，在《孝經》經文中並不少見，〈聖治章〉「不愛其親而愛他人者，謂之悖德；不敬其親而敬他人者，謂之悖禮。」以「愛」、「敬」之道，作爲「德」、「禮」之準行，若「敬其親」，則合於禮；若「不敬其親」，則悖於禮。又如〈廣要道章〉以「敬」爲禮之本，經文云：「禮者，敬而已矣，故敬其父則子悅；敬其兄則弟悅；敬其君則臣悅，敬一人而千萬人悅。所敬者寡而悅者眾，此之謂要道也。」此章以「敬」爲要道，若能於父、於兄、於君皆持「敬」意，則下位者盡得歡心，可謂體現了〈開宗明義

章〉所言「先王之至德要道」。以上二章所言，皆以「敬」作爲「禮」之主要
內涵。

　　另〈廣至德章〉雖未明言「敬」即是合禮，然以「敬」作爲「至德」之
義，也就是道德中的極至表現：「教以孝，所以敬天下之爲人父者也；教以悌，
所以敬天下之爲人兄者也；教以臣，所以敬天下之爲人君者也。」孝道、悌
道、臣道所面對的對象雖不同，然而以「敬」作爲「孝」、「悌」、「臣」的基
本態度則是相同。可見，「敬」是「至德」、是「要道」，更是「禮」之主要義
涵。

　　〈紀孝行章〉敘述的是爲人子者，在居、養、病、喪、祭方面，所應遵
行的事親之道。首句「子曰：孝子之事親也，居則致其敬」，點出了以「敬」
作爲居家時所應盡之孝道，嚴可均依《釋文》所輯之鄭注爲「也盡禮也」，然
似有闕文。嚴氏認爲：「按『禮』上當有『其敬』，《釋文》云：『一本作「盡
其敬也」，又一本作「盡其敬禮也」』」〔註 1〕，嚴氏據陸德明所見別本異文，
以爲「盡」和「禮」之中應有「其敬」二字，或作「盡其敬也」、或作「盡其
敬禮也」；其完整文意即是以「敬」作爲子女對父母盡孝之態度。皮氏爲鄭注
疏解，認爲應以《鄭注》之「禮」字來疏解經文之「敬」字，只要「盡禮」，
即行事皆合乎禮儀，就是事父母之「敬」。皮氏言：

> 鄭注「盡禮」非全文，蓋以「禮」解「敬」字。邢疏引《禮記·內
> 則》云「子事父母，雞初鳴，咸盥漱」，至於父母之所，敬進甘脆而
> 後退。又〈祭義〉曰「養可能也，敬爲難。」是也。（〈紀孝行章第
> 十〉，卷下頁十二 B）

皮氏疏解《鄭注》以「禮」注解「敬」字，後又依邢疏所引之《禮記·內則》
和《禮記·祭義》來說明「敬」表現在日常生活中晨昏時刻，包含侍奉父母
盥洗、進食；「敬」看似平常，卻是最難做到。皮氏疏解經文它句所言之孝行，
多以「敬」作爲事親的基礎；歸結「敬」作爲孝親的原則。如此章經文「養
則致其樂」一句，鄭注言「樂，竭歡心以事其親」，皮氏引〈內則〉「下氣怡
聲，……問所欲而敬進之，柔色以溫之」相印證，並以鄭注「承尊者必和顏
色」來解釋「事親」要以柔色、以歡心。皮氏所引〈內則〉經文中，和顏悅
色侍奉雙親之前，仍要「問所欲而敬進之」，了解父母、傾聽父母所需要，並
恭敬地奉上，這是事親之不變法則。

〔註 1〕 嚴可均輯：《孝經鄭注·紀孝行章第十》（咫進齋叢書），頁八 B。

又如此章經文「祭則致其嚴」一句，鄭注爲「齊必變食，居必遷坐，敬忌踧踖，若親存也〔註2〕」，「踧踖」爲「恭敬之貌〔註3〕」；可知在父母過世後祭祀之時，除了變食、遷坐之外，最重要的仍是要以恭敬地、謹愼地態度，如父母在世般供養、服侍。由此可知，「敬」可說是事親所需把握之最重要原則。

皮氏連結「禮」與「敬」，視二者有緊密關係，以「禮」作爲「敬」之注解，補足鄭玄之意，正好可以說明皮氏認爲鄭玄深諳三禮，故常會通《禮》和其它經典，注解《孝經》時也以「禮」作爲「孝」之基礎。皮氏在自序中曾云：

> 鄭君深於《禮》學，注《易》、箋《詩》必引《禮》爲證，其注《孝經》亦援古《禮》，此皆則古稱先、實事求是之義。（卷上〈序〉，頁一Ａ）

鄭玄融通「禮」學，於經典中常援《禮》爲證，故於《孝經》經文以「敬」作爲「禮」之內涵處，皮氏大加闡發；於鄭注闕文之處，皮氏則依自己所認知之鄭意貫通「禮」、「敬」。

皮氏依經疏解「敬」爲《孝經》中之德、道，又拉近「禮」和「敬」二者關係，視「敬」爲禮之重要義涵，如此強調《孝經》和「禮」之關係，正與皮氏主張鄭玄「援禮解《孝經》」的見解一貫。

二、祀天

祭祀在古代典禮中占了十分重要的地位，無論祭祀的對象爲何，皆是爲了表現祭者對受祭者的尊敬與感懷。《孝經》經文言「嚴父配天」即是如此的表現，藉由天子祭天配祭父親，以彰顯對父親的敬，並展現對父親的「孝」，並依此追溯先祖，將血緣一脈一脈連結。《孝經·聖治章》首句即載曾子與孔子的問答：

> 曾子曰：「敢問聖人之德，無以加於孝乎？」子曰：「天地之性人爲

〔註2〕鄭玄所云「齊必變食，居必遷坐」實據《論語·鄉黨》文。〈鄉黨〉何晏注引孔安國曰：「改常饌」、「易常處」，邢昺疏則更具體說：「『齊必變食』者，謂將欲接事鬼神，宜自絜淨，故改其常饌也『居必遷坐』者，謂改易常處也。」（《論語注疏》卷十，頁八Ｂ）

〔註3〕《論語·鄉黨》「君在踧踖如也」，何晏注引馬融曰：「踧踖，恭敬之貌」。（《論語注疏》卷十，頁一Ａ）

貴，人之行莫大於孝，孝莫大於嚴父，嚴父莫大於配天，則周公其
人也。」（《孝經注疏》卷五，頁一A）

曾子問聖人是否還有更甚於「孝」的德性？孔子以人性爲最貴，人性中以孝
行最大、孝行中以尊敬父親最孝，天子爲萬民表率，尊敬父親則以配祭天帝
至上。故要行孝、要發展人性之貴，則需尊嚴其父、則需配祭上天。此章經
文將「配天」作爲孝行之至大，故以祭祀先祖，並配祭其父才是孝子之表現。

《孝經‧聖治章》又云：

昔者周公郊祀后稷以配天，宗祀文王於明堂以配上帝。（《孝經注疏》
卷五，頁二A）

皮錫瑞認爲「宗祀文王以配上帝」其實講的就是前文之「嚴父配天」，周公配
祀文王的目的是爲了要彰顯文王之功，彰顯文王之功則可以追祀始祖。他說：

鄭以文王功德，本應配天南郊，因周已有后稷配天神，不容有二主，
又不可同一處。文王，周受命祖，祭之宗廟、以鬼享之不足以昭嚴
敬，故周公舉行宗祀明堂之禮而宗文王以配上帝，於是「嚴父配天」
之道得盡。（〈聖治章第九〉，卷下頁七B）

文王爲周代受天命之王，若祭於宗廟，和一般鬼神、祖先相類，則無法彰顯
文王功德，故本應將其配祀上天。然而配祀上天者已由周代始祖后稷配祀，
不可有二主，也不能同一處，故挪文王於明堂配祭上帝是折衷之方法，如此
不但推尊文王之道可以實踐，更可藉由推尊文王進一步追祀先祖后稷，作爲
「嚴父配天」的推進。皮錫瑞認同《漢書‧郊祀志》論及《孝經》此段經文
之說法：「王者尊其考，欲以配天，緣考之意，欲尊祖，推而上之，遂及始祖。」
皮氏並云：

據此則尊祖正由尊父之義推之。……不然，經言「嚴父配天」，但言
「宗祀文王」，不必言「郊祀后稷」矣。（同上）

王者尊敬其父，故以其父配祀上帝展現孝道，也接續了其父以其祖配祀上天
之承襲，向前推進至尊敬其始祖。此處言「郊祀后稷」、「宗祀文王」，正是「嚴
父配天」最好的說明。

本章由禮之根本──「敬」出發，說明天子以恭敬的心追念先祖、祭祀
先祖，故經文言「嚴父配天」，以配祭上天作爲尊敬其父的極至表現，由此推
衍，「敬」是構成孝行的主要因素。然而，「敬」並非子女行孝唯一的情感和
態度，經文言「資於事父以事母而愛同，資於事父以事君而敬同，故母取其

愛，君取其敬，兼之者父也。」已知事君以敬、事母以愛，事父則兼具愛與敬。

由此例可知，「敬」是「孝」的基本態度，又「敬」是「禮」的最直接表現，《孝經》中所強調的態度，和禮義的展現皆以「敬」作爲最主要奉行準則。因此皮氏連結了「孝」經和「禮」義，正是爲熟稔「禮」義的鄭玄注解《孝經》作了最好的說明。

在「敬」的概念下，君王展現對先祖和父親的尊敬就是「尊祀上天」和「配祭父親」，因此《孝經·聖治章》提到孔子之言「孝莫大於嚴父，嚴父莫大於配天」則是將「嚴父配天」推尊至天子展現孝行的最高也最直接表現。

第二節　孝的相對關係：孝慈、諫爭與不孝之刑

一、孝慈

前述以「敬」作爲子女侍奉父母態度的最高準則，然而事親並非只表現「尊敬」之禮，還具備了血緣之親自然生成的「愛」。《孝經·士章》云「資於事父以事母而愛同，資於事父以事君而敬同，故母取其愛，君取其敬，兼之者父也。」正強調侍奉雙親需兼具「敬」、「愛」。事母以愛，事父則兼具愛與敬。「敬」所彰顯的恭謹之心與「愛」所彰顯的愛護之心，可說是較全面地詮釋了「孝」字意涵。

《孝經·諫爭章》首句經文爲「曾子曰：『若夫慈愛恭敬、安親揚名則聞命矣，敢問子從父之令，可謂孝乎？』」，以曾子之口先總結前面章節所提之「慈愛」、「恭敬」、「安親」、「揚名」等概念，而後提問言及子女所應具備的規諫之道。此處所言之「慈愛恭敬」，邢昺認爲「愛」與「敬」已於〈士章〉述及，然「慈」與「恭」，經文則未言及，邢疏云：

> 或曰：慈者接下之別名，愛者奉上之通稱。劉炫引《禮記·內則》
> 說子事父母「慈以旨甘」，〈喪服四制〉云高宗「慈良於喪」，《莊子》
> 曰「事親則孝慈」，此竝施於事上。夫愛出於內，慈爲愛體，敬生於
> 心，恭爲敬貌，此經悉陳事親之迹，寧有接下之文？夫子據心而爲
> 言，所以唯稱愛敬；曾參體貌而兼取，所以并舉慈恭。如劉炫此言
> 則知慈是愛親也，恭是敬親也，「安親」則上章云「故生則親安之」，

「揚名」即上章云「揚名於後世」矣。(《孝經注疏‧諫爭章第十五》卷七，頁三 A～B)

按劉炫所言，「慈」與「愛」確實皆爲「事上」之文。「慈」、「孝慈」指的是事奉雙親之態度、用心，而非邢疏所引「或曰」「『慈』爲接下；『愛』爲奉上」二分之說，故「愛敬」、「慈恭」之行爲者皆爲子女，而對象皆爲父母。劉炫言「愛出於內，慈爲愛體；敬生於心，恭爲敬貌」，是分別「愛敬」與「慈恭」，「愛、敬」爲內心生發之感情；「慈、恭」爲外在表現之行爲。

邢疏依劉炫之說認爲「慈是愛親」、「恭是敬親」，由此可知，「慈」與「恭」具體表現爲孝的兩種內涵，子女對父母的「愛」與「敬」、即是「孝」之「本體」和「外貌」。此數句經文鄭注不傳，皮氏全段引用邢疏，以爲邢疏和劉炫之言可補足鄭注之意。以「孝」言子女事父母固然無疑，但以「慈」爲「愛親」，而非「接下」，則恐怕不僅是皮氏訓詁的抉擇，而別有一番深意。

「孝慈」二字合用，於古代典籍中多見，王引之《經義述聞‧通說下》即舉「孝慈」一條，訓詁了「孝」、「慈」、「孝慈」、「慈孝」互用之情況。王氏引用了許多文獻，最後更以《孝經》此章爲證：

《莊子‧漁父篇》曰：「事親則慈孝，事君則忠貞。」《史記‧梁孝王世家》曰：「孝王慈孝，每聞大后病，口不能食，居不安寢。」《白處通義》曰：「孝慈父母，賜以秬鬯，使之祭祀皆是也。因而孝於祖考，通謂之孝慈。」……孝慈，或但謂之慈，或謂之慈愛。〈內則〉曰：「昧爽而朝，慈以旨甘，日入而夕，慈以旨甘。」……《孝經》曰：「慈愛恭敬，安親揚名」是其證。〔註4〕

王氏於「是其證」之後雙行夾注中引用了《孝經注疏》邢昺疏解之言，認同「慈爲愛親」之語。可見引文中之「慈」、「孝慈」、「慈孝」，雖爲合成詞，然皆表示單一意義，或是偏重「孝」、或偏重「慈」(慈愛)，所指稱皆爲同一對象，皆爲下對上親愛、守護之態度、行爲。

然而前人對「孝慈」似乎還有不同解釋，王引之引賈誼《新書‧道術篇》曰：「親愛利子謂之慈，子愛利親謂之孝」，云父母愛護、加惠子女是「慈」；子女愛護、加惠父母是「孝」，二者不一。賈誼所謂的「親愛利子」和「子愛利親」是對「孝」與「慈」分別的解釋，講述的似乎是上、下對等的狀況，

〔註4〕 王引之：《經義述聞‧通說下》卷三十一，頁二十四 B～二十五 A（南京，江蘇古籍出版社，2000 年），頁 737～738。

和前面所述「孝」、「慈」、「孝慈」皆為下對上有別。然而王氏之解釋為：「孝與慈不同，而同取愛利之義，故孝於父母，亦可謂之孝慈。」雖孝與慈不相同，但皆具有愛護、加惠之義，因此王引之認為若言子女對父母的愛護、加惠，則也可言「慈」，王氏並不強調「孝」與「慈」的相對意義。由此可知，「慈」不限於單向意涵，既可以是下對上的親愛，也可以是上對下的護愛。若此，則「孝慈」可看作一同義複詞，單指子對親的「慈孝」；又可看作一並列複詞，「孝」、「慈」二字意義相對，「孝」指的是子對父，「慈」指的是父對子。

「孝」也常被用來講述君臣關係，特指臣子對君王的效忠，在《孝經》中常以君臣和父子對舉。但「孝慈」二字放在君臣關係上，卻不似父子關係可以代指下對上之「孝」之意涵，相反地，「孝慈」偏重「慈」，指的是君對臣、上對下之慈愛。《小爾雅》曰：「純黑而反哺者，謂之慈烏。」王引之為之說明：「慈烏，猶孝烏矣。子愛利其親謂之孝慈，因而上愛利其民亦謂之孝慈。」王氏以為「孝慈」表示的除「子愛親」外，還可表示「上愛民」，若為「上愛民」，則指君對臣的慈愛，「孝慈」作為一單詞，指單方面君對臣的愛護。

以上，「孝」、「慈」此些單詞承載的意義並不單一固定，使用在不同的情境下可能有不同意涵。至於「慈愛」、「孝慈」等合成詞，更是藉由二個單詞合在一起，而組合或加強本身意義，然後產生的不同語詞。雖然意思很多變，但不出幾個單詞本身的意義。

回到經文本身，正如同邢昺和王引之所言，皮錫瑞認為「孝慈」即是「慈」，也是「慈愛」的意思，經文所言「慈愛」，即是子女親愛父母，可視為「愛」，與「敬」皆為侍奉父母之道；也可將「愛」看作內心生發之感情，「慈」則為外在流露之行為。故經文將「慈愛」、「恭敬」並用，合併作為良好的孝行表現。

無論親子、君臣，由前述可發見，二者關係緊密不可分，「慈」字表現出慈愛、守護，不僅可以視為上對下的護愛，亦可指下對上的親愛。「孝」字雖單指下對上之投注，然「孝」本包含「愛」與「敬」，子女、臣子對雙親、君王投以愛、敬，然而，若遇到上者有錯，下者在愛、敬之餘，對於不合「義」之行為又該如何處理呢？這樣衝突的假設，在古代典籍已紛紛討論，《論語‧里仁》、〈子路〉皆討論了子女見父母有過錯，所應展現的「孝」和「義」。以下即探討子女對父母不義之行為所作的適當勸阻──諫爭。

二、諫爭

（一）是否犯顏——諫爭分寸的拿捏

《孝經・諫爭章》聚焦於父子、君臣之相處之道，也討論若父、君有過，子、臣是否犯顏勸諫，行為又該如何合乎「孝」。經文首先點出：「天子有爭臣七人，雖無道不失其天下；……父有爭子，則身不陷於不義」，為人君者需有直言勸諫之臣子，才能不失去道德仁義；為人父者需有直言勸諫之子女，如此才可避免身陷不義，言下之意，人臣、子女適時對君主、父母之勸諫是必要的，因為如此才能使君主、父母之言行皆符合「義」。鄭注「父有爭子」一句云：「父失則諫，故免陷於不義」，明確告知子女「父失」則應「諫」，強調諫爭的積極、主動。經文又言：「故當不義，則子不可以不爭於父，臣不可以不爭於君。故當不義則爭之，從父之令又焉得為孝乎？」又更直接地指出，若君、父行為不合乎「義」，則臣、子需諫爭；一味遵從君、父之言而無論其行是否符合「義」，並非「孝」的表現。勸諫君、父，使君、父走往正義之途，才是「孝」的意涵。

玄宗此句注文邢昺認為是依據鄭注加注，引疏曰：「此依鄭注也。」（《孝經注疏》卷七，頁五 B），邢疏引《禮記・內則》、〈曲禮〉篇為之解說：

> 案〈內則〉云：「父母有過，下氣怡色，柔聲以諫。諫若不入，起敬起孝，說則復諫」。〈曲禮〉曰：「子之事親也，三諫而不聽，則號泣而隨之」，言父有非，故須諫之以正道，庶免陷於不義也。（《孝經注疏・諫爭章第十五》卷七，頁五 B）

邢昺更仔細地說明，父母有過則需諫，縱使父母聽不進去，也需和顏悅色，恭敬地再次諫言，〈曲禮下〉則言多次勸諫之後，若父母仍不能採納，雖感遺憾，但仍只能悲傷地順從父母之義。《禮記》二篇皆是說明勸諫的重要，必要地、盡力地勸諫是做子女的責任，若父母有錯，絕不可聽任父母，陷父母於不義。

皮氏疏解除了用邢昺引《禮記・內則》、《禮記・曲禮》之文證明，更引《大戴禮記・曾子本孝篇》、〈立孝篇〉、〈大孝篇〉、〈事父母篇〉等篇章，來輔助證明曾子所言「諫爭」之行孝準則和《孝經》確實相合：

> 案〈曾子本孝篇〉曰：「君子之孝也，以正致諫」，又曰：「故孝子之於親也，生則以義輔之。」〈立孝篇〉曰「微諫不倦，聽從不怠，懽欣忠信，咎故不生，可謂孝矣。」〈大孝篇〉曰：「君子之所謂孝者，先意承志，諭父母以道」，又曰「父母有過，諫而不逆」〈事父母篇〉曰：「父母之行，若中道則從，若不中道則諫，〔……〕從而不諫，

非孝也，諫而不從，亦非孝也。」此曾子用《孝經》之義言爭子之

道也。(〈諫爭章第十五〉，卷下頁廿三 A～B)

總結《大戴禮記》之文，父母有過錯或言行不合乎「道義」時，作子女的應該加以勸諫，如此才是「孝」的表現。勸諫時並非違逆，態度要和緩但堅持，作子女的，若只是聽任父母而不規諫，則不可稱作「孝」，只規諫而不聽從，亦不是孝。

(二)是否隱惡

然而，為人子女是否應該對外人隱瞞父母之過？無論犯下怎麼樣的過錯都要直言勸諫嗎？又諫爭時若觸犯父母（君父）的威嚴，是否妥當？在《禮記》和《論語》中也談論到這些問題。《禮記‧檀弓上》指出諫爭時，面對父母、君王和老師，抱持的態度與準則不一，「事親有隱而無犯」，「事君有犯而無隱」，「事師無犯無隱」(《禮記注疏》卷六，頁二 B～頁三 A)，親、君、師，皆是地位較高、年齡較長之前輩，然而在勸諫時，因為關係的親疏、諫爭的作用不同，而有相異的依循準則。面對親人，尤其是至親，鄭注說：「不可稱揚其過失、不可犯顏直諫」，對父母保護、尊敬的心應該比較多，父母有錯，要替其隱瞞，保全其顏面；做子女的，不可直指父母之過，而須和顏悅色地勸告。事君，重心在使君王改過，君王改過才可加惠國家，故需直言國政得失，才算盡了臣子的職責，因此，勸諫君王要不怕犯顏，更不可姑息、替君王隱惡。至於師長，則不可言語頂撞，但也不需為之隱瞞。可見對象之不同，勸諫之態度、行為也需有所不同。

對象不同，表現也應各異，然而對於父母之過，只需以一句「有隱而無犯」即可囊括所有情況嗎？是否有「隱」？是否該「犯」？皮錫瑞又更仔細地分別二者，藉不同經籍之說明來比較。

1. 隱

「有隱」，由以上《禮記‧檀弓》所論「事親有隱而無犯」，鄭注云：「隱，謂不稱揚其過失也」可知，鄭玄認為親有過，應為之隱瞞，此處之「有隱」，是建立在「親有過」的情況下說的，既「有過」，則為人子女應替親隱惡，不可張揚，亦不須告知。《論語‧子路篇》也提到了「隱」：「父為子隱，子為父隱，直在其中矣。」(《論語注疏》卷十三，頁七 A) 孔子認為，父母為子女隱蔽過失；子女為父母隱蔽過失，是自然天理且合乎「直行」者。此處之「隱」和〈檀弓〉「有隱」之「隱」，皆為「隱蔽」之意，即是隱惡。

另《孝經‧諫爭篇》之鄭注也出現「有隱」，經文云：「從父之令又焉得為孝乎？」鄭注云：「委曲從父母，善亦從善，惡亦從惡，而心有隱，豈得為孝乎？」此處鄭注「有隱」，指的是子女曲從父母，有心隱瞞父母之善惡，和前所述替父母隱惡，並不相同。故皮錫瑞比較二者之案語云：

> 則此（《孝經》）注云「有隱」，與〈檀弓〉所云「有隱」，似同而實異也。（〈諫爭章第十五〉，卷下頁廿四 A）

皮氏以為二者雖皆為「有隱」，然而意義卻不相同。

談論「諫爭」是否「有隱」的情況，也展現在《孝經‧事君章》中，討論的面向則是臣子對待君主所應依循的方向，正好也可為〈諫爭章〉下一註解，更可和子女侍奉父母之行為作一對照及補充。〈事君章〉經文言：

> 君子之事上也，進思盡忠，退思補過，將順其美，匡救其惡，故上下能相親也。（《孝經注疏》卷八，頁三 B～頁四 A）

經文說，為人臣子侍奉君上，進見於君時應當思考克盡忠節之事，至於君主犯下不合仁義之事，則需思考如何補過。要能讚美君主之功，更要能匡救君主之過，如此才能上下相互親和。鄭注後三句為：

> 善則稱君，過則稱己也，君臣同心，故能相親。（〈事君章第十七〉，卷下頁廿九 A）

說明君主行美善之事則歸功於君，若有過錯則稱惡於己，將過錯歸結到自己身上，如此君臣各自擔負自己的責任，才能相互親愛。皮錫瑞認為這就是「為君隱惡」的表現，皮氏云：

> 云「君臣同心，故能相親」者，《白虎通‧諫諍篇》曰「所以為君隱惡何？君至尊，故設輔弼、置諫官，本不當有遺失。」《論語》曰「陳司敗問昭公知禮乎？孔子曰：『知禮』，此為君隱也，故《孝經》曰：「將順其美，匡救其惡，故上下能相親也」。《白虎通》引此經為「為君隱惡」之證，與鄭云「過則稱己」義合。（同上）

皮錫瑞引用《白虎通‧諫爭篇》說明「為君隱惡」之言，以及《論語‧述而篇》談論昭公知禮是「為君隱」的例子，認為二者正是此處鄭玄所言「過則稱己」的「為君隱惡」之表現。

2. 犯

針對父母之不同過錯，《禮記》孔穎達疏又再細分了子女勸諫之原則，孔疏云：

親有尋常之過，故無犯。若有大惡，亦當犯顏。故《孝經》云：「父
有爭子，則身不陷於不義」是也。《論語》曰：「事父母幾諫。」是
尋常之諫也。（《禮記注疏・檀弓上》卷六，頁三 A）

孔穎達將「親之過」分為「尋常之過」和「大惡」，孔疏雖認同諫言不宜犯顏，
但那是針對「尋常之過」；若親犯大惡，則亦當犯顏直諫。孔穎達認為《論語・
里仁》所謂「事父母幾諫」，即是指尋常之過，子女只需和顏微諫，不當犯顏；
至於《孝經・諫爭篇》所言「父有爭子，則身不陷於不義」，則是父母有大惡，
為子女者當諫爭，不諫就是不義，即便犯顏仍應直諫，才是孝的表現。孔疏
分別「尋常之過」和「大惡」，正好化解了《論語》和《孝經》不同的說法，
也補明了「諫爭父母」所需注重的情況和準則。皮氏引此段疏解，以為孔穎
達分析甚明。

　當父母有過失，子女應當在適當的尺度下規諫，然而若踰越了諫爭的界
線，而違背倫理，毀謗、傷害父母，那就是不合乎孝了。《孝經》亦述及「不
孝」者所應論處的罪行。

　以下針對《孝經・五刑章》探討皮錫瑞對「不孝之罪」的看法。

三、五刑

　《孝經・五刑章》講述各類過失之刑責，主要著眼在竊盜、劫掠、男女
淫亂、殺人等之罪行，所應受之墨（黥面）、刖（斷足）、劓（削鼻）、宮（去
勢）、大辟（死刑）之刑。經文首句云：「子曰：五刑之屬三千，而罪莫大於
不孝。」五種刑罰之中包含了三千條罪，而沒有更甚於「不孝之罪」者。此
句引發後人討論「不孝之罪」是否包含於三千罪條之中，二方立場之不同，
可從賈公彥《周禮》疏和邢昺《孝經》疏中發現。賈公彥疏解《周禮・地官・
大司徒》「以鄉八刑糾萬民，一曰不孝之刑……。」一句，曰：

「一曰不孝之刑」者，有不孝於父母者，則刑之。《孝經》「不孝」
不在三千者，深塞逆源，此乃禮之通教。（《周禮注疏・地官・大司
徒》卷十，頁廿六 A）

賈氏以為「不孝之罪」不屬三千罪條之內。然而「不孝之罪」應受如何之懲
罰，為何不屬三千罪條之內呢？以下列舉可能證據說明。

　《易・離卦》云「焚如、死如、棄如」，鄭玄注解為「不孝之罪，五刑莫
大焉，得用議貴之辟刑之，若如所犯之罪。焚如，殺其親之刑；死如，殺人

之刑也；棄如，流宥之刑也。」（《周禮注疏》卷卅六，頁十三 B）指出了殺親之罪所受之罰責爲焚燒之刑，殺人則爲死刑，焚刑似重於死刑。《周禮・秋官・掌戮》列舉了各種大罪所應受之刑罰，亦曰「凡殺其親者，焚之」，賈公彥疏解即引上述《易》之鄭注來補充說明，皆是以焚燒之刑作爲殺親的懲罰。

然而五刑之中，以「大辟」（用手殺人者，即死罪）作爲最重之刑罰，正符合《易》所云之「死如」（殺人之刑，亦即死罪）；又「焚如」之罪列於「死如」之前，刑罰也應重於「死如」之刑。如此，則「焚如」之刑確實重於「大辟」之刑。賈氏據此以爲，「焚如」之刑即是「殺親之罪」所受之刑罰，但「焚如」之刑不屬五刑之內，「殺親之罪」亦不屬三千罪條之內。

刑昺《孝經・五刑章》之疏解，反對「不孝之罪屬三千條之外」之說法。反之，認爲應解爲：「三千條中，以不孝之罪尤大」，言下之意，「不孝之罪」應爲三千條罪之首。邢疏云：

> 「五刑」者，言刑名有五也。「三千」者，言所犯刑條有三千也。所犯雖異，其罪乃同，故言「之屬」以包之。就此三千條中，其不孝之罪尤大，故云「而罪莫大於不孝」也。（《孝經注疏》卷六，頁三 A）

又云：

> 案舊注説及謝安、袁宏、王獻之、殷仲文等，皆以不孝之罪聖人惡之，云在三千條外。此失經之意也。（《孝經注疏》卷六，頁三 B）

邢疏首先說明刑條有三千之多，然可用五種刑名囊括。認爲「而罪莫大於不孝」一句，是指「不孝之罪」於三千條中尤大，並非舊注及袁、王、殷等人所認爲的「在三千條外」。邢昺認爲這種理解，不符經文原義。

賈公彥所言「不孝之罪應屬三千條之外」之「不孝之罪」，當指「殺親之罪」而言，殺親者，所受之刑爲「焚刑」，重於大辟之刑，故屬三千條之外。然而，「不孝之罪」是否即指「殺其親」，或可廣泛地指涉不孝於親，則未可推探。邢昺所言「不孝之罪」，據其文是指上章之「居上而驕」、「爲下而亂」、「在醜而爭」而言，邢疏言：

> 案上章云「三者不除，雖日用三牲之養，猶爲不孝」，此承上「不孝」之後，而云三千之罪「莫大於不孝」，是因其事而便言之，本無在外之意。（《孝經注疏》卷六，頁三 B）

邢昺所謂上章即〈紀孝行章〉，主要爲紀錄孝子事親之行。經文言：「事親者居上不驕，爲下不亂，在醜不爭。居上而驕則亡，爲下而亂則刑，在醜而爭

則兵。三者不除，雖日用三牲之養，猶爲不孝也。」邢疏以爲「居上而驕」、「爲下而亂」、「在醜而爭」三者皆致亡身，是經文所言之「不孝」，此章言「罪莫大於不孝」，是順〈紀孝行章〉「不孝」而言，以「不孝之罪」爲首之意，並非言其在三千條之外。

由此可知，賈公彥和邢昺雖皆言「不孝之罪」，然二人對「不孝之罪」的犯行設定不同：賈公彥以爲是「殺其親」，邢昺以爲是「驕溢、撓亂、忿爭」。因此賈公彥以爲「不孝之罪」在三千罪條之外；邢昺則認爲應在三千罪條之中。但無論是否在三千罪條之中，由賈疏、邢疏，或其它學者之注解可知，「不孝之罪」是違背了天地倫理、逆反了血脈親情，被視爲是所有罪行中之最重，也最不可原諒、最應受指責的。

面對二者不同看法，皮錫瑞似較贊成賈公彥之意見，以鄭玄《周易注》之內容作爲支持此處《孝經注》的依據。皮錫瑞認爲，從《孝經注》無法直接得知「不孝之罪」是否在三千罪條之中，然而透過鄭玄《周易注》「不孝之罪，五刑莫大焉」、「焚如，殺其親之刑；死如，殺人之刑」之句，以及《孝經注》「五刑之屬三千，而罪莫大於不孝」、「手殺人者，大辟」對照，可以得出幾條線索：

（一）「手殺人者」和「殺人之刑」同爲「殺人之罪」，罪行是「死如」、「大辟」（死刑）。又「焚如」之刑重於「死如」之刑。

（二）由「五刑之屬三千，而罪莫大於不孝」和「不孝之罪，五刑莫大焉」可知，三千條罪中沒有大於「不孝」之罪者。換言之，「不孝」之罪不在三千條罪之中。

（三）由以上二點可知：「不孝」之罪當較「殺人」之罪更重；「不孝之罪」應在三千罪條之外。

據此皮氏言：

> 若焚如之刑，更重於大辟，當在三千條外，是殺其親者，不在五刑三千中矣。（〈五刑章第十一〉，卷下頁十五 B）

皮氏以爲，已知三千條中，最重者爲「大辟」之罪，若「焚如」之刑較之「大辟」更重，則知在三千條之外。皮氏又云：

> 邢引舊說，未知即鄭義否？而據鄭義，不當如邢氏所云也。（同上）

今所謂「舊說」，未知是否即是鄭義，學者陳一風對照敦煌本鄭注，即認爲二者

文義相同〔註27〕。皮氏無法確定是否為鄭義，然而若根據鄭玄之《周易注》所言，鄭義和此處「舊說」並不相同。皮氏認為邢氏所云未盡妥當，應當置疑。

子女對待父母之態度，除了「敬」，「愛」也是孝行的另一表現。

而「孝慈」正是「愛」的展現，「孝慈」一詞原是由兩個單詞複合而成，有些學者主張二單詞偏向同一意義，或偏向「孝」，或偏向「慈」，如此，則為單向的上下關係；有些學者則主張二單詞並列保留二種意義，如此，則是雙向、也是對等的上下關係。然而皮錫瑞認為「孝慈」就是偏向單一意義的「慈」，就是「慈愛」，也是「孝行」中不可或缺的情感成分。

縱使了解「愛」與「敬」為下位者奉行孝道的二項原則，這樣的準則卻無法通用在各種情況，一旦上位者行「不義」之事，原先既訂的「愛」、「敬」行為就該有所修正，轉而用「愛」、「敬」之心進行合情理的勸阻——諫爭。直言規勸雖然是諫爭的精神，何時該隱惡、何時該犯顏，卻又是另一層次的孝行境界。古代經典《禮記》、《論語》等都曾談過這個問題，皮錫瑞比較《孝經注》和其它經典所云「有隱」之異同，說明鄭注《孝經》認定「稱善」和「稱過」的標準。又舉經典和經注補足一般人面對親、君、師不同對象，所應當「隱」或「犯」的行為準則。

諫爭與不孝的界線難以區分，《孝經·五刑章》除了提到各類過失所應受的刑罰，更論及「不孝之罪」應當受的懲處。「不孝之罪」是否在三千罪條之中，各家有不同論定，然而為萬罪之首是肯定的，刑罰也較其它罪行更重，是大過「死」刑的「焚」刑。從尤重之罪可以知道，「不孝」在儒家的思想中是何等不堪，故於〈五刑〉之章反覆提醒，人人皆當戒慎恐懼。

了解行孝的態度表現和規準罰責之後，對於「孝」的起始和終結，又該如何界定呢？行孝是否因為身分或階層不同，而有不同的行孝標準、不同的行孝歷程呢？以下接續探討孝「始」與「終」的問題。

第三節　孝的歷程與境界：孝行之始與終

一、孝之始終

孝之始、終，首見於《孝經·開宗明義章》，經文云：

〔註27〕陳一風：《孝經注疏研究》，頁 182～184。

> 身體髮膚，受之父母，不敢毀傷，孝之始也；立身行道，揚名於後
> 世，以顯父母，孝之終也。（《孝經注疏》卷一，頁三A）

《孝經》首先概念式地說明孝之終、始，以保全自己之身體作爲孝之開端、孝之基礎；以立身揚名，顯名父母作爲孝之終結、孝之完滿。可知「始」與「終」有前、後關係，更有淺、深關係。先顧全一己之身，再顧及身外之名；先努力於有形之體，再致力於無形之名，皆可看出行孝先後、輕重，層次分明。經文又說：

> 夫孝，始於事親；中於事君；終於立身。（《孝經注疏》卷一，頁三B）

此就行孝之步驟爲說，經文認爲事親爲先，事君其次，立身最後，由親、君、己之先後可看出經文所謂始終，是由內推至外，最後再回到己身。雖以至親爲出發點，卻以己身爲終結。這樣的改變，不僅是轉換行孝的重心，更是層次的堆疊，以事親立足後，還要能事君，最後更要藉由一己之身彰顯一切。

經文並未說明始、中、終是否依據年歲的增長，然而對這句經文後人普遍的解釋皆和年歲有關：少時和父母相處的時間占多數，以在家行孝、侍奉父母爲首要。出仕任官之後，面對的不止是家，更是一國之大事，故以事父母之孝侍奉君王，以輔佐君王爲目標。然而立業修身才是彰顯自身重要之價值，故以成就一己之名聲爲完結。若此，《孝經》依據個人之生命歷程說明各年齡階段所應行之孝道，作爲始、終的具體說明，而後第二章至第六章，則依天子、諸侯、卿大夫、士、庶人，各種層次分別爲說，故於〈庶人章〉之後，經文總說「五孝」，云：

> 故自天子至於庶人，孝無終始而患不及己者，未之有也。（《孝經注
> 疏》卷三，頁二A）

以爲無論何人，皆須行及孝之終、始，此句主詞是「天子至於庶人」，故經文所指涉的對象無一例外，上自天子、下至庶人，皆須遵行孝之終、始的準則。對於這句經文的詮釋其實有歧義，留待後文來談。

二、孝是否該有終始

首先應該釐清者，應是「孝」是否有終、始的問題。〈庶人章第六〉經文：

> 故自天子至於庶人，孝無終始，而患不及者，未之有也。（《孝經注
> 疏》卷三，頁二A）

由「患」一字的不同解釋，展開了「孝之終、始」的討論。鄭玄注解此句以

「患」爲「禍患」、「患難」。鄭注云：

　　總説五孝，上從天子，下至庶人，皆當孝無終始，能行孝道，故患

　　難不及其身也。未之有者，言未之有也。（〈庶人章第六〉，頁廿十Ａ）

其中「當孝無終始」一句，嚴可均和皮錫瑞都認爲此「無」字應作「有」〔註
28〕。鄭玄認爲，天子以至庶人皆需達成孝之終始，因爲孝有終始，才可以免
除災禍；反之，若孝無終始，則禍患及身。

　　玄宗注解此句以「憂患」（憂慮）來解釋「患」，和鄭注不同，開啓討論
之端：

　　始自天子終於庶人，尊卑雖殊，孝道同致，而患不能及者，未之有

　　也。言無此理，故曰未有。（《孝經注疏》卷三，頁二Ａ）

玄宗以爲「孝之終始」之道，是無關尊卑，人人皆可行，故毋須憂慮無法達
成。

　　邢昺疏解云：

　　云「而患不能及者，未之有也」者，此謂人無貴賤尊卑，行孝之道

　　同致，若各率其己分則皆能養親，言患不及於孝者未有也。……經

　　言「孝無終始」，謂難備終始，但不致毀傷、立身行道，安其親、忠

　　於君，一事可稱，則行成名立，不必終始皆備也。此言行孝甚易，

　　無不及之理，故非孝道不終始致必及之患也。（《孝經注疏》卷三，

　　頁二Ａ～Ｂ）

此處玄宗和邢昺皆主張行孝不分貴賤尊卑，只要能守其本分，不須擔憂無法
行孝。邢疏另又指出，不致毀傷、立身行道，一爲孝之始，一爲孝之終，只
要達成一件事即可「行成名立」，不必始、終皆具備。如此解釋，正和前述鄭
注所論不同。前述以爲：「患」指「禍患」，若不能孝有終、始，則災害必生；
換言之，行孝需終、始皆備。此處則以爲：「患」指「憂慮」，行孝之易，毋
須憂慮行孝不及，孝之始、終，只需盡力達成其一即可。二種解釋，取決於
「患」之詞義，莫衷一是。

　　邢疏引了申鄭、難鄭往復辨難之言，即可視爲「禍患」和「憂患」（憂慮）
對立之主張，而這番言語主要可以歸結二個問題：一是經文「孝無終始，而
患不及己者，未之有也」一句之「患」字，究竟是「禍患」之義，還是「憂

〔註28〕見本文第三章〈孝經鄭注輯佚、訓詁問題的考察〉「嚴氏輯佚成果之繼承」相
　　　關文獻問題，頁39～40。

患」（憂慮）之義？二是「能養而不能終」並未達到「孝有終始」，究竟是普遍之孝行還是專指庶人之孝；即是「孝」須「有」終始或是「無」終始？解決此二個問題，對於理解經文、掌握經義有很大的幫助，故以下先看主鄭、難鄭之問答：

> 鄭曰：「諸家皆以爲患及身，今注以爲自患不及，將有說乎？」。

> 答曰：「〔……〕經傳稱患皆是憂患之辭，「〔……〕故皇侃曰『無始有終，謂改悟之善，惡禍何必及之』，則無始之言已成空設也。《禮・祭義》曾子說孝曰：『眾之本教曰孝，其行曰養。養可能也，敬爲難。敬可能也，安爲難。安可能也，卒爲難。父母既沒，愼行其身，不遺父母惡名，可謂能終矣。』夫以曾參行孝，親承聖人之意，至於能終孝道，尚以爲難。則寡能無識，固非所企也。今爲行孝不終，禍患必及。此人偏執，詎謂經通。」（《孝經注疏》卷三，頁二B～三A）

由上述對答可知，主鄭者皆認爲鄭玄的理解是「禍患及身」，故對難鄭者提出疑問：何以用「憂慮行孝不及」來解釋？難鄭者舉經典《禮記・祭義》之說，認爲「養」可能、「敬」爲難，故終孝道是難，要人人皆孝有終始，是強人所難。二方又論辯曰：

> 鄭曰：「《書》云『天道福善禍淫』，又曰『惠迪吉，從逆兇，惟影響』，斯則必有災禍，何得稱無也？」

> 答曰：「來問指淫凶悖慝之倫，經言戒不終善美之輩。《論語》曰『今之孝者，是謂能養』，曾子曰『參，直養者也。安能爲孝乎』。又此章云『以養父母，此庶人之孝也。』儻有能養而不能終，只可未爲具美，無宜即同淫慝也。古今凡庸，詎識學（孝）〔註29〕道，但使能養，安知始終，若今皆及於災，便是比屋可貽禍矣。」（同上）

主鄭者以爲「患」爲「禍患」之義，並引《尚書・商書・湯誥》（《尚書注疏》卷八，頁十B）、〈大禹謨〉（《尚書注疏》卷四，頁三B）語「福禍」之事爲證。難鄭者又再以《論語・爲政篇》之言說明「能養」者即可稱作「孝」，能養而不能終，只是未能盡善，不可視爲罪人。又認爲，若如主鄭者以爲「患」爲「禍患」，凡不能終始孝者皆有災禍及身，則處處是災禍了，以此強調「孝之終始」之難行，不需強求達成。

〔註29〕「學」，南昌府學本：《孝經注疏》作「孝」。清武英殿本作「學」，當爲皮錫瑞所本。

以下嘗試歸結對答中之二個問題：

（一）「患」為禍患／「患」為憂患

鄭注和主鄭者之說法，皆將「患」解作名詞，「禍患」之意。對經文的解釋為：若行孝無法有始有終，則禍患加身。玄宗注和其它難鄭者之說法，皆將「患」解作動詞，「憂患」之意，對經文的解釋為：孝之易行，不會有擔憂自己行孝無法終始者。

質疑鄭注者之說法，其實有兩種結論：其一，「孝」確實易行，輕易可達成孝之終、始，故毋須擔憂。其二，不必擔憂「行孝」之難，因為只要各盡本分，達到「孝之始」或「孝之終」即可稱作孝。邢昺的主張明確是後者，御注則兩義皆含。

皮氏支持鄭注，將解「患」解作「禍患」；皮氏又援引其它經典證明：

> 云此皆是「患禍及之」之義，亦即是天子至庶人皆恐「患禍及身」之義，證據甚堅。案〈曾子大孝〉「故居處不莊，非孝也。事君不忠，非孝也。蒞官不敬，非孝也。朋友不信，非孝也。戰陳無勇，非孝也。五者不遂，災及於身，敢不敬乎。」「災及於身」即「患及己」，亦可與此經相發明。（〈庶人章第六〉，卷上頁廿一 A）

〈曾子大孝篇〉所用的「災及於身」，即是明顯的「災禍」義，故可與此經互相補足，《孝經》經文一句，若「患」作「災禍」解，則依經可知「孝」求「有」終始，鄭注之義也可被彰顯。

（二）孝有終始／孝無終始

質疑鄭注者最後說明，只能養而不能終，即是《孝經》經文所謂「庶人之孝」，故不可云「庶人之孝」即是「無法終始」、即是「禍患及身」，庶人之孝也相同可稱為「孝」，是值得被頌揚的。質疑鄭注者主張「孝」不須有終、始，經文中庶人之孝即是「有始無終」，以「能養」為始，亦是大多數人所可遵行之孝；支持鄭注者則以為孝必定要有終始，不致毀傷是始、立身揚名是終，兼具者才是孝，若孝無終始，則災禍自生。皮錫瑞自然支持鄭注，故皮氏之言為：

> 鄭注明云「總說五孝，上從天子，下至庶人」，難鄭者，乃專指庶人為言，顯與經注相悖。云「寡能無識」，云「凡庸詎識學道」，專言庶人尚可，而此經包天子、諸侯、卿大夫、士在內，豈天子、諸侯、

卿大夫、士亦得以「寡能」、「凡庸」自解乎？首章明云「孝之始」
也、「孝之終」也，此章所謂終始，即指「不敢毀傷」、「立身揚名」
而言，自天子至庶人，皆當勉此孝道。難鄭者，乃謂「有始不必有
終，無終不必及禍」，是不止背鄭，直背經矣。若專執庶人爲言，疑
庶人不能揚名顯親，則與劉炫駁鄭「人君無終」之言同一；拘泥古
書多通論其理，豈得如此泥看，妄生駁難哉。(〈庶人章第六〉，卷上
頁廿十 B)

皮氏認爲難鄭者所言確實不錯，然而是專指庶人爲言，經文既云「自天子至
於庶人」，則包含天子、諸侯、卿大夫、士、庶人五者，即不可專對庶人而言。
又經文〈開宗明義章〉言及「孝之始」、「孝之終」，即當力行於「不敢毀傷」、
「立身揚名」，以孝之終始自勉。前述難鄭者言「有始不必有終，無終不必及
禍」，不只和鄭注不同，亦不符合經文所言「孝有終始」、「孝無終始則禍不及
己者，未之有也」，故皮氏斥責是「不止背鄭，直背經矣」。

難鄭者以庶人爲言，論其有始不必有終，正如同劉炫以人君爲言，論其
有始但無法有終，二者皆只著眼某 層次之人，也都忽略了經文所言行孝確
實應有始、有終的概念。故難鄭者以爲庶人無法立身揚名；劉炫以爲人君無
所謂致仕，皆太過拘泥文句字義，無法融通經義。

三、始、中、終三分

關於《孝經》經文中言及「孝之終始」的幾句經文，依據注解者之說法，
學者們有許多不同的意見。經文「夫孝，始於事親，中於事君，終於立身」
一句，將「孝」分成了始、中、終三個階段，三階段之分界爲何？該如何區
分？以及如何才稱作「孝之終」？皆爲討論之重心。經注是這些問題之開端，
後代學者皆依據注文而發。故首先先看鄭注、孔傳等注文對始、中、終的說
明。

此句鄭注殘闕，若依皮氏所見嚴本之輯佚如下：

父母生之，是事親爲始。四十彊而仕，是事君爲中。七十，行步不逮，
縣車致仕。……是立身爲終也。(〈開宗明義章第一〉，卷上頁五 A)

暫且不言鄭注所謂始、中、終之義涵，鄭注依人之年齡分爲三階段：四十歲
之前事親，四十至七十事君，七十歲以上辭官致仕，立身爲終。再看古文本
《孔傳》，孔安國亦以年歲區分三者：

故自生至於三十，則以事父母、接兄弟、和親戚、睦宗族、敬長老、信朋友為始也。四十以往，所謂中也。仕服、官政，行其典誼，奉法無貳，事君之道也。七十老，致仕，縣其所仕之車置諸廟，永使子孫鑒而則焉，立身之終，其要然也。〔註30〕

孔安國亦將人之生命分作三個階段，然區分之年歲和鄭注有所不同。孔氏以出生至三十為始，三十至四十為中，四十至七十為終，以七十作為生命之終結。如此以生命階段作為孝之始、中、終系統，劉炫《孝經述義》針對孔傳之言首先說明：

孔以人壽百年，分為三節，自生至三十，謂至三十九，四十以往，至六十九也。蓋以初生十年，未有所識，故多十年耳。(事父母至信朋友) 此皆未仕時事，故以為始；……致事以後，君有特命，乃駕而造朝，車不常用，故懸之；……置諸廟者，蓋藏之尊處，所以示子孫也。此始、中、終之義，非徒孔為此說，先儒盡然，其言非經旨也。〔註31〕

劉炫以為如此以人之壽命區分「始」、「中」、「終」三者之說法，不單只有孔安國言，劉氏所謂「先儒」必然包括鄭玄了。劉炫不以此說為確，他認為以年歲區分只是眾多注解者之理解，經文本身並未如此侷限。然劉炫以先儒舊說和經文要旨不符，其實是因為劉氏對經文文句的理解不同。以下試加辨析。

經文「始於事親，中於事君，終於立身」一句中，「終於立身」引發較多討論。「立身」意義為何？鄭注、孔傳以「致仕為終」解釋是否妥當呢？劉炫首先質疑：

若以始為在家，終為致仕，則兆庶皆能有始，人君所以無終。若以年七十者始為孝終，不致仕者，皆為不立，則中壽之輩盡日不終，顏子之徒亦無所立矣。〔註32〕

劉炫尤其無法認同「終為致仕」一句，因為，若「終為致仕」一句成立，經文所謂「自天子至庶民皆當孝有終始」之言無法圓滿。劉氏舉例，若不「致仕」則無法達成「孝之終」，天子無所謂「出仕」、「致仕」，那麼天子行孝就未能有「終」；若以年歲而言未能達七十年之人，亦為不終。又如孔子弟子顏

〔註30〕孔安國傳：《古文孝經孔傳‧開宗明義章第一》(知不足齋叢書)，頁二B。
〔註31〕林秀一：《孝經述議復原に關する研究‧孝經述議卷第二》，頁 222。
〔註32〕同上，頁 222～223。

淵早逝，亦不能終。據孔傳、鄭注以年歲、際遇考量行孝的表現，則經文所言「孝之終」顯然不是眾人皆可達致的目標。劉炫以爲「孝」之終、始是不可分階級、貴賤的：

> 人無貴賤之限，莫不自家仕國，期於成名，故以事親爲始、事君爲中、立身爲終耳。德教加百姓，刑於四海，天子立身之終也；保其社稷，和其民人，諸侯立身之終也。「終」謂事業終竟，非是身世終盡，安得專以致事說此終乎？〔註33〕

劉炫認爲人生目標皆從居家行孝出發，再擴展到整個國家，最後以成就名聲爲依歸，故有始、中、終之說。劉炫並以《孝經·天子章》、〈諸侯章〉經文中「孝」的義涵，說明天子、諸侯立身之終，總結經文之「終」指的是事業、道業上之終結，並非鄭注、孔傳所言身世、生命之終結，故不可用是否「致仕」來說明「孝」之完結。

　　由劉炫對經文「不敢毀傷，孝之始也」和「立身揚名，以顯父母，孝之終也」一句之註解，可明顯看出他的立場，劉氏言：

> 上言孝之始，此言孝之終，謂從身出行爲始，道業成就爲終，非謂從生至死爲始終也。〔註34〕

劉炫不認同以生命之開端與終結作爲孝之始、終，而以爲自「身能行孝」開始，至「成就道業」爲終，皆是致力道業之完成爲目標，才是孝之始、終的深刻義涵。

　　面對劉炫對鄭注、孔傳之反駁，皮錫瑞維護鄭注，不以爲然：

> 劉氏刻舟之見，疑非所疑。必若所云，天子尊無二，上無君可事，豈但無終？又有遁世者流，不事王侯，豈皆不孝？不惟鄭注可駁，聖經亦可疑矣。經言常理，非爲一人而言，鄭注亦言其常，何得以顏夭爲難哉！《史記·自序》云：「且夫孝，始於事親，中於事君，終於立身。揚名於後世，以顯父母，此孝之大也。」約舉此經。（〈開宗明義章第一〉，卷上頁五 B）

針對劉炫的質疑，皮錫瑞反駁：若如其說天子無終，則天子亦無君可事，應也達不到經文所言「中於事君」之事，那麼天子除孝之始外，孝之中、終皆無法完成；又若出世之人，不入世俗仕途，無王侯可侍奉，也歸屬不孝。如

〔註33〕林秀一：《孝經述議復原に關する研究·孝經述議卷第二》，頁223。
〔註34〕同上，頁221～222。

此,「中於事君」並非人人可成,則經文所言「自天子至於庶人,孝無終始,未之有也。」則是不對的了。皮氏以劉炫背反經文,指責劉氏疑非所疑,終至疑經。皮氏認為,經文所言為常理,不應以特例(如顏淵)質疑,而鄭注也以常理、通論為說,故不需過於拘泥。

「孝的始終」,可說是一個人一生中行孝的準則,至於它的起始點和終點,經文中看似因不同身分而有不同標準,然而行孝應是一個人終生皆奉行的操守,而無分尊卑貴賤。

第四節 本章結論

皮錫瑞對於孝道核心問題的探討,展現在《孝經鄭注疏》中的各個面向,包含對「孝道」的基本態度以及推展到「孝行」的適當表現。由此章可以看到皮氏解經所著重解釋的觀念。

一、皮錫瑞對「孝」的理解

皮氏強調孝行所應具備的元素是「敬」、是「愛」。「敬」是「合乎禮義之行為」,「愛」則是「內心生發的孺慕慈愛」。「敬」著重外在行為表現,「愛」則著重內心情感展現。皮氏強調「敬」與「愛」,不但彰顯「敬」在《孝經》中作為「至德」、「要道」的地位,即道德中的極至表現。又以「孝慈」的上下關係辨駁彰顯「愛」在孝行中,不只是下對上的親愛,同時也是上對下的愛護。

《孝經‧紀孝行章》即說明了日常行事各方面的事親之道,「敬」表現在供養、服侍,恭敬之行為和態度是最難能可貴的,所以鄭注云「盡禮也」,是最善盡禮節的了。另外,「祭祖」、「配天」也是天子表現孝行最直接的方法,故〈聖治章〉所言「嚴父配天」的涵義,即是將周公視為模範,如周公配祀他的父親文王一般,配祀自己的父親。周公配祀文王,彰顯文王之功,而藉彰顯文王之功來追祀遠祖,這就是「嚴父配天」的孝行意義。

皮錫瑞在疏解中多次強調「敬」在孝行中的重要,又縮合「敬」和「禮」之間的關係,筆者認為應該是藉以拉近《孝經》和鄭玄的關連性。由於鄭玄是經學大家,且深諳三禮,故在注解《孝經》之時常引用「禮」義說明也是合理。皮氏身為《孝經鄭注》疏解者,在「孝」的理解上,多能以鄭玄之意出發,再加入自己見解,於注、於疏都能有所闡發。

二、皮錫瑞說明「孝」的關係和界線

　　皮錫瑞疏解《孝經》經典，闡發「孝」的態度和「孝行」的施行準則，其中必須釐清「孝」的外在表現和相互關係，以及針對「孝行」中模糊、兩難的界線作說明。因此皮氏在疏解鄭注的同時，也提出了自己看待「孝」的立場。

　　「孝慈」一詞的看法，許多學者認為應該以各別的單詞「孝」、「慈」來看，區分為下對上之「孝順」和上對下之「慈愛」，如此，「孝慈」一詞意示著上下對等以及相互關係。然而皮氏回歸到《孝經》經義，認為「孝慈」指的就是「慈」，也就是單方面下對上的「愛」。由此可以看出皮氏疏解《孝經》，將焦點集中在下對上的態度和行為，「孝」所能表現的除了「嚴敬」，更有「慈愛」。如此觀點，正好切合皮氏以「愛」、「敬」作為「孝」之原則的詮解。

　　「行孝」的界線，皮錫瑞除了推闡積極「行孝」應盡的「愛」、「敬」行為，更說明行孝的消極面，在君王、父母有過失時所應行的「諫爭」。然而君王、父母之階級、輩行較為年長，雖需直言勸諫，然而該如何犯顏？如何取捨「諫爭」的程度？這又是一門學問。皮氏藉《禮記》、《論語》之言給予為人臣子、為人子女者一些遵循方向，如《禮記・檀弓上》區分親、君、師，所言的「隱」和「犯」各有程度側重不同，正是參照的大原則。

　　《孝經》中提到較多關於「君主」的諫爭準則，因此〈事君章〉和〈諫爭章〉中，皮氏也提出較多君臣相處之道，認為「善則稱君，過則稱己」是臣子「為君隱惡」的表現。至於為人子女者面對父母過失的犯與不犯，皮錫瑞則採納孔穎達《禮記・檀弓上》的疏解，認為「親之過」有輕重之分，可分為「尋常之過」和「人惡」，若是「尋常之過」，則應諫言不宜犯顏；若犯「大惡」，則當犯顏直諫。皮氏強調子女對父母的基本敬重，應在適宜的尺度下規諫，然而若觸犯了「大義」，則應以「義」為優先，即不考慮對父母「犯顏」的問題了。

三、皮錫瑞強調經典的歷程和境界

　　「孝有無終始」的問題，正是《孝經》中「孝行」歷程和境界的最完整說明。討論之端首先見經文「孝無終始而患不及者，未之有也」一句中「患」字的理解，玄宗以「憂患」（憂慮）解，意義為：不必擔心會有「行孝無法終始」的人。也就是：「孝之終始」人人可行，毋須擔憂無法達成。鄭注則以「禍

患」解釋之，全句意義用了三層否定：沒有「孝無終始而禍患不加身」的人。也就是：若不能「孝有終始」，則禍患加於身。玄宗注解，視「孝之終始」為簡單易行的目標，沒有尊卑差別，也毋須擔憂到達不了；鄭玄注解，視「孝之終始」為必須畢生努力的目標，只有追求「孝有終始」，才可摒除禍患，使生命平順完整。

皮氏同意鄭玄注解，「孝之終始」為君子行孝的終生標準，因此「孝如何終始」成了必然要討論的議題。經文「始於事親，中於事君，終於立身」一句，鄭注和孔傳皆以年歲來區分孝之始、中、終，其中「致仕為終」的說法受到劉炫的質疑，劉氏認為「致仕」並非人人可成，也非人人觸及，故「孝有始終」的境界無法人人圓滿。皮錫瑞的疏解，則使「孝」成為人人皆可圓滿踐履的德行。

皮氏面對詰難，一方面維護鄭注，一方面剖析經義。皮氏申述，經文中談及的「孝有終始」，只是給予我們一個最初和最終的普遍規範作為遵照的參考，若太拘泥經文所言的分界，而忽略了經典強調的通用歷程和境界，則顯得泥古、多疑了。

第五章　鄭注《孝經》今古文問題的考索

　　鄭玄注解的對象是今文本《孝經》，皮錫瑞更預設鄭玄注解《孝經》「全用今文」，故面對鄭玄今古融合的治經態度，以及常將今文雜入古文的說解，皮錫瑞試圖釐清、辨析，樹立《孝經鄭注》爲今文說的地位。皮錫瑞藉由援引今文經典，提出許多鄭玄用今文說的例子，在疏解時更以今文學家的立場排拒古文經說，以示和今文經說區別，彰顯《孝經鄭注》符合今文說法。

　　本章先梳理、檢討皮錫瑞對《孝經》古文孔傳的負面看法，接著再順皮錫瑞之說列舉《孝經》援用今文經典、採納今文經說的證明。彰顯皮錫瑞對《孝經》用今文說的主張。最後，藉由倫理和禮制的今古文問題，觀看皮錫瑞對今古文的看法，以及對今古文衝突的調停，了解皮錫瑞前後一致的今文家說立場。

第一節　辨駁孔安國、劉炫注經的古文觀點

　　皮氏選用今文《孝經》、鄭氏注爲疏解對象，然對於古文《孝經》、孔氏傳又是怎麼樣的態度呢？前述已提，今、古文《孝經》經文除文字、文句有些許差別，並無太多相異之處，然孔氏之《傳》和《鄭注》卻因爲解經立場不同，而有較大分別。皮氏《孝經鄭注疏》中，多處以《孔傳》之文和《鄭注》之文對比分析；雖有少數認同之處，然大部分於《孝經鄭注疏》中所見《孔傳》之說，皆是不被皮氏採納的例子。以下即分述皮氏對《孔傳》和對劉炫之看法：

一、闡釋經義以《鄭注》爲長

玄宗作注，頗有以《孔傳》爲據者；皮錫瑞在對比析論鄭注、御注之得失時，自然也檢討了御注所依循的《孔傳》。皮氏的抉擇及其得失，下文以實例辨析。

（一）一人／千萬人

《孝經・廣要道章》經文以「敬父」、「敬兄」、「敬君」爲廣播教化之要道，並以「敬其父則子說（悅），敬其兄則弟說，敬其君則臣說」（《孝經注疏》卷六，頁五 B）來說明「敬一人而千萬人說」，關於此處「一人」和「千萬人」，玄宗並未注解，邢昺則引「舊注」之說：

> 舊注云「『一人』謂父、兄、君，『千萬人』謂子、弟、臣」者，此依《孔傳》也。「一人」指受敬之人，則知謂父、兄、君也；「千萬人」指其喜悅者，則知謂子、弟、臣也。夫子、弟及臣名何啻千萬？言「千萬人」者，舉其大數也。（《孝經注疏》卷六，頁五 B～頁六 A）

此處所引「舊注」，據學者陳鴻森言，爲玄宗之「開元注本」〔註1〕，邢昺明言是依據《孔傳》。據邢疏可知《孔傳》對「一人」的解釋爲所敬之對象：「父、兄、君」；「千萬人」則是指喜悅之人：「子、弟、臣」。《孔傳》明言「一人」和「千萬人」爲誰；鄭注則認爲此處之「一人」、「千萬人」並無確指，應是泛論。鄭注曰：「所敬一人，是其少；千萬人說，是其眾」，「一人」和「千萬人」只是「少」和「眾」的概括。故皮氏云：

> 云「所敬一人是其少，千萬人說是其眾」者，承上文「敬一人而千萬人說」而言，鄭意蓋屬泛論，舊注依《孔傳》云「一人謂父兄君，

〔註1〕 陳鴻森：〈孝經學史叢考〉「《孝經正義》稱引舊注考」中已辨別《正義》引「舊注」六處，有四處確爲鄭注，二處則指開元注本。此處「舊注」，連同下則〈事君章〉之「舊注」，皆指「開元注本」；另〈聖治章〉、〈五刑章〉、〈廣至德章〉、〈感應章〉四處引「舊注」，皆爲鄭氏之說無疑：「此二章《正義》所稱舊注者，係指玄宗開元注本而言，相對於天寶重注本，疏家因稱之爲舊注。其餘〈聖治章〉等四文，《正義》所云舊注者，則指鄭注而言，蓋其時官學行用，獨宗鄭氏，相對於玄宗《御注》，則鄭解爲舊注。故元行沖奉詔爲《御注》作疏，《疏》中凡四引舊注，皆論其短失，及《御注》所以不取其說之由，此行沖原《疏》之舊也。其後《御注》重修，《疏》亦隨之刊改，上舉〈廣要道章〉、〈事君章〉稱引舊注者是。因前、後二《疏》不出一手，致同一『舊注』之名，所指各異也。」（《嚴耕望先生紀念論文集》，1998 年）頁 58。

千萬人謂子弟臣」，鄭意似不然也。（〈廣要道章第十二〉，卷下頁十七 B）

皮錫瑞認為邢疏依據《孔傳》所言：「一人謂父兄君，千萬人謂子弟臣」，直指「一人」為父、兄、君；「千萬人」為子、弟、臣，和鄭氏之意不同。皮氏認為，鄭氏採用「少」與「多」的泛論，是承上文之經文：「敬一人而千萬人說」和「所敬者寡而所說者眾」，鄭注之意應較符合經文原義，故以鄭義為長。

（二）補君過／補身過

《孝經・事君章》講述賢臣君子事君之道，其中「進思盡忠，退思補過」所言及之「補過」，尤其被人討論。究竟補過者是誰？補誰之過？注解者有不同理解，玄宗注解站在人君之立場，認為應是補「君」之過：

1. 補君過

玄宗此句解作「進見於君則思盡忠節」、「君有過失則思補益」（《孝經注疏》卷八，頁三 A）。據此，則經文中「退思補過」之「過」，是指「國君之過失」。據邢昺之疏解，玄宗注與《詩・大雅・烝民》所言仲山甫的行事相合。〈烝民〉「袞職有闕，惟仲山甫補之」一句，《毛傳》說：「『仲山甫補之』，補過也。」此處強調「補過」，然而並未明言補誰之過。鄭《箋》直言：「王之職有闕，輒能補之者，仲山甫也。」（《毛詩注疏》卷十八之三，頁十五 B）則是明白指出仲山甫補王職之過，故玄宗將《孝經》所言「補過」理解為「補君之過」，有其依據和理由。

又玄宗理解「退思補過」為「補君過」，還可能受了《孔傳》的影響。孔穎達在疏解《左傳》宣公十二年時，不但指出士渥濁所言「進思盡忠，退思補過」二句見於《孝經・事君章》，更引錄了《孔傳》對此二句的說解；《左傳疏》說：

> 《孝經》有此二句。孔安國云：「進見於君，則必竭其忠貞之節，以圖國事，直道正辭，有犯無隱。退還所職，思其事宜，獻可替否，以補王過。」此孔意進謂見君，退謂還私職也。（《左傳注疏》卷廿二，頁廿三 B）

據孔穎達所引，則《孔傳》正是將《孝經》「退思補過」之「過」，理解為「國君之過」。皮錫瑞便認為「明皇之注，本於《孔傳》」（〈事君章第十七〉，卷下頁廿八 B）。如此，玄宗「補君過」之注解，可能依據《毛傳》，也可能依《孔傳》。

2. 補身過

　　針對此句經文，邢昺於疏解中指出，韋昭注《國語》，將「退思補過」之「過」，理解成臣下自身的過失。邢疏說：

> 韋昭云「退歸私室，則思補其身過」，……謂退朝理公事畢而還家之時，則當思慮以補身之過。故《國語》曰：「士朝而受業，晝而講貫，夕而習復，夜而計過，無憾而後即安」，言若有憾則不能安，是思自補也。（《孝經注疏》卷八，頁四 A）

邢昺以《國語·魯語下》所言，爲韋昭注找到立論的根據。所引《國語》文句中，「受業」、「講貫」（講習）〔註2〕、「習復」、「計過」等動詞詞組的主語都是「士」。韋昭既注解《國語》又注解《孝經》，兩處理解正相呼應。再者，《左傳》宣公十二年又記載晉國大夫士渥濁以「進思盡忠，退思補過」稱賞荀林父，勸說晉景公赦免了因城濮之役戰敗而自請死罪的中軍將荀林父。邢昺認爲《左傳》所載士渥濁之言，文意與《孝經·事君章》相同（同上，頁四 B）；因此韋昭的理解似乎言之成理。

　　對此句的理解，玄宗注與《孔傳》相同，與韋昭注則有別。至於鄭注，只有前句注文「死君之難爲盡忠」，下句「退思補過」之注闕文，無法探知其意。皮錫瑞針對不同注解，認爲：

> 據邢疏則以「補過」屬「君之過」，始於明皇之注，案《左傳》疏曰《孝經》有此二句，孔安國云：「進見於君，則必竭其忠貞之節，以圖國事；直道正辭，有犯無隱。退還所職，思其事宜，獻可替否，以補王過。」此孔意進謂見君，退謂還私職也。然則明皇之注，本於孔傳，亦非意造，但不如舊注之安，鄭君注〈聖治章〉「進退可度」云：「難進而盡忠，易退而補過」，是鄭以「補過」爲「補身過」，與舊注同。（〈事君章第十七〉，卷下頁廿八 B）

雖玄宗之注「君之過」有其依據，然而皮錫瑞仍認爲不如「舊注」之說妥當〔註

〔註2〕　徐元誥撰，王樹民、沈長雲點校：《國語集解·魯語下第五》「晝而講貫，夕而習復」韋昭注：「貫，習也」（北京：中華書局，2002 年），頁196。

〔註3〕　皮氏所言「鄭以『補過』爲『補身過』，與『舊注』同」也可知，皮氏並不以「舊注」爲「鄭注」。「舊注」雖非鄭注，然可知開元年間，韋昭所注和當時可能所見之鄭注皆作「補身過」，故開元注依循之；天寶重注之時，玄宗依己意，按孔安國之說改其注爲「補君過」。皮氏當時所見之鄭注雖有闕文，但以鄭注《孝經》其它篇章〈聖治章〉之文「難進而盡忠，易退而補過」作此章之補充注解，已甚爲妥當。

3）。皮氏引了鄭玄注解《孝經‧聖治章》一句，認爲鄭注和「舊注」意義相同。鄭注亡佚不全，然而皮錫瑞藉由〈聖治章〉「進退可度」一句之鄭注，得知鄭意爲「難進而盡忠，易退而補過」，進而斷言鄭意所謂「補過」爲「補身過」。皮氏言「不如舊注之安」，正是認爲鄭注「身之過」之說較《孔傳》「君之過」爲適當；《鄭注》優於《孔傳》。

前文引錄邢疏提到，玄宗注「補君過」之依據，除了明文依《孔傳》之外，也可能參考了《毛傳》之言。然而皮氏卻對《毛傳》隻字不提，在否定玄宗注的同時，同時也否定了玄宗所依據的《孔傳》。由此可知，皮氏以鄭注立場出發，維護鄭玄之注解，對《孔傳》不以爲然。

二、劉炫曲說駁鄭，未可信據

〈諫爭章〉「天子有爭臣七人，雖無道不失其天下」（《孝經鄭注》卷七，頁三B）一句，鄭注「七人者，謂太師、太保、太傅、左輔、右弼、前、後疑丞，維持王者，使不危殆。」又經「諸侯有爭臣五人，雖無道不失其國。大夫有爭臣三人，雖無道不失其家」（同上）一句，鄭注「尊卑輔善，未聞其官」。邢疏引《孔傳》認爲「諸侯五者」爲「天子所命之孤」、「三卿」與「上大夫」；「大夫三者」則爲「家室」、「室（宗）老」、「側室」，又引劉炫言：「案下文云『子不可以不爭於父，臣不可以不爭於君』，則爲子、爲臣皆當諫爭，豈獨大臣當爭、小臣不爭乎？豈獨長子當爭其父，眾子不爭者乎？若父有十子皆得諫爭，王有百辟惟許七人，是天子之佐乃少於匹夫也。」（《孝經注疏》卷七，頁四B～頁五A）劉炫又引《尚書‧洛誥》和《尚書‧冏命》，以證「左右前後」爲「四輔」，反駁鄭注「左輔、右弼、前、後疑丞」爲四輔。

劉炫不以鄭注所云「左輔、右弼、前、後疑丞」之「四輔」爲確，以《尚書》之文以證「左右前後」爲「四輔」；又依《孔傳》認爲「諸侯五者」、「大夫三者」實有確指，鄭注「未聞其官」疏於解說；最後還以爲天子之諫臣獨爲七人，若父有子十人，則於天子之旁輔佐勸諫之人竟少於一有十子之匹夫。皮氏針對劉炫所言一一提出駁斥：

> 鄭云「未聞其官」，則孔〔按，指《孔傳》〕、王〔按，指王肅〕之說皆所不用。蓋天子「三公」、「四輔」明見經傳，諸侯大夫無文可知，鄭君不以意說，足見矜慎。若劉炫並不信「四輔」之說，又不考經傳，專據僞古文《尚書》、僞《孔傳》之文，苟異先儒，大可嗤笑。

> 夫論人臣進言之義，人人皆當諫爭而論，人君設官之義，諫爭必有專責，後世廷臣皆可進諫，又必專設諫官，即是此意。七人為三公、四輔，舉其重者而言，豈謂天子之朝，惟此七人可以進諫，其餘皆同立仗馬乎？

> 劉氏不知此義，乃以人數多少屑屑計較，謂不獨長子當爭其父，父有十子，是天子之佐少於匹夫；又謂「父有爭子，雖無定數，要一人為率」，前後矛盾，甚不可通。且如其言，則不但先儒注解為非，即夫子所言已屬不當矣！凡妄詆古注，其弊必至疑經。（〈諫爭章第十五〉，卷下頁廿三 A）

皮氏據經典記載，天子之下有「三公」、「四輔」佐助政務；但諸侯之下的僚屬則未見典籍記述，鄭玄因此說「未聞其官」。皮氏認為《孔傳》、王肅「以意解說」，揣測《孝經》「諸侯有爭臣五人」的具體官職。相較之下，鄭注曰「未聞其官」，是為謹慎之注解。皮氏認為，劉炫不應相信《孔傳》所言，以「天子所命之孤」、「三卿」與「上大夫」為「諸侯五者」，以「家室」、「室（宗）老」、「側室」為「大夫三者」；最後以為「設官之義，諫爭必有專責」，天子以「三公、四輔」為諫官，為其官有專門之職責，然「三公、四輔」是舉其職位為言，並非只有此七人得以勸諫，劉炫不應於人數多少，細細計較。

皮氏最後言及：「且如其言，則不但先儒注解為非，即夫子所言已屬不當矣！凡妄詆古注，其弊必至疑經。」以劉炫苟異先儒、妄疑古注，最終將前後矛盾，質疑經文，顛倒是非了。

三、疑古文《孔傳》為劉炫所傳偽本

皮氏於疏解中，多次提及劉炫《古文孝經述議》，並對劉炫刻意曲解鄭注之義加以辨駁。皮氏以為劉炫所傳之本為偽，不但不信劉炫所傳之古文《孝經》孔傳，更對劉氏之言大加撻伐。以下列舉一二：

（一）居／閒居

《孝經·開宗明義章》提及《孝經》是孔子講習之內容，經文「仲尼尻（居）」一句可以知道當時孔子傳述弟子的狀況。針對此句經文，有「居」與「閒居」二種解釋：

1. 閒居

《孝經》首章〈開宗明義章〉開篇一句，古文本作「仲尼閒居，曾子侍坐」，和今文《孝經》作「仲尼居，曾子侍」不同。孔安國對古文本「閒居」、「侍坐」的注解爲：

> 閒居者，靜而思道也……侍坐，承事左右，問道訓也。〔註4〕

孔安國認爲「閒居」是孔子閒坐而深思道業之事，此時弟子在旁侍奉、問道，可說是師生間閒適地談論學問。劉炫解釋：

> 尊者閒坐，必有侍側，弟子侍師，必當諮請，故言「承事左右，問道訓也」。孔意以爲《孝經》是曾子發意諮問，此經曾子所錄……孔之此意，不可通矣。炫以爲此經夫子自作。〔註5〕

劉炫先概述孔安國之意，複述孔氏認爲《孝經》就是曾子問業於孔子閒坐之時，並爲之紀錄的內容。然而劉炫並不贊同《孝經》是曾子所錄，而認爲應是孔子自作。

御注據今文本《孝經》經文作「仲尼居」，玄宗注解「『居』爲閒居」（《孝經注疏》卷一，頁一B），推想可能是參考《古文孝經》。邢昺爲玄宗疏解，云：「乘閒居而坐」，也是依字解說。

2. 居

關於此句經文，現今所見今文本《孝經》經文爲「仲尼尻」，嚴可均錄自《經典釋文》之鄭注爲「尻，尻講堂也」，和「閒居」大不相同，皮氏認爲「尻講堂」才是正確的，不認同「閒居」之說，因此引劉炫之言加以反駁：

> 古文說解「尻」爲「閒尻」，與鄭解異，王肅好與鄭異，從古文說解爲「閒居」，僞撰古文乃於經文竄入「閒」字，不顧與許君古文違異。劉氏傳僞古文之本，遂詆鄭君「尻講堂」爲非，膠柱之見，苟異先儒。（〈開宗明義章第一〉，卷上頁二B）

皮氏認爲，由許愼《說文解字》所引古文《孝經》，經文明爲「仲尼尻」，說解時云「尻，謂閒居如此」，是以「閒居」解「居」。後因王肅刻意與鄭玄不同，故依「古文說解」在其僞撰之古文加入「閒」字爲「閒居」。皮氏不相信古文本《孝經》，認爲是王肅僞作增改，劉炫所傳僞古文之本，相同不可信。故對於劉炫反以僞訛之本詆毀鄭注之「居講堂」，皮氏格外不能認同。

〔註4〕孔安國傳：《古文孝經孔傳·開宗明義章第一》（知不足齋叢書本），頁一A。
〔註5〕林秀一：《孝經述議復原に關する研究·孝經述議卷第二》，頁211～212。

　　皮氏認爲《孝經》「非獨與曾參言」，劉炫雖明白此理，謂「聖人有述作，豈爲一人而已」，卻滯泥地認爲若是「居講堂」則不可只呼曾子之名。據皮氏的理解，孔子闡說孝道，是在講堂中對眾弟子宣說，但因曾子「偏得孝名」，因此「以《孝經》屬之」（頁二B），正如孔子自言「吾道一以貫之」時，也是當著眾弟子之面卻獨問曾參。

　　皮錫瑞討論孔子講述《孝經》時「居」或「閒居」，是有原因的。後文皮錫瑞提到，這關係孔子是在何種狀況下傳道，若是「居」講堂，就是對眾弟子講說；若爲「閒居」講堂，則是單獨告知曾參之言。皮錫瑞認爲，《孝經》經義至大至深，如同邢疏所引劉炫之言：「聖人之有述作，豈爲一人而已？」（〈孝經序疏〉頁二A）不應只是私相傳授，獨爲曾參解說。皮氏見解和對《孝經》經典之用心由此可知，皮氏追究的這個問題不只關係到孔子和弟子的相處、傳道模式，更關係到此部經典的價值。

　　皮錫瑞反對《古文孝經》之解說，是先有疑經的預設立場，故不信經文、質疑王肅、反駁劉炫。然而《古文孝經》之眞僞，無可考定，若確實爲王肅增字改經，則「閒居」之詞果不能信。若《古文孝經》經文爲眞，則皮氏論斷爲「僞古文《孝經》」則太過武斷偏頗。

　　站在公允的立場，皮錫瑞之言並不全然令人信服，然而從論述中我們可以發現，皮氏排拒古文說解，降低古文說可信的程度，是爲了突顯今文說比古文說更值得採信，皮氏之用心昭然可見。以下接續看皮錫瑞積極掇拾今文說作爲立論依據之行動。

　　本節從皮錫瑞批評《古文孔傳》出發，突顯皮氏闡釋經義以《鄭注》爲長的立場。接著舉出劉炫曲說駁鄭之處，申明皮氏不信古文《孔傳》，也不信劉炫古文說。皮氏甚至懷疑《古文孔傳》爲劉炫所傳僞本，在疏解中直言《孔傳》爲「僞古文孔傳」，在「居」與「閒居」的例子，認爲古文經文竄入「閒」字，因此致疑。

第二節　申明鄭玄注經的今文立場

　　鄭玄注解的對象爲今文本《孝經》，皮錫瑞本身又是今文經學家，故在疏解時多多引用今文經典、套用今文經學家的觀點實屬自然。然從皮錫瑞疏解可以看出，皮錫瑞是有意識地依據今文經典、貫注今文思想，因爲他雖認同

鄭玄是融通今古文大師，然而鄭玄先治今文，後治古文，皮錫瑞主張鄭玄注解《孝經》時當中年，是以濃厚的今文立場注解的。

一、皮氏以爲鄭注《孝經》用今文

皮錫瑞在疏解《鄭注》的同時，也表明了自己身爲今文學家的立場，更企圖說服讀者鄭注《孝經》實用今文。皮氏主張鄭注《孝經》全用今文，展現在疏解之中，以下舉證：

（一）引用今文經典

1.《今文尚書》

《孝經・大子章》末句引用《尚書》之言：「〈甫刑〉云：『一人有慶，兆民賴之』」，鄭注說明「〈甫刑〉」是《尚書》之篇名。皮錫瑞疏解云：

> 鄭注云「〈甫刑〉，《尚書》篇名」者，今文《尚書》作「〈甫刑〉」，古文《尚書》作「〈呂刑〉」。……《孝經》本今文，鄭注《孝經》亦從今文也。（〈天子章第二〉，上卷頁八 A）

鄭注引《尚書》此篇稱「〈甫刑〉」，可見所根據的是今文本。《孝經》本是依據今文，故鄭注《孝經》理當也從今文家說。

另《孝經・五刑章》講述各種罪行所應受的刑罰，主要著眼於「五刑」，鄭注「五刑」爲「墨、劓、臏、宮割、大辟」，皮錫瑞也認爲鄭玄依據的是《今文尚書》的〈甫刑篇〉。理由有二，一是依照前述所說的〈甫刑篇〉篇名，皮錫瑞認爲鄭玄所根據的是《今文尚書》：

> 《孝經》本今文說，引〈甫刑〉不作〈呂刑〉，是其證。（〈五刑章第十一〉，卷下頁十四 B）

二是除了篇名之外，在經典內記載的五刑之名，皮錫瑞也認爲鄭玄所用爲今文的稱法：

> 《古文尚書》「劓、刖、椓、黥」，夏侯等書作「臏、宮割、劓、頭庶剠」，是古文作「刖」，今文作「臏」之明證。《漢書・刑法志》、《白虎通・五刑篇》皆從今文作「臏」。鄭注《周禮・司刑》云「臏辟」，不云「刖辟」，亦從《今文尚書》也。（〈五刑章第十一〉，卷下頁十四 A～B）

由《古文尚書》和《今文尚書》，可知今文斷足之刑罰稱「臏」，古文則作「刖」，

同樣的刑罰，今、古刑名不同。鄭玄注《孝經》用「臏」字，即是依據今文經典所載的制度。

　　2.《孟子》、〈王制〉

　　《孟子》和〈王制〉在今古文立場上有著相同偏向。〈王制〉講述周代素王之制，被認為是今文經說，在漢代更被提升與古文經典《周禮》相對。《孟子》在漢代則被視為影響今文經說甚大的一本書。學者陳桐生就指出：「西漢今文經學的興起和孟子有密切的聯繫，今文經學的許多重要觀點來源於孟子。〔註6〕」

　　皮氏疏解鄭注之時，首先取用今文經典作解釋，並且認為這是注解今文《孝經》所應依循的準則，〈王制〉、《孟子》等具強烈今文說之經典，成為皮氏引證最好的素材。以下即是一例：

　　《孝經·士章》講述士人所應遵行之孝道，經文云：「忠順不失以事其上，然後能保其祿位而守其祭祀。」玄宗對於「祿位」和「祭祀」並未多作說明，邢昺替之補充：「『祿』謂廩食，『位』謂爵位」，然後引錄〈王制〉來補足「祿」的解釋，〈王制〉云：

> 制農田百畝，百畝之分，上農夫食九人……諸侯之下士視上農夫，
> 祿足以代其耕也。中士倍下士，上士倍中士。（《禮記注疏》卷十一，
> 頁五 B）

邢昺依據〈王制〉認為，農夫等級不同，所劃分的田地和受分配的糧食也有少多之差別，這就是「廩食」。皮氏深表認同，故面對鄭玄解「祿」作「食稟為祿」，皮錫瑞疏解鄭注之時即引了《孟子》和〈王制〉作依據：

> 云「食稟為祿」者，《孟子》曰：「上士倍中士，中士倍下士，下士
> 與庶人在官者同祿。祿足以代其耕也。」〈王制〉與《孟子》同。此
> 士「食祿」之證。《周官·司祿》闕，不可攷。鄭注《孝經》用今文
> 說，當據《孟子》、〈王制〉解之。（〈士章第五〉，卷上頁十七 A）

關於官制和爵制，《禮記·王制》所載與《周禮》不同，《孟子》所言則與〈王制〉較相近。一般以《周禮》所載為古文經說，〈王制〉和《孟子》所言則屬今文經說。皮錫瑞認為鄭玄注解《孝經》用今文說，故理當用《孟子》和〈王制〉來解釋之。

〔註6〕陳桐生：〈孟子是西漢今文經學的先驅〉（《汕頭大學學報（人文科學版）》第十六卷第二期，2000 年），頁 45。

（二）引用讖緯之書

周予同〈緯書與經今古文學〉指出今文學和讖緯之間的密切關係：

> 西漢今文學所謂天人相與之學，所謂陰陽災異之談，實都是緯讖的
> 「前身」或「變相」。〔註7〕

由此可知，西漢今文經學的陰陽災異之說日漸演變爲讖緯之說。周予同進一步說明今文家喜談讖緯的原因，除了應合西漢當代的流行，更可於讖緯中尋找孔子改制的依據：

> 到了清代今文學復興之後，今古文學家對於緯書的信否，才有明顯
> 的態度。古文學家主六經皆史之說，六經中的神話傳說，還不敢信，
> 何況六經之外鬼話連篇的緯書！今文學家因爲返於西漢經生之說，
> 對於西漢經生所喜談的陰陽災異，自不能不曲爲掩護。況且緯書中
> 多孔子改制的話，大足助他們張目。所以就是今文學家的穩健派，
> 也每以爲緯讖不同，不能一概抹殺。〔註8〕

周予同點出了今、古文學家對於讖緯的不同態度，主要是在清代今文學復興之後才有明顯分際。古文家重視證據，不信沒有來源之神話傳說；今文家則爲了採取孔子改制之說法、篤信西漢經生，因而談論陰陽災異。如此，今文家喜談陰陽讖緯，似乎是合理且順當的。

鄭玄解經多用緯書是沒有疑問的，學者車行健即認爲和其時代風氣以及早年接受今文說有很大的關係，今文說多述及陰陽災異：

> 在陳澧「輕緯重經」與池田秀三「緯學爲鄭玄學術根柢」兩種極端
> 的看法中，皮錫瑞的意見毋寧是特別值得注意的，他認爲：「鄭君之
> 學兼通古今，其早出之書多今文說，晚定之書多古文說」（《六藝論
> 疏證·總論》）皮氏指出鄭玄學術有其發展變化的一面。早年接受今
> 文說，今文學與緯學的關係本就密切，因此多用緯書之說也是極其
> 正常的。〔註9〕

今文學與緯學二者關係本是密切，故皮錫瑞於鄭玄援引緯書之處多表認同，也以此作爲鄭玄注《孝經》用今文說之論證。

〔註7〕 周予同著、朱維錚編校：《周予同經學史論·緯書與經今古文學》「漢代今古
　　　　文學家對於讖緯的關係」（上海：上海人民出版社，2010年），頁38。

〔註8〕 同上，頁39。

〔註9〕 車行健：〈時睹祕緯之奧〉《禮儀、讖緯與經義——鄭玄經學思想及其解經方
　　　　法》（輔仁大學中國文學研究所博士論文，1996年），頁95。

在《孝經鄭注疏》中皮錫瑞也曾經強調這樣的看法：

> 緯書多同今文，鄭注《孝經》如社稷、明堂、大典禮，皆從《孝經
> 緯》文，是鄭君用今文說作注。（〈五刑章第十一〉，卷下頁十四 B）

皮錫瑞認爲「緯書多同今文」，鄭玄解經多用緯書，正可視爲鄭玄解經用今文
說的證據。皮氏於《孝經鄭注疏》中常舉鄭玄注解《孝經》引用緯書，如《孝
經緯》、《援神契》，和等同緯書的《尚書大傳》來論述。以下列舉之：

1.《孝經緯》

《孝經‧五刑章》講述各式罪行所受之刑罰，列舉上罪、中罪、下罪之
不同。

孔穎達疏解《周禮‧秋官‧司圜》引用《孝經緯》之文，皮錫瑞認爲正
和伏生的《尚書大傳》今文說相符：

> 《周禮疏》引《孝經緯》云「上罪墨蒙赭衣雜屨，中罪赭衣雜屨，
> 下罪雜屨而已」，此《緯》說解〈五刑篇〉之文，與伏生《大傳》「上
> 刑赭衣不純，中刑雜屨，下刑墨蒙」畧同，是《孝經緯》用今文說
> 之證也。（〈五刑章第十一〉，卷下頁十五 A）

皮錫瑞藉由比較《孝經緯》和伏生的《尚書大傳》，說明《孝經緯》和伏生《大
傳》多有相同，是用今文說之證明。一方面將緯書和今文說連上關係，一方
面證明鄭玄注解古文經典《周禮》時也用今文說；因此即使《孝經》鄭注與
《周禮》注有相同之處，也不須懷疑鄭氏注解《孝經》的今文經學立場。由
於此事與《孝經鄭注》作者及撰作時代的考察息息相關（參見本文第二章），
皮氏因此特加申述。

2.《援神契》

《孝經‧卿大夫章》講述卿大夫所行之孝道，應遵照先王之法服、法言
和德行。其中「法服」之注解，嚴可均所輯之鄭注爲：

> 法服，謂先王制五服，……田獵戰伐卜筮冠皮弁衣素積，百王同之
> 不改易也。（〈卿大夫章第四〉，卷上頁十二 B）

「法服」爲先王所訂不同等級的服飾，然而對於田獵、戰爭等事所著之衣服，
則皆爲皮弁、素積，代代相同沒有更改。皮錫瑞採用《詩‧小雅‧六月》的
孔穎達疏解，引用《孝經援神契》之說「皮弁素幘，軍旅也。」又引《白虎
通‧三軍篇》「王者征伐，所以必皮弁素幘何？伐者凶事，素服，示有悽愴也。
伐者質，故衣古服。《禮》曰：『三王共皮弁素幘』，服亦皮弁素幘。又招虞人

亦皮弁，知伐亦皮弁。」皮錫瑞據《援神契》和《白虎通》說：

> 今文家說以爲田獵戰伐用皮弁素幘，招虞人即田獵之事，天子視朝，
> 諸侯視朔皆皮弁，卜筮或亦用之。鄭學宏通，注《孝經》即用《援
> 神契》說，故與他經之注以爲「戎服，用韎韋衣裳」者不同。(〈卿
> 大夫章第四〉，卷上頁十三 B)

皮錫瑞並未點明「他經之注」爲何？然而很明顯地，皮氏不贊同「他經之注」
的說法，而認爲注《孝經》用《援神契》之說，是鄭學宏通之處。皮錫瑞強
調以今文家說來詮解《孝經注》，正也是皮氏今文立場分明的地方。

　　《孝經・廣至德章》講述天子行「至德」，以「孝、悌、臣」作爲德行之
目標。經文「教以孝，所以敬天下之爲人父者也；教以悌，所以敬天下之爲
人兄者也」，對於「孝悌」的解釋，嚴可均依《群書治要》輯錄鄭注爲：「天
子父事三老，所以敬天下老也；天子兄事五更，所以教天下悌也」。皮錫瑞疏
解鄭注，引用《援神契》和《孝經緯》之說法來證明：

> 《援神契》曰「天子親臨雍袒割，尊事三老，兄事五更，三者道成
> 於二，五者訓於五品，言其能善教己也。」……此《孝經緯》說「事
> 三老五更，教孝悌之義也。」……鄭注〈文王世子〉云「天子以三
> 老五更、父兄養之示天下以孝弟也。」又引《援神契》文「爲教天
> 下之事」，是鄭解《孝經》用《援神契》之證。(〈廣至德章第十三〉，
> 卷下頁十八 B)

皮錫瑞認爲，三老五更爲教天子孝悌之事的長老，而這樣的說法正來自《孝
經緯》和《援神契》。皮錫瑞又舉鄭玄注《禮記・文王世子》「三老五更」，也
相同以三老五更作爲教天子孝悌之人：「三老五更，各一人也，皆年老更事致
仕者也。天子以父兄養之，示天下之孝悌也。」(《禮記注疏》卷廿十，頁廿
七 A) 可見鄭玄在注解《禮記》和《孝經》，皆相同用了緯書中的說法。

　　3.《白虎通》

　　皮氏也常用《白虎通》作爲《孝經》之佐證，如〈開宗明義章第一〉疏
解「致仕必縣車」，皮氏引了《淮南子》和《公羊疏》引用《春秋緯》之言，
說明「縣車」指的是「日在縣輿」、「人年七十」，以「縣車」作「黃昏」解，
即是云人之將老，如日在黃昏之意。然而《白虎通》所解不同，以「縣車」
當作「不用車」，即表示人到致仕之年，已不再需要馬車作爲交通工具，故「縣
車」，縣置其車不再使用。皮錫瑞面對二種不同解釋，發表了自己的看法：

二說（按，指《淮南子》和《春秋緯》）以人年七十，與「日在懸輿」

同，故云「懸輿致仕」。與《白虎通》「懸車示不用」異。鄭義當同

《白虎通》也。（〈開宗明義章第一〉，卷上頁五B）

皮氏認為，本章以三階段年齡的不同，表示行孝之始、中、終的三層次。《白虎通》所言「縣置其車示不用」，表示「致仕」（退休）階段，才符合鄭玄注解之經義。

又如〈感應章第十六〉經文「故雖天子，必有尊也，言有父也；必有先也，言有兄也。」嚴可均輯《治要》錄之鄭注為：

雖貴為天子，必有所尊，事之若父者，三老是也；必有所先，事之若兄者，五更是也。（〈感應章第十六〉，卷下頁廿五A）

針對鄭注「三老」和「五更」，皮錫瑞引《白虎通》進一步解釋，作為鄭玄之疏解：

《白虎通・鄉射篇》曰：「王者父事三老，兄事五更者，何欲陳孝弟之德，以示天下也，故雖天子必有尊也，言有父也；必有先也，言有兄也。」是古說以此經為「父事三老、兄事五更」之義，鄭君之所本也。（同上）

皮氏說明古說依據《白虎通》之詮釋來解說「父事三老，兄事五更」，而如此說法也被鄭玄所採用，成為鄭玄解經之依據。《白虎通》為鄭玄注解參考的對象，也是皮錫瑞疏解的依據。

4.《尚書大傳》

《四庫全書總目》編纂者認為《尚書大傳》性質近似緯書：

案《尚書大傳》於經文之外，掇拾遺文，推衍旁義，蓋即古之緯書。諸史著錄於《尚書》家，究與訓詁諸書不從其類，今亦從《易緯》之例，附諸經解之末。〔註10〕

四庫館臣將《尚書大傳》一書視同於緯書，附錄於《尚書》類著作之後的原因。《尚書大傳》為西漢經師伏生所作，今文《尚書》正是伏生口授，是今文經說重要源頭，鄭注《孝經》也多處引用《尚書大傳》作證。

例如〈諫爭章〉云「三公四輔」即引用《尚書大傳》解說（〈諫爭章第十五，卷下頁廿一B〉）；〈三才章〉也說鄭注《尚書》「紂聞文王斷虞芮之訟」之

〔註10〕《景印文淵閣四庫全書・總目・經部書類二》卷十二（臺灣：臺灣商務印書館，1982年），頁四十三B。

語，是根據《尚書大傳》立說（〈三才章第七〉，卷上頁廿三B）。

又如〈感應章第十六〉經文「孝悌之至，通於神明，光於四海，無所不通」，嚴可均自《治要》引錄之鄭注云：「孝至於天則風雨時，孝至於地則萬物成，孝至於人則重譯來貢，故無所不通也。」鄭玄注解「神明」為「天地」，其言至深至廣的孝道擴展到天和地，則萬物平和有成；若此至孝廣佈到人民，則萬國來朝、澤被天下。皮錫瑞解釋「孝悌之至」時，引注「孝舉其重者耳」，用了《尚書大傳》之言，並且贊同其和鄭意相合：

> 《尚書大傳・略說》曰「天子重鄉養，卜筮巫醫御於前，祝咽祝哽以食，乘車輣輪，胥與就膳徹，送至於家，君如欲有問，明日就其室以珍從，而孝弟之義達於四海。」〈略說〉言達四海承「養老」言之，與鄭說合。（〈感應章第十六〉，卷下頁廿六B）

皮氏云〈略說〉所謂達「四海」，是承「養老」之言。而「養老」指的是本章經文所云：「天子必有尊也，言有父也；必有先也，言有兄也」，鄭玄注解為「養老」。即「父事三老，兄事五更」，也是「孝悌」之禮最極致的表現。皮錫瑞特別引用了《白虎通》之文，來與此章呼應，並且支持鄭玄之說法前後一致。

（三）排拒古文經典

1.《周禮》

《孝經・五刑章》鄭注「五刑」之文，究竟引用何處文獻，成為學者討論的問題。嚴可均輯佚鄭注此句依據《群書治要》：「五刑者，謂墨、劓、臏、宮割、大辟也」，注文下引用陸德明《經典釋文》之言；陸氏於五種刑罰之下皆言：「與《周禮注》不同」。

陸德明本不認同《孝經》注解者為鄭玄，故表明《治要》所錄《孝經注》與鄭玄《周禮注》次第、文字皆不同，懷疑《孝經鄭注》非鄭玄所作。嚴可均雖引陸氏之言，卻是為了反駁其說；皮錫瑞又再進一步辨析，嚴氏所言是否可信。

首先先看鄭玄注《周禮・秋官・司刑》一段文字為：

> 墨，黥也，先刻其面以墨窒之。劓，截其鼻也。……宮者，丈夫則割其勢，女子閉於宮中，若今官男女也。刖，斷足也，周改「臏」作「刖」。殺，死刑也。（《周禮注疏・秋官・司刑》卷三十六，頁一A）

由《周禮注》可知，五刑之次第爲：墨、劓、宮、刖、殺，次第和文字確實
和《群書治要》所錄《孝經鄭注》不同。鄭注〈司刑〉於解說「五刑」後又
說：

> 《書傳》曰：「決關梁、踰城郭而略盜者，其刑臏。男女不以義交者，
> 其刑宮。觸易君命，革輿服制度，姦軌盜攘傷人者，其刑劓。非事
> 而事之，出入不以道義，而誦不詳之辭者，其刑墨。降畔、寇賊、
> 刦略、奪攘、撟虔者，其刑死。」此二千五百罪之目略也，其刑書
> 則亡。（同上）

鄭玄引用伏生《尚書大傳》，探知二千五百罪行之目略，用以補足刑書已亡失
的缺憾，並作爲五刑罪行內容綱要之證明。嚴可均輯《孝經鄭注》時，即據
此爲鄭注作解釋：

> 按《周禮注》者，〈司刑注〉引《書傳》也。《書傳》是伏生今文說，
> 鄭受古文，與伏生說不同，〈司刑注〉云：「其刑書則亡」，明所說目
> 畧。衰周法家追定，周初未必有之。鄭亦據法家爲說，各有所本，
> 不必強同。而鄭意又有可推得者，唐虞象刑，〈呂刑〉用罰爲刑，法
> 家之說，雖無害於經，究未足以說經，故注〈呂刑〉無此目畧。陸
> 爲先陸所誤，抉擇異同，實爲隔硋。或難曰：《書》鄭本亡，何以知
> 〈呂刑注〉無此目畧？答曰：陸稱與《周禮注》不同，不稱與《書
> 注》不同，足以明之。〔註11〕

嚴可均認爲，鄭玄注解《周禮・秋官・司刑》以伏生《尚書大傳》提及之名
目作爲佐證；注解《孝經》「五刑」，則是依據古文《尚書・呂刑》。《古文尚
書》鄭玄注已亡佚，雖無法得知〈呂刑注〉是否有目略，但陸德明只說《孝
經》此注與《周禮注》不同，而不提與《尚書注》不同，因此可以推知鄭玄
注解《尚書・呂刑》時應未提及「二千五百罪之目略」。

嚴可均認爲，鄭玄《周禮注》曾參考伏生《尚書大傳》今文說；《孝經注》
則是依據古文家說法，二者皆有依據，不必以此非彼。言下之意，今、古說
法雖異，然皆爲鄭玄立說，鄭玄是《孝經》注解者無疑。

面對《周禮注》和《孝經注》的不同，皮錫瑞也認爲並不至於構成質疑
鄭玄注解《孝經》的理由。然對於二者有異的原因，皮錫瑞的看法卻和嚴可
均不同。皮錫瑞認爲鄭玄注《孝經》此句是依據《今文尚書・甫刑篇》：

〔註11〕嚴可均輯：《孝經鄭注・五刑章第十一》（咫進齋叢書），頁九 B。

鄭君此注，引《今文尚書・甫刑篇》文。……鄭注古《周禮》，猶引
用伏生《大傳》，豈有注今《孝經》反用《古文尚書》者哉？（〈五
刑章第十一〉，卷下頁十四 B）

皮錫瑞認為，鄭玄注古文的《周禮》尚且參考今文家的主張，則注解今文的
《孝經》又怎會捨棄今文家說法而根據《古文尚書》呢？這顯示，皮錫瑞預
設鄭玄必優先採用今文家的主張。這樣的預設立場正是皮錫瑞今文經學家觀
點的展現，在皮錫瑞眼中，今文家說必定優於古文家說，當然，注解時也必
定優先選擇今文經典。

如此論點也展現在皮氏所著《今文尚書考證・呂刑篇》文中，經文：「殺
戮無辜。爰始淫為劓、刵、椓、黥」皮氏云：「今文作『臏、宮、割、劓、頭
庶剠』」，底下又引用王引之《經義述聞》之看法：

鄭注〈文王世子〉曰：「宮、割、臏、墨、劓、刵，皆以刀鋸刺割人
體也。」……又注《孝經》曰：「科條三千，謂劓、墨、宮、割、臏、
大辟。男女不與禮交者宮、割」皆本〈甫刑〉也。或曰：「安知經文
不作『劓、宮、割』乎？」曰：「不然。」《尚書大傳》曰：「決關梁、
踰城郭而略盜者，其刑臏。男女不以義交者，其刑宮。觸易君命，
革輿服制度，姦軌盜攘傷人者，其刑劓。」亦即依〈甫刑〉「臏、宮、
割、劓」之文為先後之次。〔註12〕

王引之認為鄭玄之經注，無論《禮記・文王世子》或《孝經》，皆是引用《今
文尚書・甫刑》之文，尤其《尚書大傳》五刑之次第，更是依據〈甫刑〉文
字。皮錫瑞案語認為「王說甚塙」，和此處疏解正相合。

前述嚴可均認為鄭注《周禮》用今文，鄭注《孝經》用古文；皮錫瑞則
認為鄭注《周禮》和《孝經》皆用今文。然而既然皆用今文，何以《周禮注》
和《孝經注》二者又有不盡相同之處？皮錫瑞說：

鄭用《今文尚書》而此注與伏生《大傳》不盡同者，蓋鄭別有所本，
疑即本漢律文。（〈五刑章第十一〉，卷下頁十四 B）

皮氏認為鄭注《周禮》和伏生《尚書大傳》相同，然而注《孝經》卻又不同，
實是因為鄭玄依據漢代律法（漢制）。依據不同，故內容各異。皮氏說：

〔註12〕王引之：《經義述聞・尚書下》卷四，頁廿三 B。（南京：江蘇古籍出版社，
2000 年九月）。可參照皮錫瑞：《今文尚書考證・呂刑第二十六》（北京：中華
書局，2009 年），頁 439～440。

> 「男女不以禮交者宮、割」，與伏《傳》同。「壞人垣牆、開人關鑰者
> 臏」，亦與伏《傳》「決關梁、踰城郭而略盜者，其刑臏」相近。惟
> 伏《傳》云「非事而事之，出入不以道義，而誦不詳之辭者，其刑
> 墨。降畔、寇賊、劫略、奪攘、矯虔者，其刑死」，此注不盡用其義
> 耳，並未嘗截然不合也。伏《傳》五刑之目，或出古法家言；蕭何
> 擄秦法，作律九章，不必盡與之合，故鄭君此注與《周禮注》又有
> 異同。（同上）

皮錫瑞細分《孝經注》和《尚書大傳》的說解，「宮割之刑」和「臏刑」皆大致相同，只有「墨刑」和「死刑」和兩說差異較明顯。鄭注《孝經》不全用《尚書大傳》，兼用漢制注解，是因為《尚書大傳》可能源出古法家。若此，相較於鄭玄注《周禮》全用《尚書大傳》，則《孝經注》和《周禮注》有異也可以理解。

皮錫瑞又說：

> 鄭注《禮》箋《詩》，前後不同者甚多，不當以此致疑。陸氏疑其與
> 《周禮》注不同，固屬一孔之見。嚴氏不攷今古文異同之義，乃云
> 鄭用古文，亦未免強作解事。（同上）

《孝經注》和《周禮注》的作者雖皆為鄭玄，然依據不同、選擇不同，仍可能有相異之處。甚或同注一書，前後不同者也極為可能，故不可據此作為質疑作者的理由。皮氏不同意陸德明以注文差異判定作者不同，也不認同嚴可均所提鄭注《孝經》用古文的判斷。

由上述可知，皮錫瑞不同意陸德明逕因《周禮注》和《孝經注》不同，即懷疑《孝經注》非鄭玄所注。然面對嚴可均認為鄭玄以古文注解《孝經》，皮氏身為今文經學家，又不能認可據古文說注解今文經典的主張。因此，皮錫瑞以「鄭玄依漢制」來調停二說，提出一套自己理解的系統。

2.《左傳》

《孝經・三才章》提到「孝」是天經、地義、人行「三才」之事，經文云：

> 子曰：夫孝，天之經也，地之義也，民之行也。天地之經，而民是
> 則之，則天之明，因地之利。（《孝經注疏》卷三，頁三 B）

此種說法似乎和《左傳・昭公二十五年》子大叔所言之「禮」相同：

> 趙簡子問子大叔何謂「禮」，子大叔回應曰：「聞諸先大夫子產曰『夫

禮，天之經也，地之義也，民之行也。』天地之經而民實則之，則
天之明，因地之性。」（《左傳注疏》卷五十一，頁八A）

這兩部經典皆提到天地之經義，至大至深至眞的法則，只是《孝經》所言爲
「孝」；《左傳》所言爲「禮」。宋代學者就因此認爲應該是《孝經》抄襲《左
傳》之文，朱熹在《孝經刊誤》中云：

> 此以下皆傳文，而此一節，蓋釋「以順天下」之意，當爲《傳》之
> 三章，而今失其次矣。但自其章首，以至「因地之義」，皆是《春秋
> 左氏傳》所載子太叔爲趙簡子道子產之言。唯易「禮」字爲「孝」
> 字，而文勢反不若彼之通貫，條目反不若彼之完備，明此襲彼、非
> 彼取此無疑也。〔註13〕

朱熹所謂「此襲彼」、「非彼取此」，直指《孝經》爲襲奪之文，除了襲《左傳》
之文句，更篡改「禮」爲「孝」，如此說來，《孝經》爲抄襲者，《孝經》之言
似不如《左傳》。皮錫瑞認爲《孝經》爲今文經，斷不可能依據古文經典《左
傳》，因此皮錫瑞反駁朱熹之言：

> 此經文與《左氏傳》「子大叔論禮」畧同，宋儒以爲作《孝經》者，
> 襲《左傳》文，案《繁露・五行對篇》河間獻王謂溫城，董君曰：「《孝
> 經》曰：『夫孝，天之經，地之義』，何謂也？」董子治《公羊》非
> 治《左氏傳》者，獻王得《左氏傳》，爲立博士，乃引《孝經》爲問，
> 不引《左氏》，非《孝經》襲《左氏》可知。（〈三才章第七〉，卷上
> 頁廿二A～B）

此處之「宋儒」即指朱熹《孝經刊誤》所云。故皮錫瑞引了董仲舒《春秋繁
露》之言反駁其說，認爲董仲舒解《公羊傳》，引《孝經》之言爲問，以此說
明並非《孝經》襲《左傳》。

　　然而，既知董仲舒爲今學立博士，故不引《左傳》而引《孝經》，則董仲
舒之用心已然有偏，若實爲《左傳》之言，董仲舒必定不引，那麼以董氏援
引的來源可以作爲此段文句爲《孝經》的證據嗎？

　　3.《古文尚書》

　　皮錫瑞排拒古文經典，從貶抑古文《尚書》也可看出。前述〈諫爭章〉
所云「三公」、「四輔」的例子，就可以作說明。劉炫依《尚書・洛誥》和《尚

〔註13〕　朱子：《孝經刊誤》（收於四部叢刊《朱文公集》，陳俊民校訂：《朱子文集》
卷六十六，德富文教基金會，2000年2月），頁3309。

書・冏命》之說認爲「前後左右」爲「四輔」，反駁鄭注「左輔、右弼、前、後疑丞」爲「四輔」，皮氏就表達了不滿：

> 若劉炫不信「四輔」之說，又不考經傳，專據僞古文《尚書》、僞孔
> 傳之文，苟異先儒，大可嗤笑。(〈諫爭章第十五〉，卷下頁廿三 A)

皮氏不滿劉炫引用古文《尚書》，甚至不客氣地強調「僞」古文《尚書》，實可知皮氏不以古文經典爲據，於疏解中刻意排拒古文經說。

二、鄭注對古文經典的援引與理解

《孝經鄭注疏》中可以清楚看出皮錫瑞對今、古文的基本態度，皮錫瑞身爲今文經學家，推崇今文說、貶抑古文說，立場分明。由前述所見皮錫瑞援引今文經典、緯書，排拒古文說解，可見一斑。

然而，皮錫瑞疏解經注，雖以今文爲根本立場，但不可能完全摒棄古文經典。《周禮》較全面述及古代禮制、官制，講述制度皆需參考。《孝經》篇章收束時，常引《詩》爲證；然而今文三家《詩》已亡佚不全，因而必須以《毛詩》參證。鄭玄又曾爲《周禮》、《毛詩》二書作注、箋，尤其不可忽略。《孝經鄭注疏》中有不少引用古文經典的例子，有些如同前述，是作爲和今文經典對照的反例；有些竟作爲注文之依據，與皮氏立場相悖。以下分別檢視這些例子：

(一)《周禮》

《孝經・開宗明義》首先顯明「孝」之義理，經文「子曰：先王有至德要道，以順天下」一句，鄭注針對「至德要道」作了解釋，鄭注云：「至德，孝悌也；要道，禮樂也。」說明「至德」與「要道」的具體表現在「孝悌」和「禮樂」。然而皮錫瑞疏解之時，引用了《周禮・地官・鄉大夫》的文句「攷其德行、道藝」，更採賈公彥疏解之言：「德行謂六德、六行，道藝謂六藝」(《周禮注疏》卷十二，頁二 B)。皮氏此處只採用《周禮疏》作爲疏證，認爲鄭玄注解《孝經》是根據《周禮》之說法，皮氏言：

> 「德」與「行」爲一類；「道」與「藝」爲一類，「六行」以孝、友
> 爲首；「六藝」以禮、樂爲首，故鄭君分別「至德」爲孝悌、「要道」
> 爲禮樂，據《周禮》爲說也。(〈開宗明義章第一〉，卷上頁三 B)

皮錫瑞認爲，《孝經》所言至大之「德」即是《周禮》所謂「德行」；《孝經》

所言至要之「道」即是《周禮》所謂「道藝」，故進一步採用賈公彥之疏解，「德行」以六德、六行爲內容；「道藝」以六藝爲注解。據《周禮・地官・大司徒》，「六行」即是六種善行，爲「孝、友、睦、姻、任、恤」；「六藝」則是古代教育學生的六種科目，爲「禮、樂、射、御、書、數」（《周禮注疏》卷十，頁廿四 B）。由此可知，「孝、友」確實爲「六行」爲首；「禮、樂」確爲「六藝」之首，正和鄭注以「孝悌」爲至德，「禮樂」爲要道所云相合。

　　《周禮》一書，記載了古代典禮制度，故若提到相關問題，則需參考《周禮》記文，然而此處並非典禮問題，只是經義疏解，皮錫瑞卻採用了一向不認同之古文經典，以之來和鄭注相應合，可說是皮錫瑞少數以古文經典作爲疏解依據之例子。

（二）《毛傳》

　　毛氏獨傳古文《詩》學，並爲之作《傳》，後鄭玄兼采今文三家《詩》說，又爲《毛傳》作《箋》。因三家詩早已亡佚，《毛傳》孤行，故今所見之《詩》學皆以古文爲主。然許多今文經學家認爲《毛傳》晚出，不相信《毛傳》，皮錫瑞也同樣不予認同，皮氏於《詩經通論》中列舉了六點「《毛傳》不可信」之理由，又舉證說明《毛傳》不及三家〔註 14〕，強力質疑《毛傳》之地位，然而皮氏雖不認同《毛傳》對《詩》旨的闡說，但《毛傳》解釋《詩》中詞語，卻不可一概抹殺。疏解《孝經鄭注》之時，皮錫瑞仍有幾處採用了《毛傳》之說法。

　　例如，〈開宗明義章〉引《詩經・大雅》之文：「聿修厥德」，嚴可均錄自《群書治要》之鄭注爲：「聿，述也，修，治也。爲孝之道，無敢忘尒先祖，當修治其德矣。」皮錫瑞認爲「聿，述也」是依據毛傳，皮氏云：

> 云「聿，述也。修，治也」者，毛傳曰：「聿，述也。」本《爾雅・釋詁》文，箋云：「『述修祖德』從毛義，此亦從毛義也。」（〈開宗明義章第一〉，卷上頁六 A）

由以上可知，《毛傳》解「聿，述也」，原是引《爾雅・釋詁》之義，鄭玄箋《詩・大雅》云「『述修祖德』從毛義」，故此處也當依照《毛傳》、鄭箋之義。皮錫瑞遵用鄭玄箋，故以《毛傳》作爲解經依據。

〔註 14〕皮錫瑞：《詩經通論》（北京：中華書局，2008 年）「論《毛傳》不可信，而明見《漢志》，非馬融所作」，頁 18～19、「論毛義不及三家，略舉典禮數端可證」，頁 21～23。

又如〈孝治章第八〉章末引《詩・大雅・抑》：「有覺德行，四國順之」，嚴可均輯《治要》錄之《孝經鄭注》云：「覺，大也。有大德行，四方之國順而行之也」。皮錫瑞引用了《詩・小雅・斯干》一句「有覺其楹」之《毛傳》：「有覺，言高大也」，來解釋本章「覺」字義涵，突顯與《孝經鄭注》正合。

然而《孝經》既引《詩・大雅・抑》之經文，皮氏疏解時何不依據〈抑〉一文之《毛傳》、鄭箋解釋呢？《詩・抑》一篇，《毛傳》「覺」的解釋是「直也」，鄭箋云：「有大德行，則天下順從其政。」（《毛詩注疏》卷十八之一，頁九 A～B）雖言「大德行」，卻沒有直接解釋「覺」字即爲「大」之義；〈斯干〉「有覺其楹」一句，鄭玄箋爲：「覺，直也」（《毛詩注疏》卷十一之二，頁八 A），和〈抑〉毛傳同，和《孝經》此章釋「覺，大也」有異。故筆者判斷皮氏因此不採用〈抑〉之《毛傳》和〈斯干〉鄭玄箋，而採用毛傳〈斯干〉之「有覺，言高大也」來作解釋，以申明和《孝經》此文相應合。

後代學者即利用鄭玄注解《孝經》援引了古文經典《周禮》和《毛傳》，來說明鄭玄解《孝經》並非「全用今文」。莊兵在〈《孝經鄭注》新辨〉中，提出了自己的主張：

> 皮氏爲清末今文學派之重鎮，本其承認今文、懷疑古文的今文經學家的立場，其認爲《鄭注》爲鄭玄本人所作同時，亦自然將《鄭注》歸爲今文。然而，《鄭注》中大量徵引《毛詩》、《周禮》等古文經說的事實，已爲陳鐵凡氏等人所澄清。所以，皮氏強調《鄭注》「全用今文」的說法，顯然是不對的。〔註15〕

莊兵贊同陳鐵凡條列五十六則證據來說明《孝經鄭注》和其它鄭注有大量相似之處，爲了總結《孝經》注解者確實爲鄭玄。然而陳鐵凡在梳理的過程中，有不少依據《毛詩傳箋》和《周禮注》（《毛詩傳箋》列舉十一則、《周禮注》列舉十二則）〔註16〕來說明。莊兵認爲，藉由兩漢《孝經》今古文傳授實象的考證，鄭注應是本於劉向刪定的古文本〔註17〕，且《孝經》大量徵引古文經典，故不該如皮氏所說「全用今文」。

莊兵著眼《孝經》引用其它古文經典，因此認定皮氏所言「全用今文」的

〔註15〕莊兵著：〈孝經鄭注考辨〉，頁 14。
〔註16〕陳鐵凡：《孝經鄭注校證》，頁 4～6。
〔註17〕詳見莊兵著：〈劉向刪繁《孝經》考辨〉（《華梵人文學報》第十四期，2010 年六月），頁 25。

說法不成立。然而莊兵所理解的「全用今文」是「全用今文經典」，不知皮氏所謂「全用今文」是「全用今文經說」。有些制度需藉由古文經典承載，如《周禮》雖不被今文家探信，但其中所記部分制度不完全與今文典籍相悖。鄭玄解《孝經》時引用《周禮》，只是《周禮》所載印證《孝經》所涉及的古代禮制，當中未必牽涉的今、古禮制的不同，和今、古文問題沒有直接衝突至於《孝經注》與《毛詩傳箋》相合，主要展現在詞語訓解方面，與今、古文差異較大的詩旨無關；這方面可視作鄭玄對《詩》句的基本理解，未必如陳鐵凡、莊兵所言是在完成《毛詩箋》之後的「自我引用」。皮錫瑞認為鄭玄治《孝經》是在中年之時，於其時尚未雜用古文說法，故注解《孝經》「全用今文說」。

　　然而也不可否認，皮氏在陳述鄭玄此一解經立場的關鍵問題時，辨析並不周詳，以致有陳、莊二人的質問。在部分禮制問題上，鄭玄的今、古文立場確實值得進一步辨析。以下便舉數例，檢討皮氏所言「鄭注《孝經》全用今文」的觀點。

第三節　推崇鄭玄對今古文經說的權衡

　　鄭玄解經長於融合諸說，即使是今古經說大不相同，也能將其滙通。故縱覽鄭玄經解，確實鮮少能得知鄭意今、古偏向，在新解中常常既存古文說經義，又有今文說觀點。莊兵從鄭玄《孝經注》文就曾對鄭玄獨創的「六天」說有一番闡明，說鄭玄融合各經典意義：

> 鄭玄既想保存〈月令〉的「皇天上帝說」，和《周官》的「五帝說」，
> 又不願拋棄緯書的「感生帝說」，於是便把〈月令〉的「一天說」和
> 《周官》的「五天說」揉和在一起，變成了一個上下相承的「六天」
> 系統，再吸收緯書的「感生帝說」，使人間五德之帝配食天界的「感
> 生五帝」，進而統轄於「皇天上帝耀魄寶」，這樣，鄭玄的「六天說」
> 便瓜瓜墜地了。〔註18〕

莊兵解釋：「〈月令〉的『一天說』出自今文經學的主張，《周官》的『五天說』出自古文經學的主張，而『感生帝說』是出自緯書，鄭玄正是融和了這樣的今古文經說及緯說，創造性地提出了『六天說』。〔註19〕」認為鄭玄於經注中

〔註18〕莊兵著：〈孝經鄭注考辨〉，頁 22～23。
〔註19〕莊兵著：〈孝經鄭注考辨〉，頁 23。

體現訓詁義理相合、今古文經說兼顧，是鄭學思惟成熟的表現。〔註20〕

皮錫瑞偏重今文經學，卻必須對鄭注有所解釋，因此在鄭注的權衡下，皮氏推崇鄭意，然而在縫隙中找到自己的定位。以下即是鄭玄《孝經注》中對「上帝」一詞的解釋，以及皮錫瑞所作的詮釋。

（一）五帝

「明堂」是古時重要典禮的集會場所。它的功能最初是為了祭祀上帝、天地，到了漢代，漢代儒者則強調「明堂為布政之宮」，主張明堂是天子行政令之事的處所。《孝經・聖治章》講述聖人之治，包含祭祀之道和政令的發揮。經文有此一句：

> （昔者周公）宗祀文王於明堂以配上帝。(《孝經注疏》卷五，頁二A）

嚴可均輯錄之鄭注除了概述明堂形制，更對經文「上帝」有所解釋。對「上帝」的解釋關係到明堂所祀者為何，故此處梳理學者們的說法，作一討論。

1.「上帝」為五帝

《孝經》此句之鄭注輯錄自《群書治要》，鄭注認為：

> 文王，周公之父。明堂，天子布政之宮。明堂之制，八窗四闥，上圓下方，在國之南。南是明陽之地，故曰明堂。上帝者，天之別名也，神無二主，故異其處避后稷也。(〈聖治章第九〉，卷下頁四B～頁五A）

對於鄭玄以「天之別名」解釋「上帝」，嚴可均和皮錫瑞皆提出了看法。嚴可均認為，鄭玄所謂「上帝」，指的是五方天帝，和昊天上帝不同：

> 按鄭以上帝為天之別名也者，謂五方天帝，別名上帝，非即昊天上帝也。〔註21〕

天，可稱五方天帝，也可稱昊天上帝，容易致誤。嚴可均首先引《周禮・春官・典瑞》「以祀天，旅上帝」(《周禮注疏》卷廿十，頁十九A）區別「上帝」和「天」的不同，接著又引《禮記・月令》「祈穀于上帝」一句之鄭注：「上帝，太微之帝也。」(《禮記注疏》卷十四，頁廿十A）推論此處《孝經鄭注》所言應為「太微五方天帝」。

〔註20〕莊兵著：〈孝經鄭注考辨〉。莊兵主張鄭玄晚年注《孝經》，因此此處舉例鄭玄注解表現的簡約與圓熟特色。然而和皮錫瑞主張鄭玄中年注《孝經》不相合，頁18。

〔註21〕嚴可均輯：《孝經鄭注・聖治章第九》(咫進齋叢書)，頁七A。

此說，和御注「周公因祀五方上帝於明堂，乃尊文王以配之也」，以及邢疏「以文王配五方上帝之神」，皆相符合。

皮錫瑞認同嚴可均的說法，另外引了《鈎命決》、《孝經緯》的說法來確立上帝所指爲五方上帝。他依據《文選》李善注所引《鈎命決》云：「宗祀文王於明堂，以配上帝五精之神。」又引了《孝經緯》「以上帝爲五帝」之說證明。由此可知，緯書之說法相同，皮氏因此認爲鄭玄之說法是依據緯書而來。皮氏云：

> 鄭義本《孝經緯》、《鈎命決》也。鄭君以北極大帝爲皇天，太微五帝
> 爲上帝，合稱六天，故五帝亦可稱天。（〈聖治章第九〉，卷下頁五Ａ）

太微五帝和北極大帝（昊天上帝）雖然皆可稱天，五帝爲五天，加上另一皇天，共爲六天。「五帝」可稱作「天」無誤，然而此處之「上帝」既指「太微五帝」，皮氏不以「五帝」作爲「上帝」的解釋，反特意以「天」之別名相稱，是爲什麼呢？皮氏說：

> 鄭不以五帝解上帝，而必云「天之別名」者，欲上應「嚴父配天」
> 之經文，其意實指五帝，與〈祭法〉注引此經以證祖宗之祭同意。
> （同上）

皮錫瑞認爲，鄭玄不直接以「五帝」解釋「上帝」，是有深意的。鄭玄云「天之別名」之「天」，是爲了和前述經文所云的「嚴父配天」作連結。如此，此處的「上帝」連同前述經文「嚴父配天」的「天」，皆指「太微五帝」。

皮錫瑞巧妙地將鄭注前後文不同處，結合在一起，總結二處講述的是同一件事。「父」指的就是「文王」；「天」指的就是「上帝（五帝）」。至於「天」和「上帝」前已作區別，爲何說法不同，皮氏引了《周禮・春官・典瑞》鄭注來說：

> 上帝，五帝所郊，亦猶五帝。殊言天者，尊異之也。（《周禮注疏》
> 卷廿十，頁十九Ａ）

「上帝」即是「五帝」，給它另一個名字稱它作「天」者，目的是爲了表示尊敬。由此可知，此處鄭注云「天之別名」，不但連結前文所述之「嚴父配天」，更是爲了尊仰它所給予的稱呼。

2. 明堂為五室

鄭玄對明堂制度的觀點，多可見於《駁五經異義》中反駁許愼之言，故此處先列許愼之言，再以鄭玄反駁之言作爲立場說明。

許愼據《大戴禮》之文認爲「明堂」有九室。《大戴禮記・盛德記》言：

明堂，自古有之。凡有九室，室有四戶八牖，三十六戶，七十二牖。

〔註22〕

關於明堂中「室」的數量，依〈盛德記〉所言爲「九室」，然鄭玄《駁五經異義》並不如此認爲，鄭玄言：

九室、三十六戶、七十二牖，似秦相呂不韋作《春秋》時說者所益，非古制也。

鄭玄認爲「九室之說」，以及連帶引申的「三十六戶、七十二牖」，皆是秦時呂不韋所補充增加，不可採信。鄭玄又說：

帝者，諦也。象上可承五精之神，五精之神，實在太微於辰於巳……

周人明堂五室，帝一室，合於數。

鄭玄言明堂祭祀的對象正如前述所說，爲五精之帝，故明堂實應爲五室。九室之說，和所祀對象不符，不應採信。由此可知，鄭玄對明堂的看法，立場前後一致，不但和文獻的可信度有關係，更依據明堂主要功能、內部祭祀之對象，來作爲推論的證據。

皮錫瑞對此也表示贊同，皮氏言：

鄭云「八窗四牖」，與〈盛德記〉似同實異……鄭據〈攷工〉「五室」之文，不信〈盛德〉「九室」之說，則一室雖有八窗四闥，合計之不得有三十六戶七十二牖矣。明堂祀五精帝，當以鄭君五室之義爲長。

（〈聖治章第九〉，卷下頁五B）〔註23〕

《大戴禮‧盛德記》言「四戶八牖」，和鄭玄依據〈考工記〉之言「八窗四牖」，實屬相同描述，皆是說明一室中窗牖的數量。然而明堂究竟有幾室，則二者主張不一。鄭玄認爲明堂主祀太微五帝，故宮室數量也應與之相應，爲五室，並依此否定了九室之說。對於如此論述，皮錫瑞認爲鄭玄之見確實精妙。

鄭玄解經常用的方式是彙通今古文，從「上帝」一例即可發現。《孝經》經文強調了「祭祀」對於「孝」的意義。然而怎麼祭祀？「天」與「上帝」所指各爲何？鄭玄有一套自己的說法，鄭氏認爲此處「上帝」指的就是「五帝」。鄭玄解釋「天」是以「太微五帝」加上一個「皇天上帝」成爲「六天」，是他獨特解釋方式，從中可見鄭玄對今、古經典和緯書的融通。皮錫瑞更巧

〔註22〕今所見〈盛德記〉內容，實爲今《大戴禮‧明堂》所記：「明堂者，古有之也。凡九室，一室而有四戶八牖，三十六戶，七十二牖。以茅蓋屋，上圓下方。明堂者，所以明諸侯尊卑。外水曰辟雍。」

〔註23〕又見於《駁五經異義疏證》卷五，頁七A。

妙連結了鄭玄並未多作解釋的前後兩處，將「嚴父配天」和「五帝六天」之說連結在一起，認爲「嚴父配天」的「父」就是文王，「天」指的就是「上帝（五帝）」，是爲了尊仰而稱呼爲「天」。

（二）朝聘

朝聘爲古代諸侯與諸侯，或天子與諸侯，在固定的時間內互相派遣使者行禮告問之事，在古代是禮的一種表現，許多經典中皆有如此記載。《孝經·孝治章》「昔者明王之以孝治天下也，不敢遺小國之臣。」一句，嚴可均依《群書治要》、《經典釋文》所錄之鄭注就提到了古時「聘禮」：

> 古者諸侯歲遣大夫聘問天子無恙。天子待之以禮，此不遺小國之臣者也。（〈孝治章第八〉，卷上頁廿四 A）

鄭玄認爲，古時諸侯每年皆派遣大夫去告問天子，天子不敢待慢小國之使臣，是孝治天下的表現。由此處鄭注「諸侯歲遣大夫」可知，古時制度，諸侯遣大夫「一年」聘問天子「一次」。

《公羊·桓元年傳》：「諸侯時朝乎天子」，何休注引《孝經》「四海之內，各以其職來助祭」；何休言：

> 王者與諸侯別治，勢不得自專朝，故即位比年使大夫一聘，三年使上卿大聘，四年又使大夫小聘，五年一朝。（《公羊注疏》卷四，頁二 A）

何休注解時也提到了諸侯一年一次的聘問禮節：「即位比年使大夫小聘」。徐彥《疏》云此說出自《孝經說》，這讓皮錫瑞找到了《公羊》和《孝經》相關聯的依據。又這樣的說法還和《禮記·聘義》「天子制諸侯，比年小聘，三年大聘，相屬以禮」（《禮記注疏》卷六十三，頁四 B）相合。甚至《禮記·王制》經文云：

> 諸侯之於天子也，比年一小聘，三年一大聘，五年一朝。（《禮記注疏》卷十一，頁廿七 A）

〈王制〉也同樣主張「一年一聘」。對此，皮錫瑞認爲，何休所引「《孝經》古說」與《孝經》鄭注相同，和《禮記·聘義》、《禮記·王制》也相同。

然而鄭玄注〈王制〉進一步注解朝聘禮節的來源：

> 小聘使大夫，大聘使卿，朝則君自行。然此大聘與朝，晉文霸時所制也。虞夏之制，諸侯歲朝。周之制，侯甸男采衛要服六者，各以其服數來朝。（同上）

鄭玄認爲大聘與朝禮，皆爲晉文公、晉襄公霸業之時制度。另外，「歲朝」的制度是虞夏時的禮制，至於周代禮制即《周禮》所錄，則依據封地親疏遠近而有不同服數，和〈王制〉所云又有不同。

　　皮氏總結鄭玄之言，認爲鄭玄所言是有原因的：

> 見《左氏・昭三年傳》子太叔言「文襄之霸」：「令諸侯三歲而聘，五歲而朝」，與《公羊》、〈王制〉說同，故疑其是文襄之制。又見古《尚書》說虞夏之制，諸侯歲朝，古《周禮》說周之制，侯、甸、男、采、衛、要服六者，各以服數來朝，遂據古文而疑今文。（〈孝治章第八〉，卷上頁廿四B）

皮氏不完全贊成鄭玄所言，認爲：「古《周禮》、古《尚書》說，未可偏據，亦並未言大小聘之歲數」（同上）。古《周禮》和古《尚書》本是皮錫瑞不信之古文經典，又二者並未言及大、小聘歲數的禮節，粗略不可依循。皮錫瑞又說明鄭玄誤信《左傳》和《周禮》之理由：鄭玄因《左傳》所言「三歲而聘，五歲而朝」和《公羊》、〈王制〉相同，故誤以《公羊》、〈王制〉同《左傳》爲「文襄之制」。又見聞古文《尚書》云「諸侯歲朝」、《周禮》主張「服數來朝」，故誤以《尚書》和《周禮》爲確，反疑〈王制〉和《孝經》之說。

　　針對鄭玄誤信《左傳》和《周禮》，皮錫瑞分別作解釋，爲鄭玄受古文經所惑辨駁，也藉機再一次宣告自己的今文立場：

1. 辨析〈王制〉（《孝經》）和《周禮》不相合

　　針對鄭玄〈王制注〉以朝聘爲晉文霸時之制度，皮錫瑞認爲是鄭玄專斷之言。其原因在於鄭玄宗法《周禮》，以《周禮》質疑〈王制〉，其《經學通論・三禮・論經學糾纏不明，由專據《左傳》、《周禮》二書輕疑妄駁》中提到：

> 鄭君注《三禮》，於禮與《周官》有異者，或以爲夏殷禮，或以爲晉文襄之制。似惟《周官》爲周制可信矣。〔註24〕

所言「以爲晉文襄之制」，指的就是此處鄭玄將朝聘之制視作晉文霸時所制，獨以《周禮》爲周代典禮的偏頗想法。皮錫瑞將此例視作「古之典禮不明」因此經學糾纏不明之原因，然而專以《周禮》作爲周代典制的參照，忽略了《儀禮》、《禮記》、《大戴禮》、《春秋三傳》及漢人遺說，則是鄭玄不夠全面之處。

〔註24〕皮錫瑞：《經學通論・三禮・論經學糾纏不明由專據《左傳》、《周禮》二書輕疑妄駁》，頁84～85。

2. 辨析〈王制〉和《左傳》經文相合

前述所提，《公羊》和〈王制〉之文皆紀錄了「比年一小聘，三年一大聘，五年一朝」的制度，而這樣的制度，正巧和《左傳》所云相同。《左傳・昭三年》子太叔之言，就提到了：

> 子太叔曰：將得已乎！昔文襄之霸也，其務不煩諸侯，令諸侯三歲而聘，五歲而朝，有事而會不協而盟。（《左傳注疏》卷四十二，頁七A）

故有學者認爲《公羊》和〈王制〉是根據《左傳》而來，並且依循左傳之說認爲「三歲而聘，五歲而朝」是春秋時晉文公、晉襄公霸業之時的制度。

《公羊》、〈王制〉等今文家的說法和《左傳》古文說不謀而合，使得今文家的立場受到質疑。面對眾學者以《公羊》家的說法是循《左傳》古文說而來，甚至因此解釋爲春秋晉文公、晉襄公之時的霸制，皮錫瑞辨析並反駁此說。皮錫瑞認爲：

（1）根據今古文經典的出現時間說

皮氏身爲今文學家，認爲古文經典皆晚出，爲劉歆僞作，今文〈王制〉在秦漢之際時流傳，當時《左傳》未出，不可能爲〈王制〉所依從；又漢代說經，必分今、古，故《公羊》、〈王制〉等今文經必定不依循古《左傳》說。皮錫瑞言：

> 鄭云〈王制〉作於赧王之後，其時《左氏》未出，不得以《左氏》駁〈王制〉，且《公羊》家何必用《左氏》義？（〈孝治章第八〉，卷上頁廿四B～頁廿五A）

皮錫瑞以今文家的立場，斷言《公羊》、〈王制〉等今文說之依據絕對不是來自古文經典，強烈畫分了今、古二者。又除了依照時間先後之證，皮氏還提出了今、古文的內容、侍奉對象相異，提高今文經典的價值，更再次強調了《公羊》、〈王制〉等今文經典不可能依循《左傳》古文說的理由。

（2）根據今古文經典的侍奉對象來說

皮錫瑞認爲，〈王制〉本是爲素王立法，其《經學通論・三禮》有一條「論〈王制〉爲今文大宗，即《春秋》素王之制」即提到了：

> 王者孰謂？謂素王也。孔子將作《春秋》，先修王法，斟酌損益，具有規條，門弟子與聞緒論，私相纂輯而成此篇。後儒見其與周制不

合而疑之，不知此固素王之法也。〔註25〕

〈王制〉既是素王之法，則和《左傳》紀錄霸主之事不合，故所言內容更不可能互相參照：

> 既用《左氏》，又何至誤以文襄之制爲古制乎？《公羊》、〈王制〉言諸侯事天子之法，《左氏》言諸侯事霸主之法，本不合。(〈孝治章第八〉，卷上頁廿五 A)

所事對象不相同，理當內容相異，然而又爲何《左傳》和《公羊》、〈王制〉所言朝聘之制卻相符呢？皮錫瑞認爲這樣的制度是古代就有，《公羊》、〈王制〉所錄本是古代禮制，而《左傳》則是援用古說並加以改易。皮錫瑞說：

> 《公羊》說「比年一小聘，三年一大聘，五年一朝」，〈王制〉、《尚書大傳》、《孝經說》同是今文家，皆以爲古制。即如左氏說以爲文襄之制，亦文襄沿用古法耳。〔註26〕

故「五年一朝」之制，並非文襄之制，應爲古時制度。近代學者李无未《周代朝聘制度研究・春秋時期朝聘制度的衰變》中引用孔疏之後也說：

> 很顯然，「文襄之霸」所制定的政策還是有沒有離開「舊章」，即西周舊制的可能。「五歲而朝」就是西周制訂的行朝禮的方式，這是肯定的。〔註27〕

《左傳》紀錄了霸業之時霸主和其它諸侯間的樣貌，然此制度並非晉文、晉襄公時發明，而是霸主爲提升自己身份，而採用古時爲諸侯所設朝聘天子的制度，藉此比附天子。

3. 辨析孔穎達提出《孝經》注與〈王制〉注不合

孔穎達疏解《禮記・王制》時引了一段「《孝經注》」，謂「諸侯五年一朝天子，天子亦五年一巡守」，顯然又與〈王制〉鄭玄注不合。孔穎達說：

> 按《孝經注》「諸侯五年一朝天子，天子亦五年一巡守。」……《孝經》之注，多與鄭義乖違，儒者疑非鄭注，今所不取。(《禮記注疏》卷十一，頁廿七 B)

孔穎達援引《孝經注》，並據此作爲和〈王制注〉之對照，然而此段文字並未見於現今之《孝經鄭注》，不知所據爲何。

〔註25〕皮錫瑞：《經學通論・三禮・論〈王制〉爲今文大宗，即《春秋》素王之制》，頁 69。

〔註26〕皮錫瑞：《駁五經異義疏證》駁八，頁十九 A～B。

〔註27〕李无未：《周代朝聘制度研究》(長春：吉林人民出版社，2005 年) 頁 192。

　　至於孔穎達之斷言，皮錫瑞也沒有多做解釋，只表示孔穎達依〈王制注〉
質疑《孝經注》，因此不信《孝經》之注，是「一孔之見」：

> 鄭義當以《孝經注》爲定論，不必從《禮記注》。鄭注《禮》、箋《詩》
> 前後違異甚多，孔疏執《禮注》疑《孝經注》，眞一孔之見矣。（〈孝
> 治章第八〉，卷上頁廿五 A）

以皮錫瑞的觀點，〈王制〉爲今文經典，又說：

> 鄭君先治今文，後治古文。注《孝經》在先，用今文說，與《公羊》、
> 〈王制〉相合，自可信據；注《禮》在後，惑於古文異說，見左氏……。
>
> （同上，頁廿四 B）

皮錫瑞推崇《公羊》、〈王制〉等今文經典，又認爲鄭玄注解《孝經》用今文
說法，故《孝經》和〈王制〉相合之處自然可以信據，至於注解《三禮》之
時，已雜用古文異說，故鄭玄以《周禮》之說質疑〈王制〉，皮氏自然不能認
同。

　　面對鄭玄信《周禮》而不信〈王制〉、以爲〈王制〉說來源於《左傳》等
貶低今文經典的主張，或是孔穎達質疑〈王制注〉和《孝經注》有出入，《孝
經注》的作者可能不是鄭玄的駁難，這些和自己主張相悖的觀點，皮錫瑞積
極辯駁，引證辨析，急切鞏固今文經典的地位，並確立鄭玄注《孝經》的合
理性。在他的主張下，一切證據、推論皆是那麼順當合理。他身爲今文經學
家，推崇今文經說，並爲今文經典申論證明，著實功不可沒。

第四節　本章結論

　　經學今、古的分立可說是經學家因推尊的聖賢、解經的立場不同而造成
的，且二方學者愈是強調己說、愈是選邊站，今、古文經學的問題就愈對立、
愈疏離，導致今、古文經典所承載的經義相距不遠，然而今、古文經學家所
賦予的思想卻天差地別。回到原初，其實今、古文經學家各自懷有堅持和抱
負，也非爲了對立而產生，然而爭立學官的獨占性、推衍思想的排他性，造
成最後雙方爲維護自身立場，而互相攻訐、貶損，更無法放下成見，去容納
經典中所留存的不同見解。

　　皮錫瑞的經學立場十分強烈，在疏解的過程中，皮氏掌握著對文獻材料、
經典意涵的篩選、取用權力，皮氏自然挑揀益於己方的文獻和經學思想，而

刻意忽視異說。更必須保持觀點前後一致，成立一套一貫的解經脈絡，故疏解之時疏通歧異、解釋疑滯成了皮氏著力的方向。

一、貶抑《孔傳》，採用《鄭注》

　　《孝經鄭注》和《孝經孔傳》所依據之經文今、古不同，故二者除了經文的字句有異，注解者依經闡發之內容也不相同。皮錫瑞疏解《孝經鄭注》之時，常藉《孔傳》對比《鄭注》，再以《鄭注》之長，貶抑《孔傳》之短。例如「一人」、「千萬人」的例子，皮氏就以鄭注主張的「無確指」、「泛論」為優。

　　皮錫瑞身為《孝經鄭注》的疏解者，在疏解之時尤其發揚鄭意，以鄭注較其它注解為優。而藉由皮錫瑞的彰顯，正好幫助我們更了鄭玄的解經特色。莊兵曾說：

> 鄭玄對《孝經》所作出的各種「約君」、「伸民」的經義解說，皆在
> 為削弱《孝經》的政治性格，凸現《孝經》作為日常人倫教化之書
> 的形象。〔註28〕

鄭玄注解和玄宗注解有許多不同之處，玄宗注以君主之意出發，關切的是政治之事；鄭注則強調人倫教化，對象普羅大眾。如〈事君章〉中「進思盡忠，退思補過」一句，玄宗注解「補君過」和鄭玄認同之「補身過」，即可以看出鄭注異於玄宗注之處。玄宗著重君臣之道，經文中「盡忠」和「補過」皆強調「臣下職分」，談的是臣下為君王盡忠、為君王補過。然而「與舊注同」的鄭注，此處指的是「士補己身之過」，強調的是士人受業、講習，並且為自己的行為所作的反省。

　　又如「居」與「閒居」的例子，《鄭注》和《孔傳》所依經文不同，縱然分別依經闡述，仍可發現兩者看待經典的不同立場。《孔傳》言「『閒居』講堂」，認為孔子講述《孝經》是在輕鬆閒暇之時，聊天般地私下告訴曾子之言，再由曾子一一紀錄流傳；《鄭注》言「『居』講堂」，呈現孔子重視《孝經》，在講堂上對眾弟子講授，將《孝經》列為上課時之教材。由此可知，鄭玄視《孝經》為孔子重要思想，推崇《孝經》經文經義。

　　皮錫瑞為鄭玄疏解，強調鄭注較其它注解突出、完整之處，除了聲明鄭玄所傳為可信的本子，並藉此發揚鄭意、推闡經典。

〔註28〕莊兵：〈《孝經鄭注》新辨〉，頁30。

二、引用今文經說

皮錫瑞進一步強化鄭玄注《孝經》的今文立場，皮氏舉出鄭注引用的今文經典和今文說法，並說明鄭氏參用的標準。皮氏指出鄭玄用《今文尚書》的〈甫刑〉為篇名並用今文刑名「臏、宮割」等稱呼；另外在制度上又參考〈王制〉和《孟子》；其餘更多處引用了和今文說密切相關的讖緯之說。依照皮錫瑞的今文立場，古文經典是不可採信的，故為了探究周代禮制而援引《周禮》，為了重見古《詩》文句和意義而參引《毛詩》，皆是折衷了自己的今文立場和自己所能掌握的有限文獻。

三、援用鄭玄解經觀點

鄭玄提出明堂為「五室」之說，反對許慎「九室」之言，是有其解釋邏輯的。如此解法，回歸至鄭玄認為明堂主祀「五帝」，並認為明堂的宮室和明堂祭祀的對象應該互為對照。這又和鄭玄「六天」之說分「上天」和「五帝」有所呼應。如前述，鄭玄解釋經文「周公郊祀后稷以配天，宗祀文王於明堂以配上帝」時，認為周公以周代始祖后稷配祀「上天」，並以文王配祀「五帝」，是值得效法的。故經文所謂「嚴父配天」的「天」，指的是周公尊嚴其父，故於明堂宗祀文王配祭上帝（五帝），「天」即是「五帝」。因此，鄭玄解經前後貫通，「嚴父配天」之「天」，和明堂所宗祀者，皆為同一對象，指的都是「五帝」。

四、釐清今、古文觀點

「朝聘」是古時的禮制，然而在不同經典中，談論對象是誰，多久行一次禮節，卻各有不同說法。鄭玄依據《左傳》認為是「晉文霸時所制」，皮氏不贊同依據《左傳》為說，故站在疏解鄭注卻又秉持今文說的立場試圖為鄭玄說解，提出鄭玄依《左傳》的可能解釋，是因《左傳》文中提到「文襄霸業」時的制度為「三歲而聘，五歲而朝」，雖然《公羊》、〈王制〉所云相同，但鄭玄因此認為是「文襄」之時的制度。鄭玄並非有意遵循今文或古文經典，相反的，鄭玄試圖消弭今、古經說引起的誤解。皮氏在鄭玄注經的系統中，或者遵其行，或者反其意，皆為了從中找出能符合自己解經觀點的立場。

經過皮錫瑞的努力，無論在材料的選用和經義的理解，《孝經鄭注疏》表現出來的成果不但能彰顯鄭玄注解之精義，且符合皮氏個人的經學觀點，成為擁有新生命的文獻著作。

第六章　結論:《孝經鄭注疏》的學術史意義

　　皮錫瑞推尊鄭玄「《孝經》總會六藝」的主張,視《孝經》爲群經之首,在在都是爲了能夠在注、疏的多層詮釋下,爲《孝經》經文闡發最深刻的經義。本文藉由探討皮錫瑞《孝經鄭注疏》中展現的文獻處理和經義辨析能力,了解皮錫瑞對《孝經鄭注》作者的觀點、輯佚校勘的處理、經文注文的訓詁,以及《孝經》經義的理解,試圖較全面地了解《孝經鄭注疏》一書的價值。

　　皮錫瑞《孝經鄭注疏》一書除了展現皮氏深厚的文獻處理能力,補足《孝經鄭注》在校勘、訓詁上不足之處,推崇、還返《孝經鄭注》的經注地位;更在經義的理解和闡發上,加入自己今文經學家的立場,不但保留了《孝經鄭注》原先鄭注之精義,更能以小見大地深入探究皮氏本身的經學觀。於固守、於發明皆能有所獲得。

一、文獻學成就

　　《孝經鄭注》一書全貌已不完整,需透過輯佚才能重見,清代不乏爲《孝經鄭注》輯佚之人,皮氏選擇最完善的嚴可均輯佚本,在嚴本的基礎上,爲之梳理、修補,雖然大致繼承嚴氏之成果,然而面對嚴氏不足之處仍進一步修正、補葺。另外,在輯佚未能輯補之處,皮氏利用鄭玄其它經注、鄭注前後文、和自己對鄭玄的了解來推論辨析,試圖還原殘闕之鄭注。如此,皮氏用心之工作,不但試圖復原《孝經》和《鄭注》文獻,更爲現代學者研究《孝經鄭注》作一理解和詮釋,架起一座互通的橋梁。

（一）以鄭意為校勘、輯佚依據

皮氏疏解《鄭注》，處處以發揚鄭意爲宗旨，疏解之時，緊抓有限的線索，以復原鄭意爲首要目標。如〈喪親章〉「陳其簠簋而哀慼之」一句，鄭注不全，皮錫瑞即根據他所推知的鄭意，捨棄了嚴可均的嚴佚成果，另以別本爲據，補足鄭注。皮氏身爲《鄭注》的疏解者，正是處處以鄭意爲優先考量，選用文獻或疏解注義皆盡力以闡明鄭意爲前提。面對各家《孝經》注解，皮氏則站在《鄭注》支持者的立場爲《鄭注》提出證據，肯定《鄭注》爲符合經義的注解。

（二）由字詞彰顯經文結構

在疏解的結構方面，皮氏雖逐章逐段依經闡釋，但仍不忘經旨原是一貫，因此凡遇字詞、經義相通之處，皮氏必觀照前後文、互相印證補充。在字詞訓詁方面，如「蓋」字和「此」字的例子，〈天子章〉至〈士章〉皆以「蓋」字作爲論述孝行的總結，單單〈庶人章〉以「此」字作結，皮氏認爲這是說明庶人行孝有其具體行爲可以依循，故經文用明確的語氣「此」字作總；天子至於士，則因階級較庶人爲高，所需觀照的面向較多，經文給予的只有大方向，故最後以「蓋」字推擬可行的孝道。皮氏疏解所面對的是完整的經典，《孝經》教導的對象也是天下人群，因此皮氏前後觀照，視〈天子章〉至〈庶人章〉爲一整體，疏解經典用字異同所代表的意義。

（三）藉鄭注修復經文舊貌

皮錫瑞重視鄭玄注解，依循鄭注理解經文，甚至因鄭意修改經文。例如〈事君章〉末句經文引《詩》「中心藏之」，皮氏就依據鄭玄《詩箋》「藏，善也」，推測鄭玄所見經文應作「臧」，故改《孝經》經文作「臧」。又如〈廣揚名章〉「故」字之例，經文已不見原貌，皮錫瑞依據鄭注「君子所居則化，所在則治」復原經文，認爲「理治爲一事」，所以不須有「故」字。皮錫瑞面對不確定的經文，選用鄭注作爲理解依據，更藉鄭注修改經文出入。

皮錫瑞疏解經文之時，細心地發現了經文用字不同，追究其相異文字背後所表達的不同涵意，在鄭玄注解的基礎上，辨析詞意的異同。疏解《孝經鄭注》並未忽視一字一句在經文、注文中透露的暗示和含義，藉由鄭注的詮解更進一步釐清鄭注說明未完或省略之處，可說是完整地補足和闡明了經文和鄭注之義。

二、訓詁學成就

（一）細究字詞涵義，詮釋經文深義

皮氏疏解，在字詞訓詁方面，不但辨析經文、注文字義，更細究一字一句在經文中的義涵。例如〈開宗明義章〉中，鄭玄注解經文「無念」為「無忘」的例子，皮氏以《毛傳》「無念，念也」之言合併疏解。「無念」為「無忘」，又為「念」，照字面閱讀確實令人匪解。皮氏針對「無」字作解釋，認為「無忘」之「無」字為實指，即否定義；「無念」之「無」則只作為句首語辭，即無實義。皮氏疏通二者字義，確立「無」字在經文中的不同意義。

又〈士章〉經文「資於事父以事母而愛同，資於事父以事君而敬同」的「資」字例，鄭玄注解其它經典常用「取」解釋「資」，然而此處皮氏不同意以「取」作解釋，是因為下文經句「母取其愛，君取其敬」也相同用了「取」字。皮氏認為經文中既有「資」字又有「取」字，則應該各有獨立字義，意義不該等同。皮氏遇經文不同字，皆能細究各字涵義，確實用心於經注的訓詁。

面對《鄭注》和其它不同注解如《孔傳》、玄宗注……等，皮氏必定優先取用《鄭注》，並極力彰顯《鄭注》優於其它經注之處。例如〈廣要道章〉「敬一人而千萬人說」的例子，《孔傳》明言「一人」為「父、兄、君」；「千萬人」為「子、弟、臣」，《鄭注》則認為「一人」和「千萬人」是「少」與「多」的泛論。皮氏採用鄭意，並且認為鄭意較符合經文「所敬者寡而所說者眾」原義。

（二）強調鄭注洞見，彰顯鄭玄解經特色

鄭玄注解《孝經》和其它經注不同之處，在於鄭玄多以教化的觀念出發。例如本文第三章中提到鄭玄注解〈天子章〉以「人」為「人之父母」的例子，就和《孔傳》「天下眾人」，玄宗「己之父母」的解釋有很大的不同。玄宗注的「己之父母」是以君主的立場出發，勉勵君王要愛親、敬親，人民感受教化才可以敬、愛己之父母；鄭注的「人之父母」則是以人民為立場，教育人民應愛敬自己的父母，連帶也會敬愛他人的父母。這種理解，聲明《孝經》是大眾的經典、人民的準則，具人倫教化意義。又第五章提到〈事君章〉中鄭注主張「補過」為「補身過」的例子，和玄宗注主張「補

君過」的解釋有所不同；玄宗強調的是臣下補救「君王的過失」，鄭玄則認為是士人君子反省「自身的過錯」。玄宗注《孝經》著重政治規準，鄭玄則重視倫理教化。

三、今文經學成就

清代今文經學復盛，皮錫瑞身為今文經學家，藉由皮氏對群經注解的著作中可窺得皮氏獨立的今文經學觀點，《孝經》雖不如其它經有著今文說、古文說強烈對立立場，然而《孝經鄭注》是否用今文說解仍然成為爭議之端，皮氏正好利用此點切入，有意地於疏解中突顯今文經典的正統地位，發揚今文經說。皮錫瑞辨析孝經鄭注作者問題為此書確實為鄭玄所注且論證此書全用今文觀點。這種努力對發揚漢代今文經學有一定的成績。

（一）承繼漢代今文經說

皮氏疏解《孝經鄭注》，援用鄭玄解經的概念，例如鄭玄「六天說」中對「天」的理解，正好可說明《孝經・聖治章》「嚴父配天」之經義。因此皮氏特意強調鄭玄注解〈聖治章〉所言「上帝」和「嚴父配天」之「天」，皆指鄭玄「六天說」中的「五天」，即為「太微五帝」。

皮氏熟稔鄭注，除了闡發鄭注、鄭意之外，更能突顯鄭注異於其它注解者的地方，進一步推尊鄭玄之意。例如鄭玄解經喜引讖緯之說，由本文第五章所舉之例可知，皮氏也多以緯書之言引證。今文經學和緯書關係本來密切，強調鄭注據緯書解經，正可證明「鄭注《孝經》用今文說」。

（二）彰顯鄭玄兼通諸經的解經特色

《孝經鄭注疏》中大量引用《三禮》來作為《孝經鄭注》的參照，是此固然因為《孝經》中言及祭祀、禮制的問題不少，多能援引《禮》經互相印證，另一方面則是皮錫瑞了解鄭玄精通《三禮》，故以禮學來為《孝經鄭注》補充說明。如第二章中皮氏引用《三禮注》的例子，就可看出無論在訓詁字詞上，或是典禮制度，皮氏皆以《三禮》的說明添加《鄭注》的豐厚度。又〈喪親章〉以「禮」解「敬」，即是皮氏連結《三禮》之「禮」學和《孝經》的主要概念「敬」，作為彼此的補足。

自序言始，至疏證結，皮氏展現一貫地解經風格和解經態度，從疏證的過程，可以推得皮錫瑞的經學脈絡，以微言大義、通經致用為核心。

四、總結

由皮錫瑞著作觀看，皮氏以強烈的今文說立場爲脈絡，極具個人特色：《經學通論》在解釋群經的同時亦對時代下的今、古文經學有所評斷和通解。作爲學子入門書籍的《經學歷史》更是在闡述經學源流之外加入今、古文經說的觀感，富褒貶之意。

清代考據學、今文經學重新盛行，當時學者無不利用注解經典展現自己的經學思想，考據文獻成爲成就思想的手段。皮錫瑞爲晚清代表學者，如此的時代趨勢正可說明皮錫瑞解經的態度和立場。皮氏著作中更有不少對鄭注的疏解，此類著作不像個人著作可以暢言自己的立場和論點，而當以疏解爲首要任務，然而在推崇鄭意融通今古之下，皮氏仍不忘尋求自己今文觀點的地位。《孝經鄭注疏》《孝經鄭注疏》可視爲皮氏疏解著作的縮影，在疏解鄭注之餘，更呈現皮錫瑞融通致用的寄託。

皮錫瑞的《孝經鄭注疏》深刻詮釋《孝經》經文、注文的意涵，使《孝經》再次成爲今文經學家求經世致用可參詳的依據；使《孝經鄭注》在已被玄宗注替代之後，仍有被人關注的機會。皮錫瑞的疏解更是在推崇發揚《鄭注》的基礎上，闡發自己的經學觀，故此書於經文、於注文、於疏解，皆能在學術史上展現獨特意義。

引用文獻目錄

一、皮錫瑞著作及皮錫瑞研究相關論著

（一）皮錫瑞著作

1. 《孝經鄭注疏》清光緒廿一年〔1895 年〕師伏堂叢書本。

2. 《經訓書院自課文》清光緒十九、廿一年〔1893、1895 年〕師伏堂叢書本。

3. 《古文尚書冤詞平議》清光緒廿二年〔1896 年〕湖南思賢書局刊本。

4. 《尚書大傳疏證》清光緒廿二年〔1896 年〕師伏堂叢書本。

5. 《今文尚書考證》清光緒廿三年〔1897 年〕師伏堂叢書本，又，北京：中華書局，1989 年。

6. 《鄭志疏證》清光緒廿五年〔1899 年〕湖南思賢書局刊本，又，世界書局，1982 年。

7. 《六藝論疏證》清光緒廿五年〔1899 年〕湖南思賢書局刊本。

8. 《魯禮禘祫義疏證》清光緒廿五年〔1899 年〕湖南思賢書局刊本。

9. 《尚書中候疏證》清光緒廿五年〔1899 年〕湖南思賢書局刊本。

10. 《聖證論補評》清光緒廿五年〔1899 年〕師伏堂叢書本。

11. 《師伏堂駢文》清光緒廿一、三十年〔1895、1904 年〕師伏堂叢書本。

12. 《師伏堂詩草》清光緒三十年〔1904 年〕師伏堂叢書本。

13. 《漢碑引經考（附引緯考）》清光緒三十年〔1904 年〕師伏堂叢書本。

14. 《師伏堂詠史》清光緒三十年〔1904 年〕師伏堂叢書本。

15. 《師伏堂詞》清光緒三十年〔1904 年〕師伏堂叢書本。

16. 《經學通論》清光緒三十二年〔1906 年〕湖南思賢書局刊本，又，北京：中華書局，2008 年，又，周春健校注，北京：華夏出版社，2011 年。

17.《經學歷史》清光緒三十三年〔1907 年〕湖南思賢書局刊本，周予同注，臺北：藝文印書館，2004 年。

18.《王制箋》清光緒三十四年〔1908 年〕湖南思賢書局刊本，又，《「王制箋」校箋》王錦民校箋（北京：華夏出版社，2005 年）。

19.《駁五經異義疏證》影民國廿三年河間李氏重刊本，收入【續修四庫全書】經部，第一一七冊。（上海：上海古籍出版社，1995 年）。

20.《師伏堂日記》，影湖北省圖書館藏《師伏堂日記》稿本，收入【珍稀日記手札文獻資料叢刊】。（北京：國家圖書館，2009 年）。

21.《皮錫瑞儒學論集》潘斌選編（成都：四川大學出版社，2010 年）。

（二）相關論著

專書

1.《清皮鹿門先生錫瑞年譜》皮名振編（臺北：臺灣商務書局，1981 年）。

2.《通經致用一代師——皮錫瑞生平和思想研究》吳仰湘著（湖南：岳麓書社，2002 年）。

3.《清末民初公羊學研究——皮錫瑞、廖平、康有爲》丁亞傑著（臺北：萬卷樓圖書公司，2002 年）。

學位論文

1.《皮錫瑞經學史觀及其經學問題之探討》許英才著（政治大學中文系碩士論文，1992 年）。

2.《皮錫瑞易學述論》高志成著（逢甲大學中文系碩士論文，1994 年）。

3.《皮錫瑞詩經通論研究》胡靜君著（逢甲大學中文系碩士論文，1995 年）。

4.《皮錫瑞尚書學述》夏鄉著（臺灣師範大學國文系碩士論文，2003 年）。

5.《皮錫瑞尚書學研究》何銘鴻著（臺北市立師範學院應用語文文學系碩士論文，2003 年）。

期刊論文

1.〈皮錫瑞經學歷史析論〉張火慶著（《孔孟月刊》，1978 年十二月）。

2.〈經學歷史——湘省碩儒皮錫瑞名著簡介〉顧沛君著（《湘南文獻》第七卷第三期，1979 年七月）。

3.〈讀皮錫瑞經學歷史書後〉蔡榮婷著（《孔孟月刊》第二十卷第二期，1981 年十月）。

4.〈皮錫瑞詩經通論評介〉趙制陽著（《明新學報》第三期，1983 年一月）。

5.〈皮錫瑞「魏晉爲經學中衰時代」觀點之述評〉陳全得著（《孔孟月刊》第三十卷第七期，1992 年三月）。

6.〈皮錫瑞「南學會講義」探析〉胡楚生著（《興大中文學報》第七期，1994

年一月。後收入《清代學術史研究續編》，臺北：臺灣學生書局，1994
年）。

7. 〈皮錫瑞的變法思想淺論〉宋衛忠著（《湘潭師範學院學報（社會科學
版）》，1996 年四月）。

8. 〈皮錫瑞《經學通論》與陳澧《東塾讀書記》之異同〉丁亞傑著（《孔孟
月刊》第三十五卷第二期，1996 年十月）。

9. 〈皮錫瑞、康有爲、廖平公羊學解經方法〉丁亞傑著（《元培學報》第六
期，1999 年十二月）。

10. 〈皮錫瑞之史論與其政治思想〉吳仰湘著（《求索》，2001 年一月）。

11. 〈皮錫瑞與晚清教育變革〉吳仰湘著（《湖南師範大學社會科學學報》，2001
年三月）。

12. 〈皮錫瑞「文明排外」思想論評〉吳仰湘著（《社會科學輯刊》，2001 年
四月）。

13. 〈皮錫瑞南學會講學内容述論〉吳仰湘著（《江西社會科學》，2002 年五
月）。

14. 〈皮錫瑞變法思想淺論〉馬少甫著（《榆林高等專科學校學報》，2002 年
九月，頁 29～32）。

15. 〈皮錫瑞《經學歷史》的編纂特點〉馬少甫著（《史學史研究》，2003 年
二月）。

16. 〈皮錫瑞的「《春秋》非史」說與近代學術史上的「《春秋》性質研究」〉
晁天義、張仁璽著（《西北第二民族學院學報》，2003 年第四期，頁 46
～50）。

17. 〈論皮錫瑞變法思想的特色〉吳仰湘著（《船山學刊》，2003 年三月）。

18. 〈皮錫瑞「經學歷史」之作意——由「通經」而「致用」之津梁〉夏鄉
著（《孔孟月刊》第四十一卷，2003 年五月）。

19. 〈臺灣研究皮錫瑞概況〉蔡長林著（《中國文哲研究通訊》第十四卷，2004
年三月）。

20. 〈讀皮錫瑞《經學歷史》〉張國華著（《華夏文化》，2004 年四月）。

21. 〈《師伏堂日記》所見皮錫瑞之經學觀〉吳仰湘、楊豔萍著（《湖南大學學
報（社會科學版》，2004 年六月）。

22. 〈大陸研究皮錫瑞概況〉吳仰湘著（《船山學刊》，2005 年第二期，頁 44
～49）。

23. 〈皮錫瑞對《春秋公羊傳注疏》的批評——稿本《師伏堂經說・公羊傳》
例說〉吳仰湘著（《求索》，2006 年三月，頁 205～208）。

24. 〈《經學歷史》與皮錫瑞學術思想初探〉馬少甫著（《北方論叢》，2006 年

第四期,頁 19～22)。

25. 〈皮錫瑞「經學歷史」所言國朝經師紹承漢學二事商兌〉周美華著(《文與哲》第九期,2006 年十二月)。

26. 〈皮錫瑞《經學歷史》並非經學史著作〉吳仰湘著(《史學月刊》,2007 年三月)。

27. 〈淺論皮錫瑞的批判易學思想〉李銘偉著(《宜賓學院學報》,2007 年第十一期,頁 101～102)。

28. 〈皮錫瑞《經學家法講義》稿本的內容及其價值〉吳仰湘著(《湖南大學學報(社會科學版)》,2008 年二月)。

29. 〈皮錫瑞學術交往考〉劉鈺著(《內蒙古農業大學學報(社會科學版)》,2008 年第二期,頁 305～306,317)。

30. 〈皮錫瑞維新變法思想新論〉羅利璋著(《西南交通大學學報(社會科學版)》,2008 年四月,頁 131～134)。

31. 〈論皮錫瑞的《尚書中候疏證》〉曹輝著(《重慶科技學院學報(社會科學版)》,2009 年第二期,頁 174～175)。

32. 〈論皮錫瑞鄭學研究〉潘斌著(《社會科學輯刊》,2011 年三月)。

二、孝經類文獻及相關論著

(一)民國以前文獻

1. 《孝經鄭注》嚴可均輯(咫進齋叢書,收入【原刻景印百部叢書集成】,臺灣:藝文印書館)。

2. 《孝經注疏》清同治十年重刊武英殿本。

3. 《孝經鄭注考證》潘任著(虞山潘氏叢書,中央研究院傅斯年圖書館藏)。

4. 《孝經鄭氏解疏》潘任著,收入《學古堂日記》(清光緒間刊本,中央研究院傅斯年圖書館藏)。

5. 《古文孝經孔傳》孔安國著(影知不足齋叢書本,1921 年,上海古書流通處影印)。

6. 《孝經要義》陳柱著(國學小叢書,臺灣:商務印書館,1936 年)。

7. 《孝經通論》鄔慶時著(國學小叢書,臺灣:商務印書館,1936 年)。

8. 《孝經述注》丁晏著,收入【續修四庫全書】經部,第一五二冊。(上海:上海古籍出版社,1995 年)。

9. 《孝經學》曹元弼著,收入【續修四庫全書】經部,第一五二冊。(上海:上海古籍出版社,1995 年)。

10. 《孝經義疏補》阮福著,收入【續修四庫全書】經部,第一五二冊。(上海:上海古籍出版社,1995 年)。

11. 《孝經刊誤》朱熹著（收於四部叢刊《朱文公集》，陳俊民校訂《朱子文集》卷六十六，德富文教基金會，2000 年 2 月）。

12. 《孝經注疏》，〔唐〕李隆基注、〔宋〕邢昺疏（影嘉慶二十年江西南昌府學本），臺北：藝文出版社，2007 年。

13. 《孝經集注述疏》簡朝亮著、周春健校注（上海：華東師範大學，2011年）。

（二）近、當代著作

專書

1. 《孝經述議復原に關する研究》〔日〕林秀一著（東京：文求堂書店，昭和二十八年（1953 年）八月）。

2. 《孝經學論集》〔日〕林秀一著（東京：明治書院，1976 年）。

3. 《孝經鄭氏解抉微、孝經鄭氏解斠詮》陳鐵凡著。臺北：燕京文化事業股份公司，1977 年。

4. 《孝經學源流》陳鐵凡著（臺北：國立編譯館，1986 年）。

5. 《孝經鄭注校證》陳鐵凡著（臺北：國立編譯館，1987 年）。

6. 《孝經譯注》胡平生譯注（北京：中華書局，1996 年）。

7. 《「孝」思想の宗教學的研究——古代中國における祖先崇拜の思想的發展》〔日〕池澤優（東京：東京大學出版會，2002 年）。

8. 《孝經注疏研究》陳一風著（成都：四川大學出版社，2007 年）。

9. 《敦煌經部文獻合集——群經類論語之屬、群經類孝經之屬、群經類爾雅之屬》張涌泉主編審訂、許建平編（北京：中華書局，2008 年）。

10. 《孝經與孝文化研究》王玉德著（武漢：崇文書局，2009 年）。

11. 《生民之本——「孝經」的哲學詮釋及英譯》〔美〕羅思文、安樂哲著、何金俐譯（北京：北京大學出版社，2010 年）。

12. 《孝治天下——《孝經》與近世中國的政治與文化》呂妙芬著（臺北：聯經出版，2011 年）。

13. 《中國孝經學史》舒大剛著（福州：福建人民出版社，2013 年五月）。

學位論文

1. 《「孝經」研究史簡論》朱明勳著（湖北大學碩士論文，2001 年）。

2. 《孝治天下：入關前後滿族孝道觀念之轉化及其影響》黃麗君著（中正大學歷史研究所碩士論文，2006 年）。

3. 《清代《孝經》文獻研究》趙景雪著（山東大學碩士論文，2007 年）。

4. 《近代中國孝道文化研究》劉永祥著（山東師範大學碩士論文，2009年）。

期刊

1. 〈孝經學史叢考〉陳鴻森著（《嚴耕望先生紀念論文集》，1998 年，頁 53 ～72）。

2. 〈《孝經》作者與成書年代考〉張濤著（《文史》，1999 年十二月，頁 41 ～49）。

3. 〈「經義考」孝經類別錄（下）〉陳鴻森著（《書目季刊》第三十四卷二期，2000 年九月，頁 1～27）。

4. 〈唐玄宗〈孝經序〉「舉六家之異同」釋疑——唐宋官修注疏之一側面〉陳鴻森著（《中央研究院歷史語言研究所集刊》，2003 年三月，頁 35～64）。

5. 〈「孝經」整理研究史論略〉王玉德著（《歷史文獻學論集》，2003 年九月）。

6. 〈《孝經》名義考——兼及《孝經》的成書年代〉舒大剛著（《西華大學學報（哲學社會科學版)》第一期，2004 年二月，頁 38～42，80）。

7. 〈孝經鄭注新辨〉莊兵著（《名古屋大學中國哲學論集》第三號，平成十六年（2004 年）三月，頁 1～33）。

8. 〈《孝經鄭注》回傳中國考〉顧永新著（《文獻季刊》，2004 年七月）。

9. 〈清代《孝經》研究論要〉朱明勛、戴萍波著（《內江師範學院學報》第二十卷第三期，2005 年）。

10. 〈敦煌本孝經考略〉陳鐵凡著（《東海學報》第十九卷，2008 年七月）。

11. 〈1978 年以來《孝經》研究綜述〉杜娟著（《中國史研究動態》2008 年第三期，頁 2～7）。

12. 〈近年來《孝經》研究綜述〉蕭永明、羅山著（《雲夢學刊》2009 年五月，頁 24～28）。

13. 〈鄭玄注《孝經》考辨〉耿天勤著（《古籍整理研究學刊》第二期，2010 年三月）。

14. 〈劉向刪繁《孝經》考辯〉莊兵著（《華梵人文學報》第十四期，2010 年六月，頁 6～42）。

15. 〈讀馬一浮先生《孝經大義》二題〉舒大剛著（《馬一浮思想新探——紀念馬一浮先生誕辰 125 週年暨國際學術研討會》，2010 年六月，頁 364 ～378）。

16. 〈迷霧濃雲：《孝經鄭注》真偽諸說平議〉舒大剛著（「海峽兩岸鄭玄學術研討會」發表論文，2010 年 7 月 21～23 日，錄自「國際儒學網」：http://www.ica.org.cn/jingxue.php?ac=view&id=2714）。

17. 〈《點校補正經義考》〈孝經類〉、〈孟子類〉標點指瑕〉石立善著（《經學研究論叢》第十八輯，2010 年九月，頁 205～254）。

18. 〈西方鄭玄研究述評〉韓大偉著（《歷史文獻研究》第二十九輯，2010 年九月，頁 104～109）。

19. 〈海峽兩岸鄭玄學術研討會綜述〉楊敦雷著（《中國史研究動態》2011 年第三期，頁 34～36）。

20. 〈《孝經》的作者及其成書時代〉伏俊璉著（《先秦文獻與文學考論》，上海：上海古籍出版社，2011 年十月，頁 87～98）。

21. 〈六藝根源之總會──鄭玄的《孝經注》觀〉陳壁生著（中央研究院「秦漢經學國際研討會」發表論文，2011 年 11 月 23～25 日）。

三、鄭玄相關論著

1. 《鄭康成年譜》王利器著（濟南：齊魯書社，1983 年）。

2. 《鄭學叢著》張舜徽著（武漢：華中師範大學，2005 年）。

3. 《毛詩傳箋通釋》馬瑞辰著、陳金生點校（北京：中華書局，2005 年）。

4. 《鄭玄以禮箋詩研究》梁錫鋒著（北京：學苑出版社，2005 年）。

5. 《鄭玄通學及鄭王之爭研究》史應勇著（成都：四川出版集團巴蜀書社，2007 年）。

6. 《鄭玄志》耿大勤主編（濟南：山東人民出版社，2009 年四月）。

7. 《魏晉儒學新論──以王肅和「王學」爲討論的中心》郝虹著（北京：中國社會科學出版社，2011 年）。

8. 《釋經以立論──漢代毛鄭《詩經》經解的思想探索》車行健著（臺北：里仁書局，2011 年九月）。

9. 《禮儀、讖緯與經義──鄭玄經學思想及其解經方法》車行健著（輔仁大學中國文學研究所博士論文，1996 年）。

四、其它經部文獻及相關論著

（一）民國以前文獻

諸經

1. 《周易注疏》，〔魏〕王弼、韓康伯注、〔唐〕孔穎達正義。影嘉慶二十年江西南昌府學本。臺北：藝文出版社，2007 年。

2. 《尚書注疏》，〔漢〕孔安國傳、〔唐〕孔穎達正義。影嘉慶二十年江西南昌府學本。臺北：藝文出版社，2007 年。

3. 《毛詩注疏》，〔漢〕鄭玄箋、〔唐〕孔穎達正義。影嘉慶二十年江西南昌府學本。臺北：藝文出版社，2007 年。

4. 《周禮注疏》，〔漢〕鄭玄注、〔唐〕賈公彥疏。影嘉慶廿一年江西南昌府學本。臺北：藝文出版社，2007 年。

5.《儀禮注疏》，〔漢〕鄭玄注、〔唐〕賈公彥疏。影嘉慶廿一年江西南昌府學本。臺北：藝文出版社，2007 年。

6.《禮記注疏》，〔漢〕鄭玄注、〔唐〕孔穎達正義。影嘉慶二十年江西南昌府學本。臺北：藝文出版社，2007 年。

7.《春秋左傳注疏》，〔晉〕杜預注、〔唐〕孔穎達正義。影嘉慶二十年江西南昌府學本。臺北：藝文出版社，2007 年。

8.《春秋公羊傳注疏》，〔漢〕何休注、〔唐〕徐彥疏。影嘉慶二十年江西南昌府學本。臺北：藝文出版社，2007 年。

9.《春秋穀梁傳注疏》，〔晉〕范甯注、〔唐〕楊士勛疏。影嘉慶二十年江西南昌府學本。臺北：藝文出版社，2007 年。

10.《論語注疏》，〔魏〕何晏注、〔宋〕邢昺疏。影嘉慶二十年江西南昌府學本。臺北：藝文出版社，2007 年。

11.《爾雅注疏》〔晉〕郭璞注、〔宋〕邢昺疏。影嘉慶廿一年江西南昌府學本。臺北：藝文出版社，2007 年。

12.《孟子注疏》〔漢〕趙歧注、〔宋〕孫奭疏。影嘉慶廿一年江西南昌府學本。臺北：藝文出版社，2007 年。

史書

1.《大唐新語》劉肅撰（【唐宋史料筆記】，北京：中華書局，1984 年）。

2.《後漢書》范曄撰，點校本。（北京：中華書局，1985 年）。

3.《隋書》魏徵等撰，點校本（北京：中華書局，1987 年）。

4.《漢書》班固撰，點校本（北京：中華書局，1987 年）。

5.《國語集解》徐元誥撰，王樹民、沈長雲點校（北京：中華書局，2002 年）。

經學通論

1.《群書治要》魏徵等著（影宛委別藏日本天明刻本，【續修四庫全書】子部，第一一八七冊）。

2.《翁注困學紀聞》王應麟著、翁元圻注（收入【國學基本叢書】，臺灣：商務印書館，1968 年）。

3.《經典釋文》陸德明著（宋元遞修本，上海：上海古籍出版社，1985 年）。

4.《鄭珍集·經學》鄭珍著、王鍈點校（貴陽：貴州人民出版社，1991 年）。

5.《經學博采錄》〔清〕桂文燦著（影民國敬躋堂叢書本。臺北：明文書局，1992 年。）又，陳居淵注（桂林：廣西師範大學出版社，2011 年）。

6.《揅經室集》〔清〕阮元著、鄧經元點校（北京：中華書局，1993 年）。

7.《經義述聞》王引之著（南京：江蘇古籍出版社，2000 年）。

（二）近、當代著作

經學史

1. 《中國近三百年學術史》錢穆著（臺灣：臺灣商務印書館，1937 年）。

2. 《清代學術概論》梁啓超著（臺灣：臺灣商務印書館，1977 年）。

3. 《兩漢思想史》徐復觀（臺灣：臺灣學生書局，1979 年）。

4. 《中國經學史的基礎》徐復觀（臺灣：臺灣學生書局，1990 年）。

5. 《西漢經學源流》王葆玹著（臺北：東大圖書公司，1994 年）。

6. 《中國近代經學史》田漢雲著（西安：三秦出版社，1996 年）。

7. 《中國經學思想史》姜廣輝主編（北京：中國社會科學出版社，2003 年）。

8. 《中國近三百年學術史》梁啓超著（臺北：里仁書局，2005 年）。

9. 《周予同經學史論》朱維錚編校（上海：上海人民出版社，2010 年）。

經學通論及經學相關研究

1. 《許慎之經學》黃永武著（臺灣：臺灣中華書局，1972 年）。

2. 《經傳釋詞》王引之撰、王經世補（臺北：漢京文化事業有限公司，1983 年）。

3. 《經今古文學問題新論》黃彰健著（臺北：中央研究院歷史語言研究所，1992 年）。

4. 《從理學到樸學——中華帝國晚期思想與社會變化面面觀》〔美〕艾爾曼著、趙剛譯（南京：江蘇人民出版社，1995 年）。

5. 《經學、政治和宗族——中華帝國晚期常州今文學派研究》〔美〕艾爾曼著（南京：江蘇人民出版社，1998 年）。

6. 《古代漢語虛詞詞典》何樂士編（北京：語文出版社，2004 年）。

7. 《中國古代史籍校讀法》張舜徽著（武昌：華中師範大學出版社，2004 年）。

8. 《現代中國思想的興起》汪暉著（北京：生活、讀書、新知三聯書店，2004 年）。

9. 《中國近世儒學實質的思辨與習學》朱鴻林著（北京：北京大學出版社，2005 年）。

10. 《周代朝聘制度研究》李无未著（長春：吉林人民出版社，2005 年）。

11. 《漢學師承記箋釋》江藩著、漆永祥箋釋（上海：上海古籍出版社，2006 年）。

12. 《江藩與「漢學師承記」研究》漆永祥著（上海：上海古籍出版社，2006 年）。

13. 《先因後創與不破不立：近代中國學術流派研究》桑兵、關曉虹主編（北

京：生活、讀書、新知三聯書店，2007 年）。

14.《清代今文經學的興起》黃開國著（成都：巴蜀書社，2008 年）。

15.《康有爲經學述評》丁亞傑著（臺北：花木蘭文化出版社，2008 年）。

16.《經學、科舉、文化史》〔美〕艾爾曼著（北京：中華書局，2010 年）。

17.《清代輯佚研究》喻春龍著（上海：上海古籍出版社，2010 年）。

18.《中國傳統學術的近代轉型》陳勇、謝維揚主編（上海：上海人民出版社，2011 年）。

19.〈孟子是西漢今文經學的先驅〉陳桐生著（《汕頭大學學報（人文科學版）》第十六卷第二期，2000 年，頁 44～50、71）。